Ramiro Guerra

Historia elemental de Cuba

Barcelona **2024**
Linkgua-ediciones.com

Créditos

Título original: Historia elemental de Cuba.

© 2024, Red ediciones S.L.

e-mail: info@linkgua.com

Diseño de cubierta: Mario Eskenazi.

ISBN rústica: 978-84-9953-164-9.
ISBN ebook: 978-84-9953-163-2.

Sumario

Brevísima presentación

La vida

Ramiro Guerra y Sánchez (31 de enero de 1880, Batabanó-29 de octubre de 1970, La Habana). Cuba.

Historiador, economista y pedagogo, colaboró con la causa independentista cubana y, al término de la guerra en 1898, se graduó de bachiller. Poco después estudió en la Universidad de Harvard en un curso especial para maestros cubanos.

Más tarde se graduó de doctor en Pedagogía en la Universidad de La Habana (1912), con la tesis *La lección en la escuela primaria.*

Fue director de Escuela práctica anexa (1912-1913), superintendente provincial de escuelas de Pinar del Río y superintendente general de escuelas de Cuba (1926), y profesor y director de la Escuela Normal de maestros de La Habana. Asimismo dirigió el *Heraldo de Cuba* (1930-1932), el *Diario de la Marina* (1943-1946) y la *Revista Trimestre* (1947-1950).

La historia elemental

La *Historia elemental de Cuba para uso de las Escuelas Primarias*, tuvo más de diez ediciones entre 1928 y 1964.

A los maestros

Esta obrita, que ha sido compuesta con el deseo de fomentar el estudio de la historia patria y de ayudar a los maestros a enseñarla, necesita pocas explicaciones previas para fijar su carácter y sus tendencias. La importancia de la enseñanza histórica, por otra parte, es tan evidente, que tampoco requiere grandes encarecimientos.

Los profesores de alguna experiencia saben que a medida que se avanza en el conocimiento de la historia nacional, la noción de la patria aparece ante el espíritu con un contenido mucho más rico que el que comúnmente tiene en el pensamiento de las personas incultas.

La patria no es ya entonces un trozo de territorio ante el cual nos sentimos más o menos curiosos o indiferentes, sin experimentar ninguna emoción de simpatía, o de amor, sino una obra viviente y real, profundamente humana en su esencia y en su contenido, capaz de suscitar entusiasmo e inquietud, de exaltar la inteligencia y el sentimiento, y de determinar firmemente la voluntad al cumplimiento de los más altos deberes cívicos y sociales.

La patria, a medida que se la conoce mejor, surge cada vez más claramente ante la conciencia, iluminada por una luz nueva, como una colectividad moral, que siente, y piensa, y trabaja, y sufre, y lucha, y avanza siempre, impulsada por un deseo irrefrenable de vivir, de conservarse y de sobreponerse a todas las causas de destrucción y muerte que puedan afectarla. La epopeya centenaria de su vía crucis dolorosa nos conmueve intensamente, y hasta su suelo mismo, aparte de su belleza o de su fecundidad, acaba por inspirarnos un respeto casi religioso. Cada rincón del suelo patrio guarda recuerdos imborrables de dolor o de gloria y con las partículas de mineral inerte que lo forman, nos parece ver mezcladas las que un día fueron los huesos, la carne, la sangre y los nervios de nuestros padres y nuestros hermanos muertos, que van ahora, arrastradas por los vientos y las aguas, a infundir nueva vida vigorosa y lozana, a cuanto medra y florece sobre el amplio confín de Cuba.

Todo cuanto miramos en torno nuestro nos habla elocuentemente de la labor creadora de nuestros mayores. Las plantas que nos nutren o que embellecen nuestras casas y nuestros campos, traídas fueron en su mayoría por ellos de extraños climas, y plantadas a la vera del hogar de sus hijos. La tierra, cubierta de pantanos y de maleza, fue saneada, desmontada y roturada por ellos, que levantaron, en la linde del bosque, el primer albergue que cobijó la familia, fuerte ya bajo su techo rústico en la callada soledad del campo, por el amor de los padres a los hijos y de los hermanos entre sí. El camino que atraviesa los montes y los valles uniendo los hogares, y el puente que se levanta sobre el río, obras fueron de sus manos también, expresión tenaz de su voluntad de vivir y de asociarse. Ellos domaron la naturaleza y la pusieron a nuestro servicio; ellos levantaron templos, fábricas y ciudades: ellos forjaron a Cuba material y espiritualmente, tal como ahora la contemplan nuestros ojos.

La naturaleza dio la materia prima, tosca y ruda —el suelo virgen y el bosque salvaje— ellos la pidieron y la conformaron a su voluntad, le infundieron su espíritu y produjeron una obra nueva: la patria tal como ella es. Lo que ellos quisieron, ahí está.

Su obra, a poco que meditemos sobre ella, la comprendemos imperecedera. Para aniquilarla, sería menester descuajar de raíz todas las plantas que importaron y devolver al bosque su salvajez primera: dejar al pantano extender otra vez sus aguas muertas y cenagosas sobre el campo robado a su dominio; borrar la traza del camino que cruza la llanura acercando a los hermanos; arrancar el castillo fijado en la roca como un bizarro accidente del paisaje, y devolver a éste su aspecto desamparado y solitario; arrasar hasta los cimientos las casas y las ciudades, echando sus restos al mar para que las ruinas no recuerden su existencia; y, finalmente, nivelar el suelo y dejar que la maleza cubra de nuevo, hasta el centro del batey o el borde de la playa, los sitios donde se alzan los ingenios, los muelles y los palacios.

Y cuando toda esa obra de destrucción, se haya cumplido, el estudiante de historia sabrá que aún la patria seguirá existiendo en su parte espiritual, más grande y más hermosa: en la obra de cultura y de civilización de nuestros maestros, y nuestros pensadores; en la memoria de los grandes hechos realizados por nuestros padres en defensa de nuestros hogares, nuestra libertad y nuestros derechos; y en los cantos de nuestros músicos y nuestros poetas, llenos de altas y nobles inspiraciones artísticas.

El cubano que llega a conocer en la historia todo ese pasado nuestro se siente heredero de un rico patrimonio y halla en sí mismo nobles estímulos para acrecentarlo y engrandecerlo. Se sabe fuerte y digno, en sus obras y en su derecho, y aprende a estimar a los suyos, y a pensar con respeto, en las cosas de su país. Y si no es un ser mediocre y degenerado, experimentará, sanamente orgulloso, el deseo de continuar, sin vergonzosas soluciones de continuidad, la gran obra de edificación material y moral comenzada por sus mayores.

Para tratar de fijar los lineamientos y los caracteres esenciales de esa gigantesca labor constructiva de nuestros padres, en lo que tiene de grande, de noble y de buena, y grabarlos firmemente en el pensamiento y en el corazón de la adolescencia y la juventud, he tenido el empeño de escribir este libro. Por eso, cada una de sus líneas ha sido meditada con amor y traduce un anhelo patriótico. En ellas vibra, oculta y disimulada a la fría mirada de los indiferentes, una emoción honda y sincera de mi alma de cubano, que los maestros, sin duda alguna, sabrán descubrir y hacer sentir a sus discípulos.

El empeño, bien lo he apreciado al tratar de realizarlo, ha resultado superior a mis fuerzas. Requería un recogimiento de espíritu, una penetración intelectual, un poder de síntesis, una intuición artística y medios materiales de que carezco. A muchos parecerá este libro, por consiguiente, una obra incompleta y festinada, fruto prematuro de la impaciencia y de la audacia... La crítica, con dolor lo declaro, será justa. Sírvame de excusa, sin embargo, el silencio de los más competentes y el vivir atormentado por el deseo de que los cubanos conozcan a Cuba, para que la estimen y la amen... Sí, para que la amen, tal como ella es, obra de la inteligencia y el querer rudos de nuestros padres, trabajada en medio de la adversidad, la ignorancia y el error; pero obra, no obstante, que lleva impreso el sello indeleble de una voluntad firme y benéfica; de un pensamiento robusto y generoso, y de los sentimientos profundamente humanos y ennoblooodo res que siempre la inspiraron y la dirigieron: el amor a los hijos y el deseo de levantarles un hogar seguro, donde viviesen en un ambiente de bienestar, de libertad y de paz.

Por lo demás, me conforta la idea de que mis compañeros del Magisterio suplirán con su devoción patriótica las grandes deficiencias de esta obra, que yo hubiera querido que fuese más digna de la grandeza del asunto y de la nobleza de los fines que persigue.

Víbora, 26 de julio de 1922[1]

Ramiro Guerra

---

1   La fecha pertenece a la primera edición de la *Historia elemental de Cuba*. La presente es la cuarta edición y abarca la historia cubana hasta la década de 1940 (N. del E.).

Advertencia preliminar

La obrita que ofrecemos a la consideración de las personas que se dedican a la enseñanza de los adolescentes y los jóvenes de uno y otro sexo, y de cuantos se interesen por el conocimiento de la historia de Cuba, se divide en siete «Libros», correspondientes a los períodos históricos principales. Cada «Libro» comprende varios capítulos, los cuales, a su vez, subdividen en partes menores, con su encabezamiento respectivo. Cada una de las partes en que se subdividen los capítulos, constituye una unidad, desde el punto de vista del estudio, y lleva su número para facilitar las referencias. Estas se hacen en el texto, colocando la abreviatura de la sección con el número correspondiente dentro de un paréntesis. Al final de cada capítulo aparece un resumen en letra más pequeña y algunos Temas para estudio. Cada «Libro» lleva también un resumen y un sumario de hechos importantes.

El propósito del autor ha sido tratar de dar una idea de las condiciones generales de la vida del país dentro de cada período histórico, sin limitarse a referir, como se hace comúnmente, los sucesos de carácter político más notables. En tal virtud, los asuntos, dentro de cada época, se han agrupado según su naturaleza, porque la narración cronológica de todos los acontecimientos a la vez, produce una gran confusión en el espíritu del estudiante, y no le permitiría discernir la relación que guardan entre sí los hechos históricos.

El texto de cada «Libro» está acompañado de mapas, gráficas y algunos grabados ejecutados especialmente, para ayudar a fijar en el espíritu del estudiante ciertos hechos y el carácter del período a que se refieren.[2] Estos grabados son de dos tipos. Unos han sido ejecutados según documentos auténticos, y expresan por consiguiente, hechos reales con toda fidelidad; y los restantes son composiciones imaginativas, cuidadosamente hechas, las cuales a falta de datos auténticos y precisos, ayudarán también a los estudiantes en su esfuerzo para representar las condiciones de vida de cada período.

---

2   Lamentablemente, en esta edición hemos tenido que prescindir de los grabados por no encontrarlos con la resolución gráfica adecuada (N. del E.).

En toda la extensión del «Libro primero», como ejemplo, se han hecho diversas «reflexiones» que aparecen con un tipo de letra distinto en el texto, para inducir al estudiante a meditar sobre lo que lee y a resumir el fruto de la enseñanza.

Esas «reflexiones» pueden hacerse igualmente en los demás «Libros» pero el autor ha creído pertinente dejar en este punto en completa libertad a las personas que hagan uso de la obra.

Relacionando unos «Libros» con otros puede apreciarse con toda claridad la continuidad del desarrollo histórico, y comparando los grabados de una época con los de las épocas posteriores, resaltará vigorosamente el adelanto del país. Los bohíos de los indígenas, comparados con los grandes edificios públicos y privados de la época actual, evidencian la gran transformación experimentada por Cuba, al pasar de la barbarie primitiva, al brillante estado de su civilización presente. La grande y reconfortante enseñanza que se deriva de esas comparaciones, no necesita ser encarecida.

En la cuarta edición además de las mejoras introducidas en la tercera como son: un índice alfabético de nombres y materias y una guía metodológica para el uso del texto, se ampliaron los mapas haciéndolos a plana entera. Estas mejoras serán de gran utilidad tanto para los estudiantes que usen el libro, como para los maestros que lo empleen en sus aulas.

Los editores[3]

---

3   Se trata de los editores de la edición original (N. del E.).

Libro I. Los indios. El descubrimiento y la exploración de Cuba. Ocupación de la Isla por los españoles

Capítulo I. Cuba en la época del descubrimiento

1. *Aspecto primitivo de Cuba.* Hace poco más de 400 años Cuba presentaba un aspecto muy distinto del que hoy muestra a nuestros ojos.

El país estaba casi totalmente cubierto de frondosos bosques desde un extremo a otro.

No existían ciudades, ni ferrocarriles, ni carreteras, y en los campos no había ingenios ni fábricas de ninguna clase.

Entonces no había ni una sola mata de caña, ni muchas plantas que hoy existen, tales como matas de mangos, naranjos, aguacates, limones, mameyes, café y multitud de árboles más. No pocas de las hierbas que hoy cubren los campos y sirven de pasto al ganado tampoco existían entonces, como la hierba de Guinea, la cañuela o hierba de don Carlos y varias más.

Había palmas, pero en mucho menor número que ahora.

La mayor parte de los animales útiles que hay ahora en Cuba no se conocían entonces en la Isla. No había ganado vacuno, caballar, lanar ni de cerda; ni perros, gatos, gallinas, ni otros animales domésticos. El más valioso de nuestros insectos, la abeja no se encontraba en nuestra patria.

El aspecto de Cuba ha cambiado mucho, por lo tanto, desde entonces hasta nuestros días.

Si una persona de las que vivían en aquella época se encontrara ahora en medios de nuestros campos, creería que había sido transportada a un país distinto y no reconocería su propia tierra.

Todo esto no quiere decir que Cuba no fuera hermosa entonces, sino que era diferente de cómo es ahora en muchas cosas.

2. *Quiénes vivían en las Antillas primitivamente. Indios taínos, caribes, siboneyes.* Cuba y las demás Antillas Mayores estaban pobladas primitivamente por unos habitantes de tipo muy distinto al nuestro. Tenían el color rojizo, el pelo grueso y lacio, y las facciones algo parecidas a las de los chinos. Eran de carácter pacífico, vivían principalmente de la agricultura y hablaban una lengua muy extraña. Pertenecían a la raza india, cobriza o americana y se llamaban *taínos.*

En las Antillas Menores vivía otro pueblo diferente, llamado *caribe*, perteneciente a la misma raza india. Era de condición valerosa, feroz y sanguinaria, y aterrorizaba con las incursiones de sus guerreros a los indios de las Antillas Mayores.

Además, en la parte occidental de Cuba se encontraba otra clase de indios, que se llamaban *guanatabibes*, *ganahacabibes* o *guanatebeyes*, de costumbres muy rudas, estado muy atrasado y diferente idioma.

Como se ve, los indios de las Antillas formaban tres grupos distintos:

1.º, los indios pacíficos y agricultores de las Lucayas y las Antillas Mayores;

2.º, los indios guerreros de las Antillas Menores, y

3.º, los indios selváticos del Oeste de Cuba. A los primeros se les aplica hoy el nombre de taínos los segundos han conservado en la historia su antiguo nombre de caribes, y a los terceros muchos sabios proponen que se le designe con el de siboneyes o ciboneyes.

3. *Origen de los indios de las Antillas*. El origen de los siboneyes es más dudoso que el de los taínos y caribes. Quizás los siboneyes fueran los primeros habitantes de Cuba, de Haití y de otras islas. No hay pruebas ciertas para saber si vinieron de la América del Norte, del Centro o del Sur. Sin embargo, hay mayores probabilidades de que procedieran de la Florida.

Los taínos y los caribes se cree que eran oriundos de la América del Sur. Los taínos descienden de los indios arahuacos, que aún viven en la América del Sur. También existen en esa parte del Continente antepasados de los caribes.

Es casi seguro que los arahuacos partieron de la América del Sur primero que los caribes. Avanzaron hacia el Norte por las Antillas Menores y después hacia el Oeste por las Mayores, y empujaron delante de sí a los antiguos siboneyes, donde éstos existían, hasta reducirlos al extremo occidental de Cuba. Se establecieron en las Antillas Mayores, acabaron por olvidar el lugar de donde procedían, así como su antiguo nombre, y se aplicaron el de taínos, que en el idioma de ellos quería decir «gente buena y pacífica».

Los caribes salieron de sus tierras de la América del Sur mucho tiempo después que los arahuacos o taínos probablemente. Fueron avanzando por las Antillas Menores, conquistándolas y aniquilando a los habitantes taínos, aunque quizás mataban a los hombres nada más. Cuando Colón descubrió las Antillas Menores, realizaban incursiones a Puerto Rico, Haití y Cuba. Por esa época, los taínos se extendían por Cuba con rapidez y empujaban a los siboneyes al extremo occidental de la Isla y a los cayos vecinos o los obligaban a servirles como súbditos o criados.

4. *Restos de los indios antillanos.* Todos los indios de las Antillas se han extinguido, pero aún se encuentran restos de sus armas, de los utensilios que usaban y de algunas otras cosas, en los lugares donde habitaban. El hecho de que los restos encontrados puedan agruparse en tres clases distintas, prueba la existencia en lo antiguo de las tres clases de indios: taínos, caribes y siboneyes.

En Cuba se han encontrado muchos restos pertenecientes a los taínos y los siboneyes, y muy pocos atribuidos a los caribes. En las islas Bahamas, Haití y Jamaica, se han hallado muchas cosas de los taínos y pocas de los caribes. En Puerto Rico se han encontrado muchos objetos taínos, pero los caribes abundan también. En cambio, en las Antillas Menores se han descubierto objetos taínos y caribes, pero los de origen caribe son mucho más abundantes.

5. *Los indios de Cuba.* Los tres tipos de indios de las Antillas no estaban representados en Cuba. Los taínos se hallaban extendidos por toda la Isla. Los caribes se cree que realizaban incursiones en las costas del extremo oriental, cerca de Maisí, pero que no llegaron a establecerse en ella. En cuanto al tercer grupo, hay ciertas dudas sobre si los guanacabibes y los siboneyes eran la misma gente. El padre Bartolomé de las Casas, que recorrió casi toda la Isla y vivió varios años entre los indios creyó distinguir tres clases de indios en Cuba: unos muy parecidos a los de Haití y que él creía que procedían de aquella Isla; otros que le parecieron ser la población nativa y primitiva de Cuba, a los cuales llamó siboneyes o cibuneyes; y un

tercer grupo de indios, más salvajes, que vivían en la provincia de Pinar del Río, los guanatebeyes.

En la actualidad algunos sabios creen que los indios que el padre las Casas consideró procedentes de Haití, eran los taínos, y que los guanatebeyes y los siboneyes eran la misma gente.

Una parte del pueblo siboney se había refugiado al Oeste, huyéndole a los taínos y conservaba sus antiguas costumbres salvajes. La parte que se quedó a vivir junto con los taínos, llegó a aprender la lengua de éstos y alguno de sus usos y sus costumbres. Tal vez por eso el padre las Casas creyó que eran distintos de los de Pinar del Río y los llamó siboneyes. Esta opinión se funda en el hecho de que en Cuba solo se han encontrado restos de dos clases de indios, esparcidos por toda la Isla, abundando las reliquias de los taínos en la región oriental y las de los siboneyes en la occidental.

6. *Los siboneyes. Alimentación, armas y habitaciones.* Los siboneyes, aplicando este nombre a los indios más atrasados y salvajes que vivían hacia la actual provincia de Pinar del Río, ya se ha dicho que pueden ser considerados como los más antiguos moradores de la Isla. Cuando Colón descubrió a Cuba, tal vez muchos de ellos vivían mezclados y confundidos con los taínos, así como en los cayos y las islitas vecinas.

Estos indios se alimentaban de productos naturales y no poseían ningún conocimiento de la agricultura. Algunos de los frutos con que se sustentaban los comían en sazón, tomándolos directamente de las plantas que los producían: otros, como los cocos y los corojos, los almacenaban en cuevas para las épocas de escasez. Los cangrejos terrestres y los caracoles formaban una gran parte del alimento diario. Además, comían con frecuencia pescado, jutías y otros pequeños animales. Hay indicios de que un enorme animal de la clase de los perezosos, llamado megalocnus —extinguido en Cuba desde antes del descubrimiento— pudo haber servido también de alimento a los siboneyes.

No se sabe qué armas usaban éstos, pero se cree que el arco y la flecha se contaban entre ellas. Es posible que tuvieran canoas de troncos ahuecados como las de los taínos, pero de más tosca construcción.

Los siboneyes ocupaban cavernas y abrigos habitables en las rocas, cerca de las playas o los ríos, lugares donde se encuentran restos de ellos con frecuencia, pero en ocasiones vivían también en campo abierto, probablemente en bohíos fabricados de manera muy tosca.

7. *Industria y adornos de los siboneyes.* Muchos de los depósitos de restos de los siboneyes no muestran trazas de alfarería, aunque quizás tuvieron alguna después de su trato con los taínos. Hacían tazas de madera, con la ayuda del fuego, empleando pedazos de caracol para raspar la parte quemada, a medida que adelantaban en el trabajo. Los mismos caracoles grandes, los convertían también en tazas y cucharones, quitándoles las espirales del interior. Empleaban, además, morteros y martillos de piedra muy toscos. En los trabajos de pedernal eran muy inhábiles, consistiendo principalmente los que hacían, en cuchillos y raspadores. En los lugares que ocuparon los siboneyes, suelen encontrarse hachas de piedra y de concha, pero son raras y difieren de las del tipo taíno.

De los vestidos que usaban, si es que los tenían, nada sabemos. Sus adornos consistían en collares de cuentas, formados de conchas y de vértebras de pescado. Usaban también pendientes de pedacitos de concha, piedra o dientes de tiburón, gastados y pulidos por las aguas. Estos objetos los agujereaban, para suspenderlos por un hilo o cordel.

En las prácticas religiosas de los siboneyes nada se sabe de cierto. Tal vez correspondan a este pueblo ciertas caras y figuras muy toscas e imperfectas, que se han hallado esculpidas o más bien arañadas sobre los pilares de algunas cavernas de la Isla.

8. *Los taínos de Cuba. Sus casas y pueblos.* Los taínos no tenían poblaciones grandes como las hay ahora en Cuba, ni gustaban de vivir en casas aisladas, como se ven muchas actualmente en el campo. Preferían reunirse en caseríos o pequeños pueblos, situados en terrenos llanos de cultivo, donde tuviesen agua potable cerca. Los pueblecitos de los taínos no tenían calles. Las casas se fabricaban casi todas alrededor de un espacio vacío, llamado batey. Las casas eran de madera al natural. Las paredes estaban formadas de gruesas estacas clavadas en el suelo o de tablas de palma. Construían

los techos con varas de madera, a las cuales amarraban cujes, destinados a atar en ellos las pencas u hojas de palma. Muchas casas eran circulares. Las piezas de madera no se sujetaban con clavos porque los taínos no los tenían, sino se amarraban con ariques y bejucos.

En las casas había ciertos objetos típicos. Entre ellos merecen mencionarse las camas, que eran hamacas, formadas de una red de hilos gruesos de algodón, colgadas de las vigas del techo; unos asientos llamados *dujos*, trabajados con frecuencia de una manera muy bella, en forma humana o animal, con dibujos e incrustaciones de conchas, y algunas vasijas de madera o de alfarería, hermosamente decoradas. También se hallaban cestas de tejidos de hojas de palma y otras materias, colgadas de las vigas. Contenían provisiones y otras chucherías diversas.

Los pueblos más grandes no llegaban a igualar los más pequeños de los nuestros. Las mejores casas se parecían a los más pobres bohíos de nuestros campesinos.

9. *Trabajos y ocupación de los taínos.* Los taínos vivían principalmente de sus cosechas de maíz, del casabe que preparaban con los tubérculos de la yuca, y de los frutos de otras plantas indígenas. Además, cultivaban boniatos, tabaco y algodón. Se dedicaban también a la pesca y a la caza, pero ésta, a causa de la escasez y del pequeño tamaño de la mayor parte de los animales terrestres, era de poca importancia. Casi toda la pesca la realizaban con redes o anzuelos. Unos palos cortos y gruesos, llamados macanas, y las lanzas arrojadizas o jabalinas, eran sus instrumentos favoritos para la caza y la guerra. El arco y la flecha, aunque existían entre ellos, parece que eran poco usados.

Los taínos construían canoas para viajar por los ríos y el mar. Eran grandes troncos ahuecados por el fuego, de una sola cavidad. Las había muy grandes y bien construidas, impulsándolas con remos. Con ellas hacían también viajes a las islas vecinas.

Para cortar madera y otros usos semejantes, los taínos empleaban hachas de una piedra muy dura, llamada pedernal. Algunas las pulían muy bien, dándoles una forma tan perfecta, que resultan muy difíciles de superar. Estas hachas se montaban y amarraban en mangos de madera.

Los taínos ejecutaban también trabajos de talla y recorte de piezas de madera, de hueso y, de conchas, utilizando cuchillos, raspadores y taladros hechos de pedernal. Su habilidad para trabajar el pedernal era muy inferior a la que manifestaban para lo demás. Cuando terminaban la labor más gruesa de un objeto, lo pulían, empleando para ello piedras areniscas, sobresaliendo mucho en sus tallados de madera y concha. Los hacían con tanta delicadeza y simetría, que es muy difícil hallar otros mejor ejecutados entre los indios del Continente. Los objetos eran decorados con patrones o modelos geométricos, generalmente círculos, óvalos y complicados dibujos de líneas, con figuras representando en formas convencionales personas, animales y seres sobrenaturales, siendo estos últimos muy grotescos.

10. *Manera de vivir de los taínos.* Los taínos vivían en mucho atraso. En sus casas se carecía casi hasta de lo más indispensable para disfrutar de alguna comodidad. Andaban descalzos, no usaban nada para cubrirse la cabeza y casi siempre iban desnudos. Solo las mujeres se vestían con un pequeño delantal tejido de algodón o de paja. En cambio gustaban de adornarse mucho, pintándose el cuerpo y usando collares y pendientes de piedra, de concha y de hueso, y aretes circulares de concha para las orejas. También empleaban para el adorno personal semillas, frutas de diversas plantas y plumas de colores vivos y vistosos.

Cocían los alimentos en cazuelas u ollas de barro, fabricadas por ellos mismos, o colocándolos directamente sobre el fuego. Además de casabe, maíz, boniatos y frutas, comían pescados, aves, jutías, guabiniquinajes, jubos, lagartos, jicoteas y cuantos animales caían en sus manos.

Para preparar el casabe, construían unos ralladores especiales, incrustando numerosas piedrecitas en la superficie de una ancha tabla de madera. Con estos ralladores desmenuzaban la yuca, convirtiéndola en catibía. El jugo venenoso que cierta clase de yuca suele contener, se lo extraían prensando la catibía en una cesta o un saco de paja, tejido a mano. Esta clase de rallador y esta prensa se usan todavía entre los indios arahuacos de la América del Sur. La catibía, después de prensada, se disponía en forma de tortas delgadas, que colocaban al fuego sobre una plancha circular de barro cocido o de piedra, llamada burén. Entre los restos de los antiguos pueblecitos de los taínos, abundan fragmentos o pedazos de estos burenes. Hasta hace unos pocos años, todavía en Cuba se fabricaba casabe de una manera parecida a como lo hacían los indios.

La vida de los taínos era muy monótona. Los trabajos caseros, la caza, la pesca y el cultivo de sus conucos ocupaban casi todo su tiempo. La caza y la pesca no eran deportes, sino trabajos necesarios y penosos. Sus principales diversiones consistían en unas fiestas llamadas *areitos* y en cierto juego de pelota. Los areitos se celebraban casi siempre de noche. Consistían en cantar y bailar a la luz de hogueras encendidas en medio del batey. Las pelotas que usaban en sus juegos eran de resina endurecida. Otro de sus placeres era fumar tabaco. Como en sus casas los asientos eran muy raros, permanecían casi siempre en cuclillas. Al hablar gesticulaban mucho, tal vez porque su idioma era muy pobre y se daban a entender por gestos.

11. *Carácter de los taínos.* Los taínos eran de carácter amable y pacífico. Los padres eran cariñosos con sus hijos y los cuidaban lo mejor que podían. Los que vivían en un mismo pueblo, tenían un jefe, al cual llamaban cacique. El cacique era respetado y obedecido por todos los del pueblo, quienes se llevaban bien unos con otros. La caza, la pesca y los frutos recolectados, se entregaban al cacique, distribuyéndolos éste después entre todos.

Generalmente, nunca los de un pueblo peleaban con los moradores de los pueblos próximos, aunque cada pueblo era independiente y la Isla no tenía un Gobierno común.

Los taínos no tenían la cualidad de la previsión, propia del hombre civilizado. Pensaban poco en lo porvenir y vivían al día. No obstante, eran fieles y leales a sus amigos.

Aunque no eran guerreros, a veces los de la región oriental tenían que pelear con indios de otras islas que venían a Cuba, principalmente con los caribes, los cuales solían hacer incursiones en las costas. En sus peleas, los taínos gritaban mucho para atemorizar a sus enemigos.

De la mitología o religión de los taínos se sabe poco. En sus ceremonias religiosas usaban máscaras, unos ídolos llamados cemíes y otros objetos.

Probablemente, la mayor parte de los objetos de uso religioso eran de un material de fácil destrucción por la acción del tiempo, y debido a eso no se han encontrado entre los restos de sus caseríos.

12. *Aislamiento y atraso de los indios.* Tanto los taínos como los siboneyes vivían muy atrasados, si se les compara con nosotros. Los pueblecitos o lugares que habitaban, estaban aislados unos de otros por bosques muy espesos. En la Isla no habían caminos y los indios viajaban casi siempre en canoas, a lo largo de los ríos o de la costa, sin alejarse mucho de sus lugares respectivos.

Cada lugar era independiente de los demás y la Isla no tenía un solo Gobierno como ahora.

Aunque los indios eran todos de la misma raza y vivían en un mismo país, los de unos pueblos sabían poco o nada de lo que ocurría en los otros y en las islas vecinas, a causa del aislamiento y la incomunicación en que estaba cada lugar de la Isla. Cuba no era una patria en la época en que la habitaban los indios, porque una patria es un país cuyos habitantes piensan de la misma manera en muchos asuntos, se conocen y aman unos a otros, quieren ciertas cosas con el mismo fervor y pueden discutir y ponerse de acuerdo sobre ciertos propósitos y trabajar juntos para realizarlos.

13. Resumen. En Cuba primitiva faltaban muchas de las plantas y los animales que hoy forman la principal riqueza de la Isla. El país estaba poco poblado y en estado salvaje. Los habitantes eran de la raza india y se cree que pertenecían a dos pueblos diferentes: el taíno y el siboney, más adelantado el primero que el segundo. Cuba no era una patria o una nación entonces, a causa del aislamiento y la independencia en que vivían los pobladores unos de otros.

14. **Temas para estudio.**
Los encabezamientos de las secciones numeradas, y, además, los siguientes:

1. Paralelo entre Cuba actual y Cuba primitiva, en plantas, animales y obras de la industria humana.

2. Paralelo entre taínos y siboneyes.

3. Comparación entre la abundancia de medios de transporte y de comunicación de ideas de Cuba actual, y la falta de los mismos en Cuba primitiva.

Capítulo II. Descubrimiento y explotación de Cuba por los españoles

15. *Los europeos intentan hallar un nuevo camino para la India.* En la época en que en Cuba solo vivían indios siboneyes y taínos, los europeos, que habían comenzado a extender sus dominios fuera de Europa, tenían mucho comercio con la India, a través del Mediterráneo y de los países del Asia Menor. Los turcos, enemigos de los europeos, se apoderaron de dichos países y de las costas asiáticas del Mediterráneo. Desde entonces, los comerciantes de Europa no pudieron continuar sus tratos con los de la India.

El comercio con la India, que era muy necesario a los europeos producía grandes ganancias, de manera que éstos trataron de hallar un nuevo camino para continuar sus negocios. En esta situación, un marino llamado Cristóbal Colón, pensó que navegando por el Atlántico, hacia el Este, se podían descubrir nuevas tierras y, además, dar la vuelta al mundo y llegar a la India, con lo cual el problema de hallar un nuevo camino para el comercio quedaría resuelto.

Colón era un hombre de gran talento, tenaz y perseverante; había estudiado mucha Geografía y ambicionaba hacerse rico y famoso.

Se cree que nació en Génova, y en la época en que concibió su proyecto, era un marino de mucha experiencia.

Colón había concebido un excelente plan para descubrir tierras al Oeste del Atlántico, pero no podía realizarlo. Era pobre, no tenía barcos ni dinero con que pagar a los marineros ni sufragar los demás gastos del viaje, y carecía de medios y de poder para conquistar los países que descubriese.

En vista de esto Colón trató de que algunas naciones europeas. Portugal en primer término, le facilitaran recursos para el viaje. En varios países se los negaron, pero al fin consiguió, después de vencer muchas dificultades, que los reyes de España, llamados don Fernando y doña Isabel, le proporcionaran los medios necesarios para realizar su empresa.

Después de firmar un convenio con los reyes, Colón se trasladó a un puerto del sur de España llamado Palos, y auxiliado por dos marinos de apellido Pinzón, logró preparar tres barcos, tripulados por unos noventa hombres, con los cuales emprendió el viaje.

Colón partió de Palos el 3 de agosto de 1492. Desde dicho puerto se dirigió a las Islas Canarias, y después se lanzó a atravesar el Atlántico.

Este viaje era una empresa muy atrevida; nadie había cruzado aún el Atlántico y no se sabía dónde terminaba. Los marinos más experimentados y valientes, no osaban aventurarse mucho en dicho Océano. Solo hombres tan valerosos como Colón y sus compañeros, se hubieran lanzado a hacerlo en sus pequeñas carabelas.

16. *Colón descubre las islas Lucayas, Cuba y Santo Domingo.* Colón y sus compañeros tardaron dos meses y nueve días en atravesar el Atlántico. Al cabo de este tiempo, llegaron a una islita perteneciente al grupo de las Lucayas. Los habitantes daban a dicha islita el nombre de Guanahaní, pero Colón la llamó «San Salvador», como acción de gracias a Dios, que los había conducido al éxito de su empresa y librado de los peligros de ésta. El almirante se hallaba en la creencia de que habían llegado a la India o muy cerca de dicho país.

Colón supo en las Lucayas que al sur había tierras mucho mayores, y continuó el viaje en la dirección mencionada.

Descubrió otras islas más, pertenecientes al mismo archipiélago, y finalmente el *27 de octubre de 1492*, arribó por primera vez a las costas de Cuba.

No se sabe con certeza el sitio de la costa de Cuba a que llegó Colón primeramente, pero se cree que fue a algún lugar entre Nuevitas y Cabo Lucrecia.

Colón quedó encantado de la hermosa vegetación de Cuba y de la suavidad del clima de ésta.

Él y sus compañeros, pensaron que habían llegado a algún punto del Japón. En esta creencia, el almirante envió algunos hombres a recoger noticias del interior del país, y después exploró la costa septentrional de Camagüey y Oriente, hasta Baracoa. De este lugar navegó con rumbo al Este y descubrió la Isla de Santo Domingo.

Esta última Isla le atrajo más que Cuba, porque supo que en ella se encontraba oro en abundancia. Uno de sus barcos se fue a pique en la costa y con los restos del mismo construyó un fuerte, al cual le puso el nombre de «Navidad». Dejó en él treinta y seis hombres y emprendió el viaje de regreso a España. La travesía fue muy penosa, pero cuando Colón llegó a España y dio cuenta a los reyes de los descubrimientos que había hecho, fue muy agasajado por estos.

El descubrimiento de América es uno de los sucesos más famosos de la historia del mundo y ha hecho célebres para siempre a Colón, a sus compañeros y a los reyes don Fernando y doña Isabel.

17. *Colón vuelve a las Antillas y reconoce la costa meridional de Cuba.* Los reyes don Fernando y doña Isabel quedaron muy satisfechos de los descubrimientos realizados por Colón, e inmediatamente le facilitaron abundantes recursos para realizar un segundo viaje y comenzar la colonización de las tierras descubiertas, así como las demás que se descubriesen en lo adelante.

En este segundo viaje, Colón se dirigió más al sur; descubrió las Antillas Menores y la Isla de Puerto Rico, y llegó con toda felicidad a Santo Domingo.

Colón encontró el fuerte de Navidad reducido a cenizas, y supo que los soldados que lo guarnecían habían sido muertos por los indios, en venganza de las atrocidades que dichos soldados habían cometido con los indígenas de las cercanías del fuerte.

El almirante fundó una población, a la cual puso el nombre de Isabela, castigó a los indios, emprendió algunos trabajos agrícolas y comenzó la explotación de las minas de oro.

Después de realizados estos trabajos, Colón continuó sus descubrimientos, pues deseaba conocer mejor a Cuba y saber si era una Isla o un continente. Partió de Santo Domingo, navegó por la costa meridional de Cuba, y visitando los puertos y las Islas que la rodean por el sur, llegó hasta la ensenada de Cortés, en Pinar del Río. De allí regresó a Santo Domingo, creyendo que la costa de Cuba se extendía mucho más aún, y que ésta no era una Isla, sino un continente. Colón continuó prefiriendo a Santo Domingo y no trató de colonizar a Cuba.

18. *Los últimos hechos de la vida de Colón.* Colón efectuó otros dos viajes más al Nuevo Mundo, pero no tienen interés para la historia particular de Cuba.

El Gobierno de la colonia que había fundado en Santo Domingo le ocasionó muchos disgustos. Los españoles que le acompañaron en el segundo viaje, y otros más que vinieron de España después se establecieron en Santo Domingo. Todos reconocían a Colón como jefe, pero muchos de ellos eran hombres díscolos, crueles y ambiciosos, resultando muy difícil gobernarlos bien. En su mayoría, no querían trabajar y no respetaban a las autoridades ni las leyes. Además, tal vez Colón no era tan buen gobernante como buen marino. Los colonos se quejaban mucho de él, y los reyes enviaron a un juez llamado don Francisco de Bobadilla, para que se hiciera cargo del Gobierno y para que averiguara quiénes eran los responsables de los trastornos que ocurrían en Santo Domingo, a fin de aplicarles el castigo merecido. El juez dio oídos a los enemigos de Colón, encarceló a éste y lo envió a España preso y cargado de cadenas.

Cuando Colón llegó a España, los reyes ordenaron que se le dejara en libertad inmediatamente, pero no lo repusieron en el Gobierno de Santo Domingo.

Colón pasó los últimos años de su vida en la mayor pobreza, reclamando el derecho que tenía a ser gobernador, según el contrato que los reyes habían firmado con él. La reina doña Isabel, que era su protectora, murió algún tiempo después de la fecha en que le habían privado de su Gobierno, y el rey don Fernando se negó a acceder a las reclamaciones del célebre marino.

Cristóbal Colón murió el 20 de mayo de 1506, en la ciudad de Valladolid, situada en el centro de España.

El nombre de Colón es famoso en el mundo entero. Para perpetuar su memoria se han erigido bellos monumentos en Europa y América.

En la ciudad de Cárdenas hay un monumento a Colón, y en la provincia de Matanzas una población rica y floreciente se llama Colón, en honor del descubridor del Nuevo Mundo.

19. *Sebastián de Ocampo da la vuelta a la Isla.* Después de los dos primeros viajes de Colón, los españoles tardaron en volver a Cuba. Las costas de nuestro país no fueron exploradas regularmente hasta cerca de quince años más tarde, cuando ya los españoles habían fundado muchos pueblos en Santo Domingo.

En el año de 1508, un marino llamado Sebastián de Ocampo, natural de Galicia, recibió el encargo del gobernador de Santo Domingo, de continuar la exploración de las costas de Cuba, averiguar si esta era una Isla o no, y enterarse si podría o no colonizarse fácilmente.

Ocampo partió de Santo Domingo con dos barcos, navegó a lo largo de la costa septentrional de Cuba, visitó el puerto de La Habana, dobló el cabo de San Antonio y regresó a su punto de partida, por el sur de la Isla.

Ocampo comprobó que Cuba era una Isla muy extensa y fértil, y los españoles de Santo Domingo supieron por él que los habitantes de Cuba eran numerosos y pacíficos y que en el país había oro. Estas noticias decidieron a muchos españoles a pasar a la Isla con el propósito de establecerse en ella.

20. *Otros españoles tocan en la Isla después de Ocampo. Actitud de los indios.* Después del viaje de Ocampo, todavía transcurrieron tres años antes de que los españoles de Santo Domingo viniesen a establecerse en Cuba.

Durante este tiempo, varios barcos españoles tocaron en nuestras costas, además de algunos que nautragaron en ellas.

En unos casos, los indios recibieron bien a los españoles de dichos barcos, pero en otros los trataron mal y mataron a todos los que pudieron.

En cierta ocasión, un barco con treinta y seis españoles naufragó en la costa septentrional de Pinar del Río o de La Habana. Los indios mataron a los náufragos, excepto a un hombre y a dos mujeres, que retuvieron prisioneros.

La hostilidad de los indios se debía a varias causas justificadas. Colón se había llevado a la fuerza en sus barcos a algunos indios con sus mujeres y sus hijos, y otros españoles también habían cometido abusos con los indígenas al tocar en las costas de Cuba. Además, muchos indios que se habían refugiado en la Isla huyendo de Santo Domingo, contaban cómo los colonos españoles habían matado a casi todos los habitantes de aquel lugar, reduciendo los demás a la esclavitud.

Los indios cubanos que llegaron a saber esto, consideraban a los españoles como enemigos y los mataban siempre que podían, por temor a que intentaran quedarse en Cuba.

21. Resumen. Cuando los europeos trataban de hallar una ruta marítima para comerciar con la India, Cristóbal Colón concibió el plan de descubrir tierras al oeste del Atlántico y llegar al citado país a través de dicho Océano, fundándose en la idea, poco aceptada entonces, de la redondez de la Tierra. Los reyes de España, don Fernando y doña Isabel, le facilitaron los medios de emprender el viaje descubriendo Colón las Lucayas y las Antillas Mayores, entre ellas a Cuba. Colón creyó que Cuba formaba parte de un continente, pero Sebastián Ocampo navegó a todo el rededor comprobando que era una Isla.

22. **Temas para estudio.**

Los encabezamientos de las secciones numeradas, y, además, los siguientes:

1. Biografía de Colón.

2. Hechos, monumentos y lugares que recuerdan a Colón en Cuba.

3. Resumen de las noticias que los españoles tuvieron de Cuba antes de emprender la colonización de la Isla.

Capítulo III. Conquista y ocupación de Cuba por los españoles

23. *Los españoles resuelven conquistar a Cuba. Velázquez.* En el año 1511, cerca de veinte años después de haber sido descubierta Cuba por Colón y cuando ya éste había muerto, el jefe de los españoles en Santo Domingo era un hijo del almirante Colón, llamado don Diego Colón.

En esa fecha, ya los españoles se habían establecido en las islas de Puerto Rico y Jamaica, y en varios lugares del Continente, cerca del istmo de Panamá.

Don Diego Colón pensó que él debía conquistar y gobernar a Cuba, porque esta Isla había sido descubierta por su padre, el Gran almirante, y resolvió que un jefe español, llamado Diego Velázquez, natural de Cuéllar, pueblo de Castilla, España, quedase encargado de realizar dicha conquista.

Diego Velázquez era valiente y rico, y tenía mucha autoridad entre los españoles, porque se había distinguido peleando contra los indios de Santo Domingo y había fundado varios pueblos en la citada Isla.

Velázquez se comprometió a reunir gente para la conquista de Cuba, y a pagar los gastos con su propio dinero, cobrándolos más tarde con lo que Cuba produjera.

24. *Comienza la conquista de Cuba.* Diego Velázquez reunió unos 300 españoles en un lugar de la costa septentrional de Santo Domingo, emprendió viaje con ellos en varias carabelas y tomó tierra en la parte oriental de Cuba, para comenzar la conquista de la Isla.

Los propósitos de Velázquez cuando desembarcó en Cuba, parece que eran tratar de dominar a los indios sin pelear con ellos ni matarlos, a fin de poder utilizarlos para trabajar en los campos y las minas.

Muchos indios eran mansos, pero otros odiaban y temían a los españoles. Habían nacido libres y no querían ser esclavos de nadie. Sus armas eran pocas y malas, pero a pesar de esto, se hallaban dispuestos a pelear contra Velázquez y su gente, para impedir que se estableciesen en Cuba.

25. *Lucha con los indios. El cacique Hatuey.* El jefe principal de los indios que estaban resueltos a pelear contra la gente de Velázquez, era un cacique llamado Hatuey.

Hatuey había sido jefe de una región de Santo Domingo, llamada Guahabá. Los españoles de dicha Isla habían matado a casi toda su gente y él había logrado escapar y refugiarse en Cuba.

Hatuey era muy valiente, se expresaba bien y era más inteligente que la mayoría de los demás indios.

Cuando Hatuey supo que Velázquez venía para Cuba, hizo saber a los indígenas que si las gentes del jefe español, que quedaban en la Isla, matarían a los indios o los harían esclavos; les aconsejó que echaran al mar o a los ríos todo el oro que tuvieran, para que los españoles creyeran que en Cuba no lo había, y, finalmente, los animó a combatir contra los españoles enseguida que estos desembarcasen. Cuando Velázquez tomó tierra en la costa, Hatuey dividió sus indios en pequeños grupos, ordenándoles que atacaran a los españoles por sorpresa, cada vez que pudiesen; que les arrojaran piedras y flechas, molestándolos sin cesar, y que se dispersaran cada vez que la gente de Velázquez intentase pelear con ellos de cerca o cuerpo a cuerpo.

Diego Velázquez conocía bien la manera de pelear de los indios, así es que mientras una parte de su tropa se ocupaba en fundar el primer pueblo (que fue Baracoa), dividió el resto en pequeños grupos, para perseguir sin descanso a la gente de Hatuey.

Los españoles usaban *corazas* y *cascos de acero*, y *escudos* o *rodelas* para defenderse de las flechas y las pedradas de los indios. Además, contaban con armas de fuego, llamadas *arcabuces*, y con unas flechas mucho mejores que las de los indios, llamadas *ballestas*. Antes de que un indio pudiera acercarse lo necesario a un soldado de Velázquez para dispararle una flecha o tirarle una piedra, el español podía matarlo de un tiro de arcabuz o de ballesta. De modo que cada vez que se trababa una pelea, los españoles mataban muchos indios, mientras que éstos no podían matar a ningún español.

Lo peor para la gente de Hatuey, era que los españoles tenían muchos perros bravos y feroces, que rastreaban a los indios por el olor. Los indios preparaban emboscadas para sorprender a los españoles en las veredas de los montes pero los perros las descubrían. Cuando la gente de Hatuey se dispersaba, después de un combate, los perros seguían el rastro, daban alcance a los indios y los destrozaban a mordidas con sus agudos colmillos. También guiaban a la gente de Velázquez hasta los refugios más ocultos de los indios en los bosques.

Además, los indios que sostenían la guerra no eran todos los de la Isla, sino solamente los de algunos pueblos de la región oriental, de manera que pronto los españoles fueron acabando con ellos.

Como quiera que Hatuey era el que más alentaba y dirigía mejor a los indios en la lucha, Velázquez trató de matarlo o de hacerlo prisionero. Al fin logró esto último, obligando a algunos indios a denunciar dónde se hallaba oculto el cacique, al cual sorprendió y apresó junto con varios de sus compañeros.

Hatuey fue condenado por Velázquez a ser quemado vivo, castigo bárbaro que se aplicaba en aquella época a ciertos criminales.

El suplicio de Hatuey se efectuó cerca de un lugar llamado Yara. El cacique murió con heroico valor, sin querer hacerse cristiano, por no encontrarse en el cielo, según dijo, con los españoles.

El cacique Hatuey fue un valiente que peleó por su libertad y la de sus hermanos de raza. Su nombre debe recordarse con admiración y respeto. Él y sus compañeros fueron vencidos porque los conquistadores disponían de mayores adelantos y estaban más unidos. La fuerza de un país no depende solo del valor de sus hijos, sino de la civilización que hayan llegado a alcanzar, y de la unión que entre ellos exista.

26. *Velázquez ocupa toda la región oriental.* Después que Velázquez venció y dio muerte al cacique Hatuey, se dispuso a ocupar toda la región oriental.

Desde Baracoa envió dos grupos de españoles, uno a lo largo de la costa septentrional hasta cerca del límite de Camagüey, y otro hacia las tierras llanas que baña el río Cauto.

El primer grupo iba al mando del segundo jefe de Velázquez, llamado Francisco de Morales, y el segundo llevaba al frente a un español cuyo nombre era Pánfilo de Narváez. Los jefes llevaban órdenes de tratar de dominar a los indios por medios pacíficos, y de no pelear con ellos sino para defenderse, en caso de necesidad.

Morales no cumplió las órdenes de Velázquez, cometió muchos abusos con los indios de la región llamada Maniabón, y dio motivo a que los indios se sublevaran y mataran a algunos españoles. Velázquez le quitó el mando a Morales y lo envió preso a Santo Domingo.

Narváez llegó con su gente a la zona en que hoy está Bayamo. Sus soldados eran en su mayor parte *arqueros*, armados de ballestas. Habían venido con él de Jamaica, y cada uno de ellos tenía uno o más asistentes indios que habían traído de dicha Isla.

A pesar de las órdenes de sus jefes, tanto los arqueros como los indios jamaiquinos cometían muchos abusos con los naturales, así es que éstos no tardaron en resolverse a matarlos a todos. Reunidos en gran número, atacaron una noche por sorpresa a Narváez y a su gente, pero no pudieron lograr su intento, aunque los pusieron en grave aprieto. A los pocos días, Velázquez acudió en auxilio de Narváez; entonces los indios de toda aquella zona se fueron huyendo a Camagüey.

Velázquez envió a Narváez en seguimiento de los indios, con encargo de inducirlos a que regresaran a Bayamo bajo la promesa de que no se les haría daño. Narváez no pudo darles alcance y volvió a Bayamo. Sin embargo, poco tiempo después los indios regresaron, porque los de Camagüey no les dieron de comer ni los dejaron permanecer entre ellos.

Velázquez logró apaciguar a los indígenas y volvió a Baracoa, después de recomendarles que continuaran el cultivo de sus tierras.

Velázquez temía que si se maltrataba a los indios, éstos se fugarían a los montes y abandonarían sus cultivos. En ese caso, los españoles podían llegar a verse sin tener qué comer y sin trabajadores para las minas de oro, como les había ocurrido en Santo Domingo.

27. *Velázquez planea la ocupación de toda la Isla.* Velázquez distribuyó tierras entre los pobladores españoles de Baracoa y ordenó a los indios que

trabajaran en las fincas de los mismos durante cierto tiempo. Cuando ya se habían hecho bastantes siembras para que no faltara la comida, decidió ocupar todo el resto de la Isla.

Velázquez dispuso que su gente fuese avanzando de Oriente a Occidente, dividida en tres grupos: uno por la costa del Norte de la Isla, otro por el centro y el tercero por la costa meridional.

El grupo del Norte debía salir del puerto de Sagua de Tánamo, a bordo de un bergantín, con el propósito de ir visitando poco a poco todos los pueblos indios de la costa, hasta La Habana.

El segundo grupo era el más numeroso y el que tenía que realizar un trabajo más difícil. Debía salir de Bayamo e ir avanzando por todo el interior del país, hasta La Habana, sometiendo a su paso todos los pueblos indios que encontrara en el camino. Este grupo iba al mando de Pánfilo de Narváez. Narváez llevaba como consejero a un sacerdote llamado Bartolomé de las Casas, a quien Velázquez había mandado a buscar a Santo Domingo. Velázquez, como ya hemos dicho, quería que los españoles no pelearan con los indios sino en caso de necesidad y para defenderse únicamente. El desconfiaba de que Narváez cumpliera bien sus órdenes. Por eso le hacía acompañar del padre Las Casas, amigo de los indios y con mucho ascendiente sobre éstos.

El tercer grupo de españoles debía salir de Baracoa, por mar, al mando del propio Velázquez. Velázquez se proponía doblar al cabo de Maisí y avanzar a lo largo de la costa del sur, visitando todos los pueblos indios del litoral o próximos a éste, hasta el otro extremo de la Isla.

28. *Realización de los planes de Velázquez y ocupación de todo el territorio.* El avance de los tres grupos comenzó en 1513, y se efectuó de conformidad con lo dispuesto por Velázquez; pero a pesar de las órdenes de sus jefes, los españoles del grupo que iba por tierra, cometían frecuentemente muchos abusos con los indios de los pueblos a que llegaban.

Narváez y el padre Las Casas deseaban evitarlos. Con ese propósito resolvieron que al acercarse a cada pueblo indio, Las Casas se adelantara con alguna gente de confianza, y pidiera a los indios que se reuniesen en la mitad del pueblo y dejasen la otra mitad vacía, para que los españoles se alojasen en ella mientras permaneciesen allí. Hecho esto, la tropa entraba en el pueblo, ocupaba las casas vacías y se prohibía a los soldados pasar a la parte ocupada por los naturales.

Los indios de cada pueblo se veían en la obligación de proporcionarle a Narváez comida para su tropa y cargadores que llevaran los equipajes hasta el pueblo cercano. El jefe español le decía a los caciques que debían quedar sometidos a la autoridad del rey de España, y el padre Las Casas bautizaba a los niños. Después de realizado esto y descansar algunos días, continuábase la marcha en la misma forma.

El padre Las Casas llegó a inspirar tanta confianza a los indios, que hubo un momento en que él no tenía ya que adelantarse a Narváez, sino avisar simplemente a los indios con un mensajero lo que debían hacer.

A pesar de todas estas precauciones, la gente de Narváez mató un gran número de indios en un pueblo de Camagüey llamado Caonao. Para explicar el hecho, Narváez le informó a Velázquez que los indios tenían preparada una emboscada, y que su gente se había visto en la necesidad de hacerles frente matando a cien de ellos; pero el padre Las Casas escribió que esa explicación no era cierta y que la matanza había sido un acto de inaudita crueldad, debido solamente al hábito que tenía la gente de Narváez de derramar sangre humana.

Narváez y Las Casas se enteraron de que los indios de Matanzas y de La Habana tenían dos mujeres españolas y un hombre prisioneros. Enviaron a buscar a éstos, y enseguida los caciques los pusieron en libertad, cuando aún los españoles estaban por la región de Santa Clara. Dichos tres españoles eran los únicos supervivientes de un grupo de más de treinta que había naufragado en la costa. A los veintisiete restantes, los indios les habían dado muerte.

Cuando Narváez y Las Casas llegaron a la región de La Habana, los caciques salieron a recibirlos en paz. Entre ellos iba el que había dado muerte a los españoles. Narváez ordenó que dichos caciques fueran presos y quiso quemarlos vivos a todos. El padre Las Casas se lo impidió, recordándole las órdenes de Velázquez y amenazándole con que sería castigado. Narváez, al fin, puso, los caciques en libertad, menos al causante de la matanza, al cual dejó preso para entregárselo a Velázquez.

Al llegar Narváez y Las Casas al puerto de La Habana, se reunieron con la gente del bergantín que había ido por el Norte. Velázquez no había llegado todavía sino hasta el punto donde hoy está Sancti Spíritus, y ellos fueron a dicho lugar a reunirse con él, llevando al cacique prisionero.

Velázquez puso en libertad al cacique, y continuó su marcha a la bahía de Cienfuegos, que los indios llamaban Jagua. Desde allí, ordenó a Narváez que volviese a La Habana, se embarcase en el bergantín, y fuese a someter a los caciques de las regiones de Guaniguanico y Guanacahabibes, que eran las últimas de la Isla. Narváez lo hizo así, y toda la Isla quedó sujeta a la autoridad de Velázquez. Terminada la ocupación de la Isla, en la cual había empleado cerca de año y medio. Velázquez emprendió desde Cienfuegos el viaje de regreso a la región oriental, donde él deseaba establecer la cabecera, de su Gobierno.

La ocupación de Cuba se llevó a cabo con menos derramamiento de sangre que la de cualquiera otra de las tierras conquistadas por los españoles en el Nuevo Mundo. El suplicio de Hatuey fue el único acto de crueldad ordenado por mandato de Velázquez. La matanza de Caonao fue realizada en contra de sus órdenes. Los millares de indios que había en Cuba, fueron dominados con facilidad por algunos centenares de españoles, porque los indios estaban muy atrasados, no tenían armas y no se hallaban en condiciones de unirse para la defensa. La cultura y la unión de sus hijos son las fuerzas más poderosas con que puede contar una nación. El país donde faltase esas dos fuerzas, puede ser dominado fácilmente por otros.

29. Resumen. A los diecinueve años de descubierta Cuba, el virrey español de Santo Domingo envió a conquistarla al capitán don Diego Velázquez, con unos 300 hombres. El cacique Hatuey resistió a los españoles, pero fue vencido y quemado vivo. Después Velázquez ocupó sin resistencia toda la Isla.

30. **Temas para estudio.**

Los encabezamientos de las secciones numeradas, y, además, los siguientes:

1. Paralelo entre las armas de los españoles y las de los indios.

2. Causas por las cuales los españoles dominaron fácilmente a los indios.

3. Estudio de la forma en que Velázquez planeo la ocupación de Cuba y de las instrucciones que dio a sus subordinados.

Capítulo IV. Cómo se organizó el Gobierno de Cuba

31. *Fundación de las primeras poblaciones.* La primera población fundada en Cuba por los españoles, fue Baracoa, establecida por Velázquez para vivir en ella con su gente, tan pronto desembarcó en la Isla.

Más tarde, durante el viaje que efectuó por la costa meridional para la ocupación de la Isla, Velázquez fundó las poblaciones de Bayamo, Trinidad y Sancti Spíritus, y al regresar hacia Baracoa, dispuso la fundación de Puerto Príncipe, Santiago de Cuba y La Habana.

Velázquez tenía interés en que los españoles que habían venido con él a Cuba, en vez de concentrarse a vivir en un solo lugar, se repartiesen en toda la Isla. A fin de lograr ese propósito, dio solares para fabricar sus casas a cierto número de ellos en cada pueblo y les repartió terrenos en las cercanías, para sembrar y criar animales. Además, los autorizó para buscar oro en la jurisdicción correspondiente al pueblo en que viviesen.

Entonces se creía que como Colón había descubierto a Cuba estando al servicio de los reyes de España, las tierras de la Isla eran del rey, y que, en tal virtud, Velázquez podría distribuirlas en nombre de este entre los españoles que le habían acompañado en la conquista. Con la distribución de solares y tierras, Velázquez logró que en cada pueblo se quedase a vivir un número de españoles, los cuales fabricaron pronto sus casas y empezaron a trabajar en las tierras de los alrededores.

Los pueblos que fundó Velázquez estaban en la costa o cerca de esta, porque en aquella época los viajes eran mucho más fáciles por mar que por tierra.

Varios de esos pueblos no se fundaron donde se encuentran actualmente. Puerto Príncipe estaba donde hoy se halla Nuevitas, y La Habana se fundó en la costa del sur, cerca de Batabanó o de la boca del río Mayabeque.

32. *Cómo se organizó el Gobierno de cada pueblo.* El Gobierno de cada pueblo quedó a cargo de sus mismos vecinos, quienes debían elegir tres de ellos, a fin de que se reunieran cada pocos días y acordaran todo lo que debía hacerse en beneficio del pueblo. Estos tres vecinos se llamaban *regi-*

dores o *concejales*, y su reunión se llamaba *concejo* o *cabildo*. El territorio del concejo tenía un límite fijado por el gobernador. Al cabo de un año, los vecinos volvían a reunirse, elegían otros tres regidores en sustitución de los primeros, y así sucesivamente.

Algunas veces los regidores eran cuatro, cinco o seis porque el rey de España nombraba también algunos regidores más, aparte de los elegidos por los vecinos.

En cada pueblo existía otro funcionario llamado *alcalde*. El alcalde era el juez del pueblo. Cuando algún vecino cometía una falta o un delito, el alcalde era el que determinaba qué castigo debía imponérsele, y cuando los vecinos tenían pleitos entre sí, el alcalde era quien resolvía la cuestión. Además, el alcalde se reunía con los regidores cuando estos celebraban concejo y presidía la junta.

Si los delitos cometidos eran graves o los pleitos muy importantes, el alcalde debía dejar la cuestión al gobernador de la Isla para que éste resolviera. La manera de elegir al alcalde no fue siempre la misma. En cierta época, lo elegían los regidores; en otra, los vecinos, y, finalmente, se dispuso que se nombrara a la suerte, de la manera siguiente: los regidores, escogían dos nombres, los vecinos otros dos y el gobernador de la Isla uno; se escribían los cinco nombres en cinco papeles y se tomaba uno al azar. La persona a quien correspondía era el alcalde.

33. *Cómo se organizó el Gobierno general de la Isla.* Así como cada pueblo tenía un juez, que era el alcalde, había otra autoridad para toda la Isla. Esta era el *gobernador*.

El gobernador resolvía las cuestiones de cada pueblo que por su importancia no correspondían a los alcaldes. Era el jefe superior de todos los pueblos y el encargado de cuidar el orcen en la Isla y de defenderla si algunos enemigos la atacaban.

El gobernador no era elegido por los vecinos. Al principio, lo nombraba el virrey de Santo Domingo, pero después de 1537, quien lo designaba era el rey de España.

El gobernador podía nombrar una persona que lo representara en cada pueblo y ejerciera la autoridad, como delegado suyo. Esa nueva autoridad se llamaba *teniente gobernador* o *alcalde mayor*.

Si un vecino creía que el gobernador le había aplicado una pena injusta o no le había dado la razón que por la ley le correspondiese en un pleito, podía reclamar contra el gobernador ante un tribunal que se llamaba la Audiencia. Dicho tribunal estaba en Santo Domingo; también podía ir a España a reclamar ante el rey.

34. *Qué contribuciones tenían que pagar los vecinos.* Los vecinos de cada pueblo tenían que pagar diversas *contribuciones* o *impuestos*.

Cuando los regidores acordaban realizar alguna obra de beneficio general, por ejemplo, abrir un camino, arreglar el paso de un río, etc., cada vecino tenía que dar una cantidad para dicha obra, trabajar personalmente en ella, o enviar uno o más hombres a que trabajasen por él; y cuando el alcalde o el gobernador fallaba un pleito de un vecino o le despachaban un asunto cualquiera, dicho vecino tenía que abonarles una cantidad por su trabajo.

Los vecinos tenían que entregar también el diezmo de los productos de sus fincas para sostener las iglesias.

Además de estos pagos, se hallaban en la obligación de hacer otros que eran para el rey de España. Por ejemplo, por cada 100 pesos de mercancías de cualquier clase que trajesen de España o de otras colonias, debían pagar *7 pesos y medio de derecho*, y de todo el oro que recogían en las minas, tenían que dar la quinta parte al rey.

Para cobrar las contribuciones que los vecinos estaban obligados a pagarle, el rey nombraba cuatro funcionarios llamados *factor, veedor, contador* y *tesorero.*

El factor examinaba el cargamento de los barcos que entraban y salían en los puertos, para fijar la cantidad que debían pagar en virtud del impuesto de 7 pesos y medio por cada 100 de mercancías.

El veedor vigilaba la operación de fundir los granos de oro que los vecinos recogían en las minas, y pesaba el oro fundido para separar la quinta parte del rey.

El contador llevaba las cuentas de todo lo que se debía cobrar y pagar en nombre del rey; y, por último, el tesorero cobraba, pagaba y le enviaba al rey la diferencia sobrante.

Estos cuatro funcionarios residían en la capital de la Isla. Los vecinos de los demás pueblos tenían que hacer un largo viaje para efectuar los pagos a dichos funcionarios en el lugar donde estos vivían. Con tantas contribuciones y el gasto de los viajes, a los vecinos les quedaba poco dinero del que ganaban.

35. *Cómo se podían cambiar las leyes. Los procuradores de los concejos.* En la actualidad, las leyes son hechas en Cuba por la Cámara de Representantes y el Senado, pero cuando se fundaron las primeras poblaciones de la Isla, las leyes las hacía el rey de España. Si una ley resultaba inconveniente o si hacía falta una ley nueva, los vecinos tenían que pedirle al rey la supresión de la ley perjudicial o la promulgación de la que era necesaria, según el caso.

Los vecinos pensaron que era conveniente, cada pueblo o concejo, nombrar una persona entendida, encargada de dirigir al rey las peticiones de todos. Esta persona se llamó procurador. El procurador podía hacer las peticiones por escrito, desde Cuba, o ir él personalmente a España. Al principio, el procurador era nombrado por los regidores, pero después los mismos vecinos lo elegían directamente.

Los procuradores de todos los pueblos de la Isla pensaron que si ellos se reunían para ponerse de acuerdo y hacer todos las mismas peticiones, era probable que el rey les prestaría más atención. En tal virtud, establecieron la práctica de reunirse una vez al año, en la capital de la Isla.

Los alcaldes y los gobernadores quisieron en diversas ocasiones asistir a las juntas de los procuradores, pero estos se negaron a admitirlos en sus reuniones. Los procuradores se oponían, porque algunas veces ellos tenían que enviar quejas al rey contra los regidores, los alcaldes o el gobernador, y pensaban que si dichos funcionarios tomaban parte en las juntas, tratarían de impedir que se enviasen las quejas.

El rey les dio la razón, y dispuso que las demás autoridades no intervinieran en las juntas de los procuradores.

36. *Creación de las parroquias y del Obispado.* En la actualidad, los sacerdotes y los obispos no forman parte del Gobierno, pero en la época en que se fundaron las primeras poblaciones de Cuba, unos y otros tenían cierta autoridad sobre los vecinos.

Además, los sacerdotes eran los que solían enseñar no solo las cuestiones relativas a la religión, sino lo poco que se aprendía en lectura, escritura y algunos otros ramos, porque las Escuelas Primarias no se conocían entonces.

En cada concejo se dispuso que hubiera una iglesia. Al frente de la cual debía estar un cura párroco. La autoridad superior de los párrocos era el obispo, cargo que fue creado en Cuba poco tiempo después de la conquista.

El obispo, que tuvo la misión de proteger a los indios y de castigar con una fuerte multa a quienes los maltratasen con crueldad, no se hallaba sujeto a la autoridad del gobernador.

La organización que se dio al Gobierno de Cuba tenía muchas deficiencias. Los vecinos no nombraban a las autoridades superiores ni hacían las leyes de la Isla. El gobernador, al mismo tiempo que era el jefe civil y militar superior, era el juez que castigaba los delitos y fallaba los pleitos, de manera que tenía todos los poderes. Esto era causa de tiranía.

Las quejas contra el gobernador solo podían presentarse a la Audiencia de Santo Domingo o al rey de España. El viaje para dar estas quejas costaba muy caro, duraba muchos meses y no se podía hacer sino una o dos veces al año. Otro mal del Gobierno era que los vecinos tenían que pagar muchas contribuciones.

37. **Resumen.** Mientras se llevaba a cabo la ocupación de la Isla, Velázquez dispuso la fundación de los siete primeros pueblos y distribuyó tierras entre sus compañeros, disponiendo que los indios las trabajaran. En cada pueblo se construyó un ayuntamiento y una parroquia, quedando el Gobierno de toda la Isla a cargo de Velázquez. Los vecinos estaban obligados a dar la quinta parte del oro que recogieran para el

rey de España, y el 10 % de los frutos y el ganado para los gastos de la Iglesia. Ellos carecían le autoridad para cambiar las leyes.

38. **Temas para estudio.**

Los encabezamientos de las secciones numeradas, y, además los siguientes:

1. Diferencia entre Cuba actual y Cuba colonial, en cuanto a la redacción y derogación de las leyes.

2. Comparación entre la unidad de los poderes del primer Gobierno colonial y la división de poderes de nuestra época. ¿Cuál sistema asegura más la justicia?

3. Estudio comparativo entre el origen de la autoridad y los poderes del presidente de la República y los del gobernador Velázquez.

Capítulo V. Cómo vivían los conquistadores, encomienda de los indios y esclavitud de los negros

39. *De qué vivían los conquistadores.* Los conquistadores traían algunos víveres, ropa y demás artículos necesarios para vivir cuando desembarcaban en la Isla, pero en su mayoría eran gente pobre, que venía a Cuba con la esperanza de mejorar de fortuna y hacerse rica, si podía. Ya hemos visto que Velázquez les repartió solares y tierras de cultivo, y que ellos fabricaron casas, comenzaron a fomentar sus fincas y a buscar minas de oro (Sección 31). Como lo primero era tener asegurada la comida, los conquistadores empezaron a cultivar frutos menores de los mismos que cosechaban los indios. Además, importaron semillas de frutas, hortalizas y otras plantas útiles. También trajeron toros, vacas, caballos, yeguas, carneros, cerdos, gallinas y otros animales que no se conocían en la Isla, para criarlos en los potreros.

La tierra era muy fértil y el pasto muy abundante, así es que el ganado y las crías domésticas empezaron a multiplicarse con rapidez.

Las prendas de vestir, las herramientas, los útiles de uso doméstico, la harina, el vino, el aceite y las demás cosas que necesitaban para vivir, las importaban de Santo Domingo o de España.

Todos estos artículos, así como los animales que traían para comenzar las crías, costaban dinero.

Los conquistadores no lo tenían, ni tampoco podían enviar en lugar de dinero los frutos menores que cultivaban, porque dichos frutos valían poco y no se consumían en España. Además, hubiera sido imposible enviarlos, porque los viajes duraban tres o cuatro meses por lo menos, y los boniatos, la yuca y demás frutos se pudren o se alteran a los pocos días.

Los indios sembraban tabaco, pero esto no se usaba entonces, y nadie lo compraba, por lo tanto. El azúcar se vendía bien, pero en Cuba no había caña ni se sabía fabricar azúcar. En realidad, el único artículo de valor que se obtenía entonces en Cuba era el oro.

Con un poco de oro que mandaran a España, los vecinos podían pagar todas las mercancías que traían de allá, y si guardaban otro poco cada vez, podían llegar a hacerse ricos.

Por esta razón, el principal afán de los vecinos era buscar oro en las minas. Así como ahora la riqueza de Cuba depende, en buena parte, del azúcar, el tabaco y otros frutos que se venden en el extranjero, en aquella primera época lo único que se podía vender fuera era oro; de éste dependía la pobreza o la prosperidad de los vecinos.

40. *Cómo los conquistadores obligaron a los indios a servirles.* Los conquistadores no eran hombres acostumbrados a trabajar personalmente en la agricultura ni en las minas. Muchos de ellos pensaban que las labores agrícolas eran propias de gente de condición inferior nada más. Creían también que, puesto que ellos habían conquistado a Cuba, cada conquistador tenía el derecho de tomar varios indios como servidores suyos y ponerlos a trabajar y a buscar oro, sin pagarles nada.

El rey de España autorizó a Velázquez para que dispusiera que los indios trabajaran para los conquistadores, quedando estos obligados a darles ropa y alimentos y a irlos enseñando poco a poco a vivir como la gente civilizada.

Velázquez designó los indios que debían servirle a cada conquistador. A algunos les dio hasta 300 indios. Estos indios se los podían quitar al conquistador a quien se los daban, en cualquier momento que el rey quisiera, y el conquistador no se los podía traspasar a otras personas.

Los indios así repartidos entre los conquistadores, se llamaban *encomendados*, y la persona que los tenía a su cargo se llamaba *encomendero*.

Los indios encomendados y sus familias sufrían las más tristes y horrorosas calamidades.

Los conquistadores llevaban los hombres a buscar oro muchas leguas de los pueblecitos, y allá los tenían varios meses. En las casas quedaban los indios muy viejos, los muchachos y las mujeres. Algunas veces los encomenderos no les proporcionaban comida a estos infelices para no gastar, y como no tenían allí a sus familiares para que les buscasen algo de que sustentarse; se morían de hambre.

A los hombres que estaban en las minas recogiendo oro, los conquistadores los hacían trabajar mucho, desde la mañana a la noche. Los tenían casi desnudos y les daban poco alimento. Los trabajadores permanecían casi todo el día dentro del fango y la humedad, lavando la tierra y la arena a la orilla de los ríos, para encontrar los granitos de oro. De noche dormían en el suelo sin tener casi ningún abrigo.

Los encomenderos siempre se hallaban temerosos de que el rey ordenase que les quitasen los indios encomendados, así es que los apuraban en el trabajo para sacarles la mayor utilidad antes de perderlos. Al indio que no trabajaba con ardor, lo castigaban cruelmente.

Llevando, una vida tan ruda, los infelices indios se enfermaban y morían a montones.

Muchos de ellos, cuando podían reunirse con sus mujeres y sus hijos, se iban a los bosques y se mataban todos juntos, ahorcándose en los árboles, para no sufrir tantas calamidades.

41. *Los conquistadores traen esclavos negros.* En el tiempo en que existía la esclavitud, un esclavo era un hombre que pertenecía a otro como si fuera una cosa o un animal cualquiera, por ejemplo, una prenda de vestir, un caballo o un buey. El amo de un esclavo podía obligar a éste a trabajar, venderlo a otra persona, castigarlo, en fin, hacer de él lo que se le antojaba.

Hoy no existe la esclavitud en los países civilizados; pero en la época en que se realizó la conquista de Cuba, en casi todos los países había esclavos. La esclavitud no era cuestión de razas, pues había esclavos de todas las razas, lo mismo blancos que negros o asiáticos.

Cuando don Diego Velázquez conquistó a Cuba, en España había esclavos negros, y de allí habían traído algunos a Santo Domingo. Los portugueses eran los principales comerciantes de esclavos negros. Los iban a buscar al África y los vendían después en todas partes.

Los conquistadores preferían tener esclavos negros a tener indios encomendados. Los negros eran más fuertes y resistentes en el trabajo que los indios; pero, sobre todo, al que tenía un esclavo, nadie podía quitárselo, y si el propietario lo deseaba o lo creía necesario, podía venderlo y convertirlo en dinero. Además, del oro que buscaban los indios, el encomendero tenía que dar según ya se ha dicho, la quinta parte al rey (Sección 34), y del que buscaban los esclavos no tenían que dar más que la décima parte.

El esclavo le costaba dinero al conquistador, pero le producía mayores ganancias; por esta razón, todo conquistador que tenía algún dinero compraba esclavos y los ponía a trabajar en su casa o en sus fincas.

Los conquistadores cuidaban a los esclavos más que a los indios. Si el esclavo se moría, el amo perdía el dinero que le había costado; si se enfermaba o quedaba inútil para el trabajo, nadie se lo había de comprar cuando quisiera venderlo. Cuando los esclavos tenían hijos, estos hijos eran esclavos también, del mismo amo a quien pertenecía el padre.

Por todos estos motivos, los esclavos negros eran mejor atendidos que los indios y fueron aumentando con rapidez en la Isla, mientras que los pobres indios se morían y se acababan a toda prisa.

Los primeros esclavos negros fueron traídos a Cuba antes de que Velázquez hubiera terminado la conquista de la Isla.

En los años que siguieron a la ocupación de Cuba por los españoles, los únicos hombres libres que habían en la Isla eran los conquistadores. Hoy todos los habitantes de Cuba tienen el mismo derecho a la vida y a la libertad. Nadie puede tener sometido a otro, ni obligarlo a trabajar a la fuerza. Nadie puede maltratar a otra persona, por pobre y desamparada que sea, sin exponerse a ser castigado por los tribunales de justicia. Cada uno trabaja para sí o para su familia, y nadie tiene derecho para cogerse el fruto del trabajo de otro. Todos los niños que nacen en Cuba, son libres desde el momento de su nacimiento.

Esto indica que Cuba ha adelantado mucho en la manera de vivir, conforme a la justicia y a la humanidad.

42. **Resumen.** Los colonos de Cuba no podían obtener ni producir en la Isla muchas de las cosas indispensables para la vida, viéndose en la necesidad de importarlas de España y de mandar en pago alguna mercadería de valor. El único artículo valioso que podían enviar para vender era oro, así es que se dedicaron a buscarlo en las arenas de los ríos donde se encontraban granitos sueltos. Los indios fueron obligados a realizar todos los trabajos para reunir oro, en condiciones muy penosas. Los colonos trajeron esclavos africanos de Europa y los obligaron a tra-

bajar también. El esclavo era propiedad del amo y el indio encomendado no, pero ambos trabajaban no para sí, sino para el colono.

43. **Temas para estudio.**

Los encabezamientos de las secciones numeradas, y, además, los siguientes:

1. Compárese la libertad y la igualdad de derechos que garantiza la Constitución cubana, con el privilegio y la esclavitud imperantes en la colonia.

2. La saca de oro en los primeros tiempos comparada con la producción actual de azúcar y tabaco.

3. Estudio de por qué en la práctica, el indio encomendado llevaba una vida peor que el negro esclavo.

Capítulo VI. Principales acontecimientos desde la conquista hasta la muerte de Velázquez

44. *Los primeros años del Gobierno de don Diego Velázquez.* Después de terminada la conquista de la Isla y de organizado el Gobierno, todo el territorio quedó en completa paz.

Los conquistadores comenzaron a explotar las minas de oro con los indios, y algunos tenían buenas ganancias. El ganado vacuno, caballar, lanar y de cerda fue introducido en la Isla, como ya se ha dicho (Sección 39), y aumentó con grandísima rapidez.

Velázquez y muchos de sus compañeros empezaron a hacerse ricos. Esto, que se supo en España y en los demás lugares donde los españoles se habían establecido, fue causa de que vinieran muchos españoles más a la Isla. Al cabo de tres o cuatro años, los primeros 300 vecinos españoles se habían aumentado hasta el número de 2 o 3.000.

La capital de la Isla era entonces Santiago de Cuba. Velázquez había establecido primero la capital en Baracoa, pero en 1515 la trasladó a Santiago, porque Baracoa no tenía buen puerto ni facilidad de comunicaciones con el interior.

En aquella época todos los barcos eran chicos, de madera y de vela. En Cuba había muy buenas maderas, y los pobladores construyeron algunos barcos para comerciar con otras colonias españolas cercanas, a las cuales vendían *casabe* (que se usaba mucho en lugar de pan), reses vacunas, caballos, carne, cueros y algunas otras cosas más. Este comercio aumentaba las ganancias de los compañeros de Velázquez.

Los indios, en cambio, sufrían más cada día, porque los conquistadores los apretaban más rudamente en el trabajo. Los que morían eran tantos, que su número disminuía en mayor proporción que lo que aumentaba el de las personas blancas.

La mayor parte de los conquistadores eran solteros, y como no venían sino muy pocas mujeres de España, muchos de ellos se casaban con indias.

En estos primeros años se vivía muy mal, sin comodidades de ninguna clase. Las casas eran de guano, los muebles pocos y muy toscos. De unos pueblos a otros no se podía ir sino por veredas abiertas en los montes, y no había ni escuelas ni hospitales.

45. *El padre Las Casas comienza a trabajar para que se acaben las encomiendas.* El padre Las Casas había sido siempre amigo de los indios y bondadoso con éstos.

Sin embargo, él creía, como los demás conquistadores, que era legítimo tener indios encomendados.

Velázquez le dio tierras de cultivo cerca de Trinidad, y le encomendó muchos indios para que él los pusiera a trabajar. El padre Las Casas se asoció con otro conquistador llamado don Pedro de Rentería, y entre ambos obligaron a los indios a trabajar para los dos aunque sin tratarlos con crueldad.

En Santo Domingo, algunos frailes dominicos habían comenzado a pedir que se suprimieran las encomiendas y se diera libertad a los indios. Uno de aquellos frailes le dijo al padre Las Casas que ningún buen cristiano debía tener indios encomendados.

Las Casas vio que los indios encomendados eran tratados muy cruelmente, y que ellos y sus hijos morían a millares y se mataban de desesperación.

Pensando sobre esto, se convenció de que los frailes dominicos tenían razón, y de que las encomiendas eran injustas e inhumanas.

El padre Las Casas le propuso a Velázquez que suprimiera las encomiendas, pero Velázquez trató de apartarlo de aquella idea, diciéndole que si se quitaban las encomiendas no habría quien buscara oro en las minas y se arruinarían todos los conquistadores.

Cuando el padre Las Casas vio que no podía lograr de Velázquez que acabara con las encomiendas, renunció a los indios que él tenía encomendados, don Pedro de Rentería, su amigo, también hizo lo mismo. Después de hecho esto, Las Casas comenzó a pronunciar sermones en las iglesias, diciendo a los conquistadores que las encomiendas eran injustas y que debían acabarse, pero los encomenderos no le hicieron el menor caso.

Las Casas resolvió entonces ir a España a referirle al rey el maltrato que los conquistadores daban a los indios encomendados y a pedirle que suprimiera las encomiendas. Las Casas tenía muy poco dinero para el viaje, pero su amigo Rentería vendió algunos animales y otras propiedades y le proporcionó los recursos necesarios.

Los conquistadores mandaron a Narváez y a otros procuradores en el mismo barco en que fue Las Casas, para que le rogasen al rey que no atendiera las peticiones del sacerdote, y que en vez de abolir las encomiendas, les diese los indios encomendados a perpetuidad.

Sin embargo, los encomenderos temían que el rey se dejara convencer por Las Casas y por los dominicos, y suprimiera las encomiendas. Este temor les hizo apretar más a los indios en el trabajo, y el resultado inmediato de la labor de Las Casas fue que los indios siguieran muriendo en mayor número que antes.

46. *Velázquez descubre a México y trata de conquistarlo.* Mientras el padre Las Casas gestionaba en España que aboliesen las encomiendas, Velázquez y muchos de los conquistadores de Cuba, deseaban conquistar otras tierras para aumentar su fortuna.

Un vecino de Trinidad, llamado Francisco Hernández de Córdoba, de acuerdo con Velázquez, emprendió un viaje, con dos barcos, para llegar a Yucatán, país del cual tenían los conquistadores algunas vagas noticias que les habían dado los indios de Cuba.

Córdoba llegó a las costas de aquel país y sostuvo varias peleas con los indios yucatecos, que eran muy belicosos. Muchos de sus compañeros fueron muertos, y el mismo Córdoba recibió una herida grave. Córdoba regresó a Cuba con sus barcos y dio cuenta en una carta a Velázquez de sus descubrimientos.

Córdoba murió de sus heridas antes de ver al gobernador, y Velázquez mandó a su sobrino Juan de Grijalva a continuar los descubrimientos.

Al mismo tiempo, le escribió al rey de España solicitando permiso para conquistar las nuevas tierras.

Grijalva regresó a Cuba trayendo noticias de Yucatán y México. Por él supo que aquellos países eran riquísimos en oro y estaban poblados por indios fuertes y guerreros.

Velázquez reunió a toda prisa muchos barcos, caballos, cañones y unos 1.000 españoles con numerosos sirvientes indios, para emprender la conquista de México. Uno de los conquistadores de Cuba, Hernán Cortes, fue encargado de dirigirla.

Noticioso de que Velázquez pensaba quitarle el mando de la expedición después de habérselo dado, partió de Cuba apresuradamente, a emprender la conquista por su propia cuenta, para ser el jefe de México, sin atender a las órdenes de Velázquez. El gobernador de Cuba organizó entonces otra expedición más fuerte todavía que la anterior, nombró jefe de ella a Pánfilo de Narváez, y la despachó para México, en seguimiento de Cortés.

Narváez debía desembarcar en dicho país, castigar a Cortés y continuar la conquista por cuenta de Velázquez. Narváez no tuvo éxito en su empresa. Cortés lo derrotó, le quitó la gente que llevaba, y lo obligó a regresar herido a Cuba. Poco después, el rey de España nombró a Cortés jefe de México, y le ordenó a Velázquez que no enviara contra aquél otra expedición que estaba preparando.

47. *Muerte de Velázquez.* Velázquez había gastado mucho dinero en las expediciones de Córdoba, Grijalva, Cortés y Narváez, dinero que perdió por la desobediencia de Cortés.

Velázquez creía que la resolución del rey era injusta. Pensó ir a España a presentarse al rey para reclamar su derecho, pero no llegó a hacerlo, porque se enfermó gravemente en la ciudad de Santiago de Cuba y murió del 11 al 12 de junio de 1524. Su cadáver fue enterrado en la iglesia catedral de aquella ciudad por haberlo dispuesto así en su testamento.

El gobernador Velázquez fue el fundador de las primeras, más famosas e importantes poblaciones de la Isla. Durante su Gobierno, se introdujeron casi todas las especies de animales útiles con que cuenta la Isla, así como muchas plantas valiosas, particularmente la caña, frutas y hortalizas. Velázquez trató a los indios cubanos de manera más humana que los demás conquistadores a los indios de los otros países de la América, y organizó los siete primeros ayuntamientos o concejos de la Isla. Durante su Gobierno, se establecieron en Cuba las dos razas de que descienden casi todos los cubanos. Por todos estos motivos, puede decirse que él fue uno de los fundadores de Cuba. Después que conquistó la Isla, no quiso salir más de ella y en su testamento dispuso que lo enterraran en la catedral de Santiago de Cuba, ciudad que él mismo había fundado.

48. Resumen. La saca de oro producía beneficios a los colonos, pero los indios morían en gran número; los hombres en el trabajo, y los niños y los viejos de abandono y miseria en los bohíos. Las Casas trató de que Velázquez y los colonos libertaran a los encomendados pero como no obtuvo resultado se fue a España a pedírselo al rey. Mientras tanto, gente de Cuba, enviada por Velázquez descubrió a México y poco después se comenzó la conquista de dicho país. Hernán Cortés, designado por Velázquez para conquistar a México, se insubordinó contra su jefe y procedió por su cuenta. Mucha gente de Cuba se fue a México.

49. Temas para estudio.
Los encabezamientos de las secciones numeradas, y, además, los siguientes:

1. Estudio de las cosas que hay en Cuba que se deben a su primer gobernador Velázquez.

2. Antigüedad de la lucha pacífica en Cuba por la libertad de sus pobladores.

3. Disminución de la población blanca o india al final del Gobierno de Velázquez; sus causas.

Capítulo VII. Principales acontecimientos desde la muerte de Velázquez hasta que los franceses quemaron La Habana (1524-1555)

50. *Sublevaciones de los indios y abolición de las encomiendas.* Las expediciones de Hernán Cortés y de Narváez (Sección 46) dejaron a Cuba casi despoblada. Los indios encomendados, vieron que los españoles eran pocos, pensaron que había llegado una buena oportunidad para acabar con éstos, y se sublevaron en varios lugares de la Isla. El jefe principal fue un cacique llamado *Guamá*, que vivía cerca de Baracoa.

Los conquistadores trataron de reunir gente para hacer frente a los indios y no salían al campo ni iban de un pueblo a otro sino en grupos numerosos. Cerca de veinte años duraron las luchas que entonces se comenzaron con los indios, porque aunque los conquistadores los vencían, los indígenas volvían a sublevarse de nuevo, cada vez que veían una oportunidad favorable.

Mientras estas luchas tenían lugar en Cuba, el padre Las Casas seguía sus trabajos en favor de la libertad de los indios. Algunas personas influyentes le ayudaban mucho en España, y tanto batalló el buen sacerdote, que al fin el rey dispuso que se acabaran las encomiendas. Los encomenderos de Cuba y el gobernador que había entonces, llamado Juanes Dávila, no cumplieron la orden. Otro gobernador que sucedió a Dávila, llamado Antonio de Chávez, tampoco la cumplió. Entonces vino de España para relevar a Chávez un gobernador llamado Gonzalo Pérez de Angulo. Este, tan pronto llegó a la Isla, cumplió la orden de acabar con las encomiendas y dejar libres a los indios.

El número de indios era ya muy corto; quizás no pasaban de 4 o 5.000 (año 1552). Al quedar libres, no volvieron a pelear más con los conquistadores.

51. *Despoblación de la Isla y ruina de sus pobladores.* Después que Hernán Cortés conquistó a México, se apoderó también de la América Central; otros españoles conquistaron al Perú y demás países de la América del Sur.

Todos esos territorios eran muy extensos y ricos, por lo cual muy pocos españoles vinieron a Cuba en lo sucesivo.

La Isla se empobreció poco a poco. Las sublevaciones de los indios casi no dejaban trabajar en las minas y, además, el oro de éstas se fue acabando paulatinamente. Quince o veinte años después de la muerte de Velázquez, las minas no daban casi nada.

Los conquistadores ganaban entonces algún dinero, vendiendo a los primeros españoles que se acababan de establecer en México, la América Central y el Perú, caballos, bueyes, vacas, asnos, carneros, casabe y otros artículos; pero después que en aquellos países hubo crías, ya la gente de Cuba no tuvo a quien venderle nada.

Muchos conquistadores se arruinaron y se marcharon a buscar fortuna a México y al Perú. La situación se empeoró, cuando un gobernador que vino catorce años después de la muerte de Velázquez, nombrado Hernando de Soto, quiso conquistar la Florida y se llevó con él mucha gente de Cuba, la mayor parte de la cual murió allá.

Las poblaciones fundadas por Velázquez llegaron a verse reducidas a unos cuantos bohíos de guano. Cada una contaba con cuarenta o cincuenta familias cuando más, muy pobres casi todos. La población total de la Isla entonces, no pasaba de 5.000 indios, 700 negros y unas 300 familias blancas.

52. *Quejas contra los gobernadores. Tratado de la capital para La Habana.* El gobernador que sucedió a Velázquez en propiedad, fue un conquistador llamado Gonzalo de Guzmán. Antes había habido otros dos gobernadores, pero interinos. Después de Guzmán, fueron gobernadores Hernando de Soto, Juanes Dávila, Antonio Chávez y Gonzalo Pérez de Angulo.

Los conquistadores se quejaron mucho de todos estos gobernadores. Decían que les quitaban las facultades a los concejos y a los alcaldes, que eran injustos al fallar los pleitos, que cobraban derechos excesivos y que no se ocupaban de gobernar bien, sino en tratar de hacerse ricos a costa de la gente que vivía en Cuba.

Gonzalo de Guzmán gobernó varios años, pero el rey de España le quitó el cargo, nombrando en su lugar a Hernando de Soto, que murió en la conquista de la Florida. Los otros tres gobernadores perdieron el cargo y salieron presos de Cuba por su mal Gobierno.

La Habana se halla muy cerca de la Florida. Por esta razón, cuando el gobernador Hernando de Soto quiso conquistar aquel país, reunió su gente en La Habana, y depositó en ella los víveres, el ganado y los caballos que debían irle mandando poco a poco a la citada península. Para que todas esas cosas estuvieran seguras, ordenó la construcción de un castillo que se llamó «La Fuerza». Entonces La Habana fue la población más importante de la Isla. Los gobernadores comenzaron a vivir en ella y la convirtieron en capital.

53. *Ataque de los franceses a las poblaciones de Cuba e incendio de La Habana*. Trece años después de la muerte de Velázquez, cuando gobernaba la Isla Gonzalo de Guzmán, los conquistadores, además de tener que pelear con los indios sublevados, tuvieron que empezar a pelear con frecuencia con los marinos franceses, que solían atacar las poblaciones de la costa.

Algunos navegantes franceses que habían venido a hacer descubrimientos en la América del Norte, llegaron hasta cerca de la entrada del golfo de México. Francia estaba en guerra con España, y ellos aprovecharon la oportunidad para atacar algunos barcos españoles que llevaban riquezas de México a España.

Después, otros barcos franceses entraron en los puertos de La Habana y Santiago de Cuba y se apoderaron de cuanto hallaron a mano. Esto ocurrió en 1537 y 1538.

Diez años más tarde, unos barcos franceses entraron en el puerto de Baracoa y saquearon la población. También hicieron lo mismo en La Habana. En estos casos, los vecinos de cada pueblo se defendían lo mejor que podían, porque los marinos franceses no solo se apoderaban de cuanto encontraban, sino que exigían dinero al vecindario para no quemar las casas o llevarse la gente prisionera.

Los ataques más desastrosos para las poblaciones de Cuba fueron los de un marino llamado Jacques de Sores, perteneciente a un grupo de franceses que había tratado de establecerse en el Brasil. El año 1554, Sores entró con sus barcos en el puerto de Santiago de Cuba y se apoderó de la población. Permaneció allí algún tiempo, y los vecinos tuvieron que darle todo el dinero que tenían para que se fuera.

Al año siguiente, el día 10 de julio, Sores se presentó frente a La Habana. Desembarcó su gente en la caleta de San Lázaro, donde hoy se halla el parque de Maceo, y atacó la población con más de 200 hombres bien armados. El regidor Juan de Lobera se encerró en «La Fuerza» con quince o veinte personas. Para la defensa de la población, el gobernador Gonzalo Pérez de Angulo solo pudo reunir tres o cuatro vecinos.

Lobera se batió casi un día entero en el fuerte, pero tuvo que rendirse. Angulo, que no pudo hacer frente a Sores en el pueblo con la poca gente que reunió, huyó con todas las familias en dirección a Guanabacoa.

Sores ocupó la población y envió a pedir a los vecinos, refugiados en los montes cercanos, una cantidad de dinero para no quemar el pueblo. La suma que le ofrecieron le pareció poca, no quiso aceptarla y exigió más.

Mientras tanto, el gobernador Angulo, con cuarenta vecinos blancos, ayudados por cien indios y cien negros, atacó a Sores, en la noche del 17 de julio. En la pelea murieron varios franceses, pero al fin y al cabo Angulo y su gente tuvieron que huir. Los franceses contaban con buenas armas de fuego, mientras que los indios y los negros que acompañaban a Angulo no disponían sino de palos y piedras.

En venganza de este ataque, Sores mató varios prisioneros que tenía en su poder y exigió más dinero aún para irse.

Los vecinos no lo tenían y no pudieron dárselo. Entonces Sores recorrió las cercanías, al frente de su gente, quemó todas las fincas que pudo, regresó al pueblo y lo incendió sin dejar una sola casa. Antes de marcharse en sus barcos, ahorcó varios negros que había hecho prisioneros. La Habana quedó totalmente arrasada y los vecinos, que ya eran pobres, reducidos a la mayor miseria.

54. *Cómo estaba Cuba a los cuarenta años de ser conquistada por Velázquez.*
Cuarenta o cuarenta y cinco años después de haber sido conquistada por
Velázquez Cuba había cambiado mucho.

Velázquez, Narváez y casi todos sus compañeros habían muerto. En
Cuba no quedaban ya sino algunos conquistadores muy viejos y pobres.
Fuera de Cuba vivían algunos otros, entre ellos el padre Las Casas, que
estaba en España, escribiendo una historia del descubrimiento de América.

Indios existían pocos. Los esclavos negros, que seguían aumentando,
llegaban ya a un millar.

No habían más poblaciones que las fundadas por Velázquez, muy decaí-
das. En ellas no habían hospitales, ni escuelas, ni servicios públicos de ninguna clase. Casi todas las casas eran de madera y guano. De mampostería,
solo habían en toda la Isla dos o tres iglesias y algunos pocos edificios más.
En La Habana, después del ataque de Sores, no quedaba nada en pie.

Las minas de oro ya no producían. El ganado abundaba mucho; se criaba salvaje en los campos y en los montes, pero no había a quien vendérse-
lo. Toda la Isla estaba muy pobre, sin caminos y sin cultivos.

Como los vecinos de Cuba no tenían efectos que vender ni dinero para
comprar nada, de España y de las otras colonias españolas no venían gentes ni barcos, sino de tarde en tarde, de paso, por lo común.

Para colmo de males, cada poco tiempo se aparecía un barco de marinos franceses que arrebataban a los vecinos los ganados y las pocas cosas
que tenían en sus casas.

Sin embargo, los hijos de los conquistadores, los indios y hasta los
negros esclavos, querían a Cuba.

Habían nacido en Cuba o se habían habituado a vivir en ella y poseían
aquí sus tierras y sus casas, por pobres que éstas fueran. Tenían carne y
viandas en abundancia para comer ellos y sus hijos, y esperaban mejorar
de fortuna con el tiempo. Algunos pensaban que podrían quizá sembrar
caña, molerla en trapiches de madera, hacer azúcar, o buscar otras cosas
para vivir un poco mejor.

Como Cuba era su tierra, ellos no querían marcharse de la Isla, ni que
nadie se apoderara del país. Cuando los marinos franceses aparecían en
las costas, blancos, indios y negros, se reunían para defenderse, porque

se habían acostumbrado a vivir juntos y a ayudarse en los casos de mayor peligro.

Los cubanos entonces eran pocos, escasamente instruidos y pobres, pero sabían que Cuba, era suya, la querían más que a cualquier otro país y siempre estaban dispuestos a defenderla.

Por lo tanto, puede decirse que ya Cuba estaba fundada y que se preparaba a ir creciendo poco a poco.

55. **Resumen.** Durante los treinta años que siguieron a la muerte de Velázquez, la Isla estuvo mal gobernada. Hubo sublevaciones de indios, las poblaciones de las costas sufrieron ataques de marinos franceses, la saca de oro dejó de producir y mucha gente emigró al continente. En 1552, se dio libertad a los pocos indios que aún quedaban. La Isla estaba muy pobre y casi desierta entonces. Los pobladores no tenían nada de valor que vender al extranjero.

56. **Temas para estudio.**

Los encabezamientos de las secciones numeradas, y, además, los siguientes:

1. Compárese los primeros años de la colonia cubana con los últimos del primer periodo colonial.

2. ¿Qué sucedería en Cuba si la Isla cesara de producir caña? Compárese con el efecto producido por el agotamiento de los lavaderos de oro.

Resumen general del periodo

El 27 de octubre de 1492, Cristóbal Colón descubrió a Cuba, y diecinueve años después, en 1511, el capitán español, don Diego Velázquez, conquistó la Isla sin gran esfuerzo. Fundó poblaciones, organizó el Gobierno, distribuyó tierras entre su gente y le impuso a los indios la obligación de servir a los españoles. Se introdujeron muchas plantas y animales útiles, pero el principal negocio de los pobladores era la saca de oro. También se introdujeron esclavos africanos.

La colonia prosperó al principio, pero pronto decayó y se arruinó al acabarse el oro y no haber otra cosa que vender a España. La población disminuyó mucho. Los blancos emigraron y los indios murieron en gran número a causa de las enfermedades, la miseria y el maltrato de los colonos.

Hechos fundamentales

Cuba fue conquistada sin grandes combates.

En el Gobierno que se organizó, la población no tomaba parte en la elección de las autoridades superiores ni intervenían en la redacción de las leyes.

La población pertenecía a tres razas; todos los que no eran blancos estaban reducidos a la servidumbre.

La Isla no producía todo lo necesario para la vida.

La exportación de oro era lo único que proporcionaba algún dinero.

Libro II. Crecimiento de La Habana y Bayamo. Las flotas. El contrabando. Comienzos de la industria azucarera. 1555 a 1607

Del incendio de La Habana por los franceses a la división de la Isla en dos gobiernos.

Capítulo VIII. Cómo Cuba fue creciendo poco a poco

57. *Cambios que se introdujeron en Cuba después de 1555.* Al mediar el siglo XVI, Cuba estaba despoblada, empobrecida y asolada por los corsarios, pero en los cincuenta años que siguieron, la Isla se repuso poco a poco.

Los pobladores, que en su mayoría eran hijos o descendientes de los conquistadores, buscaron una nueva manera de vivir, en vista de que las minas no daban oro. Aumentaron las crías de ganado, vendieron carne salada y cueros, cortaron maderas de los bosques y la vendieron. También acabaron por fabricar y vender azúcar.

La población aumentó. La Habana y Bayamo crecieron mucho y llegaron a ser poblaciones importantes.

La gente de la Isla se defendió más bravamente cada vez de los corsarios, y estos no pudieron volver a destruir ninguna población importante.

Todos estos cambios comenzaron a producirse desde el año de 1555, en que fue nombrado gobernador de la Isla el capitán don Diego de Mazariegos.

58. *Cómo el capitán Mazariegos fue nombrado gobernador.* Cuando los franceses se apoderaron de La Habana y la destruyeron (Sección 53), los españoles ya poseían ricas colonias en México, la América Central y la América del Sur.

Los barcos que iban y venían de España a esos países entraban en el puerto de La Habana a proveerse de agua y leña. Mientras los franceses permanecieron en La Habana, en julio y agosto de 1555, algunos barcos españoles no pudieron entrar en el puerto, y estuvieron a punto de ser apresados por Jacques de Sores.

Cuando en España se supo esto, se pensó que si los enemigos se establecían en La Habana, los barcos españoles no podrían ir y venir de México a España con facilidad. Entonces se resolvió nombrar gobernador de Cuba al capitán don Diego de Mazariegos, militar muy valiente, que salió de México para La Habana con soldados y dinero, para reconstruir y mejorar el castillo de la Fuerza destruido por Jacques de Sores. El capitán

Mazariegos reconstruyó el fuerte, gobernó más de diez años y ayudó a los vecinos todo lo que pudo. Los corsarios no volvieron por la población. Los habaneros, hallándose ya bien defendidos, levantaron sus casas poco a poco.

59. *El rey de España ordena que las flotas españolas entren siempre en La Habana.* Cuatro o cinco años después de haber terminado el Gobierno del capitán Mazariegos, un marino español, llamado Pedro Menéndez Márquez, descubrió una nueva ruta para ir más rápidamente y con más seguridad de La Habana a España que la que se conocía hasta entonces. Esa ruta era el canal de la Florida.

Los corsarios solían apoderarse de los barcos que iban y venían entre América y España. Esto causaba grandes daños. Para impedirlo, el rey dispuso que nunca viajasen barcos aislados, sino que se reunieran todos e hicieran el viaje juntos, una vez al año. Esta reunión de barcos se llamó la Flota. Todos los años la Flota daba un viaje completo de ida y vuelta. De la América para España salían dos flotas. Una de Cartagena y Portobelo y otra de Veracruz.

Las dos flotas debían salir de sus puertos respectivos, reunirse en La Habana, y después navegar juntas por el camino descubierto por Menéndez Márquez. Si una flota llegaba primero, debía esperar a la otra, pues siempre habían de emprender el viaje a España unidas.

Por esta razón, La Habana llegó a ser entonces el puerto de la América en que entraban y salían más barcos al año.

Los viajes de las flotas empezaron a hacerse con regularidad desde el año de 1581.

60. *Las defensas de La Habana son aumentadas.* Los primeros corsarios, que tenían pocos barcos y poca gente armada, no podían atacar las flotas, pero en 1586 un marino inglés llamado Francisco Drake, vino a las Antillas con una expedición muy fuerte.

España, que estaba en guerra con Inglaterra, había reunido todos sus barcos en Europa. Entonces Drake aprovechó la oportunidad para venir al Nuevo Mundo y atacar las colonias de los españoles.

Drake, ya en viaje de regreso para Inglaterra, pasó frente a La Habana, pero en la capital se tenían noticias de su venida, en vez de quince o veinte vecinos mal armados como halló Sores, en tiempos del gobernador Angulo, se encontró con que había más de 2.000 hombres con arcabuces y ballestas dispuestos a defender la población. Muchos habían venido por tierra o por mar desde Bayamo y otros lugares de la Isla en cuatro o cinco días. Los bayameses eran valientes; no le temían a Drake ni a sus marinos. Drake pensó que lo mejor era continuar su viaje y no atacar a los habaneros.

El rey Felipe II, cuando tuvo noticias de estos hechos, pensó que Drake u otro marino ingles podrían volver a Cuba con más fuerzas y apoderarse de La Habana e impedir el viaje de las flotas. Entonces resolvió que se hiciesen fortificaciones para la defensa del puerto.

Un general llamado don Juan de Tejeda, que era muy entendido en fortificaciones, fue nombrado gobernador. Auxiliado por un ingeniero llamado Juan Bautista Antonelli, comenzó a construir los castillos del Morro y de la Punta.

En estos castillo se pusieron muchos cañones. Cuando estuvieron terminados, se destinaron cerca de 400 soldados a defenderlos. La Habana fue entonces el puerto mejor fortificado del Nuevo Mundo.

61. *La estancia de las flotas beneficia a La Habana.* Las flotas se componían siempre de un gran número de barcos, con 4 o 5.000 personas, entre soldados, marinos y pasajeros.

Cuando llegaban barcos de España, traían muchos artículos de comercio que hacían falta en La Habana, y los vecinos los compraban. Tanto al venir de España como al regresar, los barcos necesitaban agua, leña, carne, viandas y varias cosas más, en grandes cantidades. Los habaneros les vendían a las gentes de las flotas todas estas cosas a buen precio.

Los viajes, que duraban varios meses, en barcos pequeños, eran incómodos, así es que los pasajeros estaban deseosos, al llegar al puerto, de descansar en tierra y de cambiar de comida.

La gente de La Habana los alojaba en sus casas, cobrándoles una cantidad por personas. Algunas veces una flota tenía que esperar por otra, semanas y meses; entonces los habaneros obtenían mayor ganancia.

Cuando la gente de la Isla y de España supo que La Habana estaba bien defendida y que en ella se hacían buenos negocios, muchas personas vinieron a vivir a la población.

En varias leguas alrededor se criaba ganado y se cultivaban las fincas, con objeto de vender a las gentes de las flotas carne, cueros, melado, viandas y frutas.

En los montes vecinos se hacía carbón y se cortaba leña y madera. Esta última se empleaba en el arreglo de los barcos y se enviaba a México o a España para construir muebles finos.

Con todas estas ventajas, la población creció mucho en pocos años y se convirtió en la más importante de Cuba.

62. *Lo que ocurría a veces en La Habana con los soldados de la Fuerza y la gente de las flotas.* La estancia en La Habana de muchos soldados para defenderla, y el paso de las flotas, eran ventajosos pero también ofrecían inconvenientes.

Los soldados de la Fuerza, que tenían su jefe propio, a veces no obedecían al gobernador de la Isla, al alcalde ni a los regidores. Los tripulantes de las flotas tampoco obedecían a más jefes que el general de la flota y los capitanes de los barcos. Las autoridades de tierra no podían castigarlos.

Los soldados cometían muchos abusos con los vecinos, tomaban cosas en los establecimientos o en las casas y no las pagaban. Después, se encerraban en el fuerte y nadie podía imponerles ninguna pena.

Los tripulantes de las flotas también cometían muchos abusos con el vecindario, y cuando las autoridades querían castigarlos, se refugiaban en sus barcos. En muchas ocasiones los vecinos tuvieron que armarse para defenderse de los soldados y tripulantes.

Además, unos y otros jugaban mucho a los dados y a la baraja. En los lugares de juego se promovían escándalos y riñas, se herían y se mataban muchas personas.

En una ocasión, el gobernador, don Juan de Tejeda, que era hombre de carácter enérgico, no quiso tolerar más esos desórdenes. Le escribió al rey de España y le dijo que el gobernador debía ser el jefe de los soldados de la guarnición de La Habana y tener facultades para castigar a los marinos.

Mientras esperaba la respuesta del rey, Tejeda hizo saber a los tripulantes de las flotas que a los que cometieran faltas en tierra, los haría volver a sus barcos a arcabuzazos. Desde entonces La Habana estuvo más tranquila.

63. *Cómo llegó Bayamo a ser la segunda población de la Isla.* El rey de España, don Felipe II, sostenía muchas guerras en Europa; tenía también muy ricas colonias en América. Cuba no producía nada, y el rey le prestaba poca atención a los asuntos de la Isla.

Con excepción de La Habana, cuyo puerto fue fortificado por los motivos que se han dicho en los párrafos anteriores (Secciones 58 y 60), la Isla quedó casi abandonada e indefensa.

Los marinos franceses siguieron viniendo con frecuencia a las Antillas. Después del año de 1555, empezaron a venir también marinos ingleses y holandeses.

Santiago de Cuba, Baracoa, Puerto Príncipe, Trinidad y Sancti Spíritus estaban en la costa o muy cerca de ella. Como tenían pocos habitantes y estos carecían de medios de defensa, los marinos extranjeros, que las saqueaban con frecuencia, se llevaban el ganado y las otras pocas cosas que había en dichas poblaciones. El lugar más seguro era Bayamo, porque estaba en el interior, a varias leguas de la costa. Muchos vecinos de Santiago, Baracoa y otros lugares se fueron a vivir a Bayamo para estar a salvo; pronto Bayamo fue la población más importante después de La Habana.

64. *Los corsarios intentan varias veces atacar a Bayamo sin resultado.* Bayamo tenía muchos vecinos, ganado y cultivos de diversas clases. Los corsarios trataron varias veces de apoderarse de la población, pensando que hallarían un buen botín, pero siempre fracasaron en su intento.

Los bayameses, ocultos en las malezas de las orillas del Cauto, mataban con sus arcabuces y sus ballestas a los que avanzaban por el río. Si los corsarios pretendían penetrar por tierra, la gente de Bayamo, emboscada en las veredas de los montes, los atacaban por sorpresa con lanzas y machetes, matándolos o haciéndolos prisioneros.

Los bayameses no se limitaban a defender su pueblo. A veces iban a caballo a Santiago de Cuba a combatir con los corsarios. En no pocas ocasiones fueron también hasta La Habana, para ayudar a la defensa de la capital de la Isla.

Los corsarios nunca pudieron llegar a apoderarse de Bayamo. Gracias a esta seguridad, la población fue creciendo cada vez más.

65. *El comercio del contrabando.* Los corsarios necesitaban varias cosas que los bayameses tenían, principalmente carne, cueros, viandas y algunos otros productos de la tierra. Los bayameses también necesitaban ropa, calzado, utensilios domésticos y muchos artículos más, que los corsarios podían traer de sus países respectivos.

Unos y otros cayeron en la cuenta de que en vez de pelear, debían comerciar, para beneficio mutuo.

El comercio de la gente de Cuba con los extranjeros estaba prohibido por las leyes establecidas en la Isla, pero los bayameses pensaron que dichas leyes eran injustas y perjudiciales.

En Bayamo no había más autoridades que el alcalde y los regidores elegidos por los mismos vecinos, así es que los bayameses, puestos de acuerdo con los corsarios, comenzaron a comerciar con éstos, contando con la tolerancia de sus autoridades. Este comercio se llamaba *contrabando* o *rescate*, y a los que los practicaban se les llamaba *rescatadores*.

Bayamo obtenía con el contrabando mayores ventajas que La Habana con las flotas, porque mientras las flotas solo pasaban por La Habana dos veces al año, el contrabando se efectuaba casi sin interrupción.

Las demás poblaciones de la Isla también tenían comercio de contrabando, pero siempre sufrían los robos de los corsarios, así es que no crecieron ni prosperaron tanto como Bayamo.

El gobernador de la Isla era opuesto a que hubiera comercio de contrabando, pero no podía impedirlo, porque no tenía soldados para mandarlos a Bayamo ni barcos para vigilar la costa.

66. *Cómo se comenzó la fabricación del azúcar.* La madera, la carne salada y los cueros, no producían bastante a la gente de la Isla, por lo cual se

propuso buscar algún otro artículo que rindiera mayor utilidad. La miel de caña y el azúcar eran productos que podían conservarse y venderse a buen precio; de aquí que se pensara en fabricar ambos artículos.

La caña de azúcar había sido traída a la Isla de Santo Domingo por Cristóbal Colón en su segundo viaje, y don Diego Velázquez la introdujo en Cuba durante los primeros años de su Gobierno.

En Cuba se hacía alguna miel y algún azúcar, pero para el consumo nada más.

Después que La Habana creció con la estancia de las flotas, los habaneros le pidieron al rey de España que concediera ciertas ventajas a los que se dedicaran a fabricar azúcar, y que se les permitiera traer negros esclavos para sembrar caña y molerla. El rey accedió a ello, y antes de terminarse el siglo XVI se establecieron los primeros *ingenios*.

Estos ingenios se hallaban muy cerca de La Habana, en terrenos que hoy están ocupados por la ciudad. Los trapiches eran de madera. Los trabajos se hacían a mano o con bueyes; la maquinaria de vapor no se conocía. Un buen ingenio hace ahora más azúcar en un solo día, que todos aquellos primeros ingenios juntos en un año.

67. *La fabricación de azúcar trae el aumento de los negros esclavos.* Los trabajos en los ingenios eran hechos por los negros esclavos. A fin de poder fabricar bastante azúcar, en los años en que se hicieron los primeros ingenios se trajeron más de 4.000 esclavos, por traficantes autorizados para hacer ese comercio. Además vinieron otros muchos esclavos de contrabando.

Los esclavos eran tratados con mucha crueldad por sus amos, quienes les aplicaban castigos terribles. Muchos esclavos se fugaban a los montes, vivían ocultos, o se convertían en salteadores.

Un gobernador llamado don Juan Maldonado Barnuevo, tuvo que organizar cuadrillas para perseguirlos. Los individuos que formaban parte de esas cuadrillas se llamaban rancheadores.

68. *Aumento de la ganadería.* En 1574, un oidor de la Audiencia de Santo Domingo, llamado Alonso de Cáceres, vino a Cuba e hizo unas ordenanzas para que los concejos de la Isla se rigiesen por ellas.

En dichas ordenanzas se autorizó la práctica de que los concejos fueran los que distribuyeran las tierras en nombre del rey.

Muchos vecinos se apresuraron entonces a pedir tierras. Los concejos las distribuyeron en abundancia, con la condición de que dentro de un periodo de seis meses los individuos a quienes se las daban comenzaran a criar ganado en ellas, so pena de perderlas si no lo hacían. La distribución se hizo en tan gran escala, que pronto casi todas las tierras de la Isla estuvieron repartidas.

La fabricación de azúcar y los productos del ganado comenzaron a ser entonces los negocios más productivos de la Isla.

69. *Los primeros establecimientos de enseñanza.* En este periodo, Cuba empezó a progresar también en otro sentido, pues entonces fue cuando se fundaron los primeros establecimientos de enseñanza.

Un vecino de Bayamo, llamado don Francisco de Paradas, dejó al morir, en 1571, un fuerte capital para que con sus rentas se estableciera una escuela y se pagara a un sacerdote que instruyera a los muchachos y jóvenes de Bayamo, y a todos los que quisieran ir a aprender a la citada escuela.

En La Habana, los frailes dominicos o predicadores fundaron un convento en 1578 y se dedicaron también a enseñar.

La composición poética más antigua que se conoce escrita en Cuba, es de esta época. Su autor fue un canario, vecino de Camagüey, quien la compuso para celebrar la victoria que los bayameses alcanzaron sobre un corsario llamado Gilberto Girón, cuya gente derrotaron y al cual lograron dar muerte.

70. **Resumen.** Después de mediados del siglo XVI, la mayor parte de la población blanca era nativa de Cuba. El rey de España nombró militares para el Gobierno y dispuso la fortificación de La Habana. El resto de la Isla quedó casi abandonado por las autoridades. Los pobladores

se comunicaban con España una o dos veces al año solamente, por las flotas que hacían escala en La Habana. Los pobladores de fuera de La Habana obtenían algunos efectos a cambio de cueros y carnes saladas, comerciando de contrabando con los marinos extranjeros que recorrían las Antillas. A fines del siglo se empezó a fabricar y vender azúcar. Desde entonces, se contó con un artículo valioso de exportación.

71. **Temas para estudio.**

Los encabezamientos de las secciones numeradas, y, además, los siguientes:

1. ¿Por qué el rey de España atendía a la fortificación y defensa de La Habana y no prestaba atención al resto de la Isla?

2. Compárese la incomunicación de Cuba en la segunda mitad del siglo XV con el constante arribo de buques de hoy. Desventajas del aislamiento.

3. Necesidad a que respondía la producción de azúcar.

Capítulo IX. Gobernadores que tuvo Cuba desde 1555 hasta 1607

72. *Gobiernos de Mazariegos, García Osorio, Menéndez de Avilés y Montalvo.* Durante los cincuenta años a que se refiere el capítulo anterior, en Cuba ocurrieron pocos sucesos importantes aparte de los ya mencionados.

El primer gobernador, don Diego de Mazariegos, ya se ha dicho que gobernó la Isla diez años, sin que en su época sucediese nada de notable (Sección 58).

El gobernador que sucedió a Mazariegos se llamaba Francisco García Osorio. En su época, el marino español don Pedro Menéndez de Avilés emprendió la conquista de la Florida. García Osorio se negó a ayudarlo, porque la gente de Cuba estaba muy escarmentada con las conquistas fuera de la Isla (Secciones 50 y 51).

El rey de España tenía empeño en que la Florida fuese conquistada y le quitó el Gobierno de Cuba a García Osorio. Después nombró a Menéndez de Avilés gobernador de la Isla, a fin de que tuviese todas las facilidades para conquistar la península vecina. Menéndez, que siguió en la Florida, gobernó a Cuba por medio de sus tenientes, desde 1568 hasta 1574.

El gobernador siguiente fue don Gabriel Montalvo. Durante el mando de este gobernador, el oidor Alonso de Cáceres hizo las ordenanzas municipales de la Isla (Sección 68). Montalvo cometió muchos abusos con el vecindario. Quitó a los alcaldes la facultad de juzgar a los vecinos de sus concejos respectivos, hacía ir dichos vecinos hasta La Habana, les ocasionaba grandes molestias y les cobraba fuertes cantidades por cualquier asunto. El oidor Cáceres procesó al gobernador por esos abusos y lo mandó preso para España. En tiempos del gobernador Montalvo, un vecino rico llamado Hernán Manrique de Rojas fundó el pueblo de Guanabacoa con los indios que andaban dispersos por la región occidental de la Isla.

73. *Ataques de corsarios rechazados.* Durante el mando de los gobernadores Francisco Carreño, Gaspar de Torres y Gabriel de Luján, que siguieron a Montalvo, los corsarios intentaron varias veces atacar a Bayamo y a La

Habana. Dos veces los franceses pretendieron asaltar a Bayamo por el Cauto y fueron rechazados. En una tercera ocasión, los bayameses atacaron en la costa de Manzanillo a un corsario francés llamado Richard. Le mataron casi toda la gente y le hicieron muchos prisioneros, apoderándose del mismo Richard. Los bayameses condujeron a todos los prisioneros hasta Bayamo y los ahorcaron en la plaza de la ciudad.

Un hijo de Richard, con varios barcos franceses, atacó a Santiago, en venganza. Los bayameses acudieron en socorro de Santiago e hicieron huir a los corsarios, quienes habían hecho mucho daño en la población.

Ese mismo año —era el 1586— fue cuando Drake amenazó a La Habana por primera vez (Sección 60).

Los indios y los negros ayudaban mucho a la defensa organizados en varias compañías, sobre todo en La Habana.

74. *Gobiernos de don Juan de Tejeda, Juan Maldonado Barnuevo y don Pedro Valdés.* Durante el mando de don Juan de Tejeda se fortificó mucho La Habana y se aumentó la guarnición (Sección 60). Tejeda, como ya se ha dicho también, acabó con los abusos que cometían los soldados y los tripulantes de las flotas en la ciudad (Sección 61).

Don Juan Maldonado Barnuevo sucedió a Tejeda. En su tiempo, Drake volvió a las Antillas, pero no atacó a Cuba.

En la época de Barnuevo, 1594 a 1602, fue cuando se introdujeron miles de negros esclavos y se comenzó a fabricar azúcar (Secciones 66 y 67).

El último gobernador de este periodo fue don Pedro Valdés. El francés Gilberto Girón saqueó a Santiago. Después desembarcó en Manzanillo para atacar a Bayamo, se apoderó del obispo, don Juan de las Cabezas Altamirano, que estaba en una finca, y exigió un rescate para libertarlo.

Los bayameses atacaron y mataron a Girón, junto con varios de los compañeros de éste (Sección 69).

En la Isla había mucho contrabando y Valdés quiso acabarlo, sobre todo en Bayamo (Sección 65). Con este propósito mandó allí un juez con cincuenta arcabuceros, para que formara causa y castigara a los rescatadores.

El juez prendió a muchos bayameses y quiso trasladarlos a La Habana, pero la demás gente de Bayamo se sublevó con objeto de impedirlo. Más de 400 bayameses se emboscaron en los caminos para libertar los presos cuando el juez emprendiera el viaje a La Habana. Mientras tanto, los corsarios, en combinación con los bayameses vigilaban la boca del Cauto, por si el juez pretendía marcharse por mar.

El juez, con conocimiento de lo que ocurría, se vio obligado a permanecer tres o cuatro meses encerrado en la población sin poder moverse de ella.

Estos sucesos causaron gran perjuicio a la prosperidad creciente de Bayamo. Muchos bayameses fueron condenados a muerte y, a otras penas severas, aunque más tarde, a virtud de una amnistía, todos quedaron en libertad.

75. *División de la Isla en dos gobiernos.* Antes de terminar el mando de Valdés, el rey de España dispuso que la Isla se dividiera en dos gobiernos. Uno, que era el principal, debía estar en La Habana; el otro, en Santiago de Cuba. La Habana era ya una población de importancia. Tenía tres plazas y algunos buenos edificios. Se le había concedido el título de ciudad, y al ayuntamiento se le habían aumentado las facultades. El número de los regidores también se había elevado hasta doce. Ya se había terminado el primer acueducto de la ciudad. Era una zanja llamada de la Chorrera, que traía el agua del río Almendares.

76. *Cómo estaba Cuba al terminar este periodo de 1607.* Al comenzar el siglo XVII, Cuba estaba mucho mejor que a mediados del siglo XVI.

Sus tres poblaciones más importantes eran La Habana, Bayamo y Trinidad.

La cría de ganado y la fabricación del azúcar iban en aumento. La población india quizás había disminuido algo, pero los negros y los blancos eran diez o doce veces más que en 1555.

La vida empezó a ser más segura y más tranquila en las poblaciones, en las cuales había ya casas de mampostería provistas de algunas comodidades.

Sin embargo, la gente de aquella época, habituada a los desórdenes de los soldados y los tripulantes de las flotas, a maltratar a los esclavos, y a pelear con los corsarios a cada momento, era de costumbres rudas y crueles.

Las juntas de procuradores habían cesado de celebrarse, y los gobernadores de la Isla, que eran generales casi siempre, con muchos soldados a sus órdenes, tenían cada vez mayor autoridad y poder.

Cuba empezaba a ser fuerte y a poder vivir por sí misma, pero algunas de las leyes establecidas desde España, comenzaban a ser muy molestas y perjudiciales para el vecindario de la Isla.

77. **Resumen.** Desde 1555 a 1607 los gobernadores militares solo se ocuparon en fortificar y defender La Habana. El último de los gobernadores trató de impedir que los pobladores comerciaran de contrabando con los extranjeros. Quiso castigar a los que faltasen a la ley, pero la medida disgustó a los bayameses, llegando éstos a declararse en rebeldía. En España se pensó en la conveniencia de defender y fortificar la parte oriental de la Isla. Esta se dividió en dos gobiernos, uno con residencia en La Habana y otro en Santiago de Cuba. El de La Habana era el principal.

78. **Temas para estudio.**

Los encabezamientos de las secciones numeradas, y, además, los siguientes:

1. Oposición existente entre la necesidad de los pobladores de comprarles ciertos artículos a los marinos extranjeros y las leyes que prohibían hacerlo. ¿Estaban hechas las leyes en beneficio de los pobladores?

2. El caso de rebeldía de los bayameses. Juicio sobre el mismo.

3. ¿La división de la Isla en dos gobiernos beneficiaba o perjudicaba a la gente de la parte oriental?

Resumen general del periodo

Durante la segunda mitad del siglo XVI, España mantuvo casi abandonada la Isla, atendiendo solo a la defensa de La Habana.

La población comerciaba algo con las flotas. También participaba en el contrabando con gentes extranjeras. En 1590 se comenzó la fabricación del azúcar, base de la riqueza de Cuba.

Al final del periodo, España quiso dominar más la Isla. Persiguió el contrabando y estableció un gobernador en Santiago de Cuba.

Hechos fundamentales

La Habana se convierte en la plaza más fuerte del Nuevo Mundo.

La población blanca comienza a ser nativa en su mayoría.

Se inicia la industria azucarera.

Se produce la primera rebeldía de la población contra las leyes que la perjudican.

Libro III. Noventa años de guerra constante. Los holandeses. Los filibusteros. Los ingleses. Los franceses. Comienzos de la industria tabacalera. Lento crecimiento de Cuba. 1607 a 1697. Desde la división de la Isla en dos gobiernos hasta la paz de 1697

Capítulo X. Un siglo de guerra sangrienta

79. *Lucha constante con los extranjeros.* En el año de 1586, los bayameses ahorcaron al corsario Richard y a muchos de sus compañeros; en 1603, dieron muerte a Gilberto Girón, después de haber peleado duramente con el hijo de Richard en Santiago de Cuba (Secciones 73 y 74).

Estos hechos, unidos a la persecución de los contrabandistas por el gobernador don Pedro Valdés, a la expulsión de los pocos extranjeros que había en Cuba, ordenada en 1609, y a la severidad con que las autoridades de la Isla trataban a todos los corsarios que caían en sus manos, fueron motivos de que los extranjeros comenzaran a mirarla con muy mala voluntad.

Esta mala disposición se aumentó mucho desde que La Habana fue fortificada, no solo porque Cuba era el lugar donde se guarecían las flotas, sino porque el puerto habanero servía de base de operaciones a los buques destinados a perseguir los corsarios y contrabandistas en las Antillas.

Desde 1621 hasta 1697, España, estuvo siempre en guerra con una o con varias naciones europeas. De 1621 a 1648, con Holanda; de 1635 a 1697, con Francia; desde 1655 hasta 1688, con Inglaterra. Durante esas largas guerras, los marinos de dichas naciones atacaron frecuentemente a Cuba, la cual se vio obligada a defenderse.

Además de todas esas guerras, Cuba tuvo que pelear sin cesar con los *filibusteros*, desde 1625 hasta 1697.

Todas estas luchas retardaron mucho el desarrollo de la población y la riqueza de Cuba, y causaron grandes desastres en la Isla.

80. *Lucha con los holandeses.* La guerra con los holandeses comenzó en 1621. Los buques de Holanda estuvieron acechando constantemente las flotas y vigilando el puerto de La Habana. A veces tocaban en los puertos desiertos de la costa para proveerse de agua y leña y se apoderaban de todo el ganado que podían. Todo el año de 1625 tuvieron que pasarlo los habaneros arma al brazo, esperando ser atacados a cada momento por los buques holandeses, siempre a la vista.

En 1628, los holandeses sostuvieron dos combates con las escuadras españolas frente a las costas de Cuba, entre Mariel y Matanzas. En el segundo todos los barcos de la flota de Veracruz fueron destruidos o apresados en Matanzas. Después, la escuadra holandesa pasó una semana frente a La Habana, pero no se atrevió a atacarla.

Dos años más tarde, las escuadras holandesas estuvieron otra vez bloqueando a La Habana.

En 1638, los holandeses sostuvieron un combate naval terrible con la flota española de los galeones, frente al Mariel, pero fueron derrotados.

En 1640, volvieron las escuadras holandesas a estacionarse frente a La Habana, amenazando atacarla. Los vecinos se mantuvieron en constante alarma todo aquel año y el siguiente. Hasta 1648 no cesó la guerra.

Las amenazas de los holandeses duraron cerca de veinte años; mantuvieron la Isla en gran zozobra y le impidieron defenderse con eficacia de los filibusteros, que también atacaban por entonces.

81. *Bucaneros y filibusteros.* Los españoles habían prohibido a los súbditos de las demás naciones europeas establecerse en las Antillas. Sin embargo, España no había podido poblarlas todas, y muchas de las Antillas Menores habían quedado desiertas. En virtud de esta circunstancia, a partir de 1625, algunos franceses e ingleses se establecieron en la Isla de San Cristóbal y otras Antillas Menores, en la costa septentrional de Santo Domingo, desierta por aquella época, y en la islita de la Tortuga, muy próxima a la citada costa. A estas nacientes colonias acudieron pronto aventureros de otras naciones, especialmente holandeses.

Los que se establecieron en los dos últimos lugares, se dedicaban a la caza de reses salvajes en los bosques de Santo Domingo. Salaban las carnes, secaban las pieles y vendían ambos artículos a los corsarios y a los barcos que tocaban en aquellos sitios. Pronto se les conoció con el nombre de bucaneros, por el genero de vida que llevaban.

Muchos de estos extranjeros lograron también adquirir algunos barcos, con los cuales se dedicaron al comercio de contrabando, al corso y a la piratería, que eran negocios productivos.

En la Isla de la Tortuga había un puerto muy escondido y lo convirtieron en su refugio principal. Partían de allí a realizar sus expediciones y regresaban al mismo lugar a reponerse, a reparar sus barcos y depositar el botín de que se apoderaban. Se les conocía con el nombre de filibusteros por los ligerísimos barcos que usaban.

82. *Lucha con los bucaneros y filibusteros*. Los españoles trataron de destruir las colonias inglesas y francesas, y las de bucaneros y filibusteros. En 1630, una escuadra española arrasó con todos los establecimientos de aquéllos en las Antillas Menores. Ocho años después, otra escuadra española acabó con cuanto tenían en la Isla de la Tortuga, degollando a gran número de ellos.

Los filibusteros se establecieron allí de nuevo y sostuvieron desde entonces una guerra a muerte con todas las colonias españolas, especialmente con Cuba, que era la más cercana. Desembarcaban en las costas y penetraban en partidas en el interior. Saqueaban las haciendas, mataban a los campesinos que les hacían resistencia, cometían grandes atrocidades con las familias y a veces se llevaban prisioneros a los viejos, los niños y las mujeres para la Tortuga, exigiendo fuertes rescates para ponerlos en libertad. Cuando se consideraban con fuerza suficiente, atacaban los pueblos de la costa, realizando con su vecindario las mismas fechorías que cometían con los campesinos.

Los filibusteros eran a su vez perseguidos con saña desde Cuba. En La Habana se armaron barcos para vigilar las costas y perseguir a los contrabandistas primero, y a los filibusteros después, desde 1618. Cada vez que los tripulantes de estos barcos hacían un prisionero, le daban muerte sin piedad. En ocasiones los barcos entraban en puerto con varios enemigos ahorcados de los palos; otras veces se traían vivos los prisioneros para ahorcarlos en tierra.

83. *Guerra con los franceses y los ingleses*. En el año de 1635, España entró en guerra con Francia y poco después con Portugal. Entonces se ordenó de nuevo la persecución y expulsión de los pocos extranjeros que había en Cuba, lo cual aumentó más el odio contra la Isla. En 1655, también hubo

que pelear con Inglaterra. Los franceses ocuparon la parte occidental de Santo Domingo, que hoy se llama Haití, y los ingleses se apoderaron de Jamaica. Unidos filibusteros, franceses e ingleses, arreciaron sus ataques contra Cuba desde las dos islas vecinas.

Los filibusteros multiplicaron sus asaltos contra la Isla. Hubo año en que asolaron más de 200 haciendas cercanas a las costas. En 1652, saquearon a Remedios y se llevaron a los viejos y a las mujeres para la Tortuga. Un filibustero llamado Francisco Nau, «el Olonés», se apoderó cerca de Remedios de uno de los barcos destinados a perseguirlo y degolló a todos sus tripulantes.

Los ingleses de Jamaica, por su parte, se apoderaron de Santiago de Cuba en 1662 y la destruyeron casi por completo.

Otro armamento inglés, mandado por Enrique Morgan, desembarcó en la costa meridional de Cuba y atacó a Puerto Príncipe. Los vecinos, dirigidos por el alcalde, le salieron al encuentro, pero Morgan los derrotó y se apoderó de la ciudad. Más de cien vecinos, entre ellos el alcalde, murieron en los varios combates sostenidos. Morgan se retiró, llevándose gran cantidad de ganado y todos los objetos de valor que encontró.

Los franceses, en 1665, saquearon y quemaron a Sancti Spíritus, atacaron a Santiago de Cuba y pretendieron apoderarse de Puerto Príncipe, atacándola por el Norte.

La gente de Cuba se defendió bravamente lo mejor que pudo. La Habana estuvo tan alerta, que ni las más fuertes escuadras enemigas se atrevieron a atacarla. Los camagüeyanos rechazaron en el embarcadero de la Guanaja el ataque que los franceses intentaron contra Puerto Príncipe, causándoles grandes bajas; y los ingleses que se apoderaron de Santiago de Cuba, hostilizados sin cesar, tuvieron que retirarse. Además, en La Habana, Santiago de Cuba, Trinidad y otros puertos, se armaron barcos para atacar a los franceses en Haití y a los ingleses en Jamaica. Estos barcos causaron en las costas de aquellas islas estragos semejantes o peores, a veces, que los que los filibusteros realizaban en Cuba.

84. *Terminación de la guerra y extinción de los filibusteros.* En 1648, España hizo la paz con los holandeses y se alió con ellos. En 1688, hizo la paz

con Inglaterra y se alió con ella también. Entonces las tres naciones juntas pelearon contra Francia.

Los franceses de Haití fueron atacados por los españoles y los ingleses. Desde que la gente de Cuba comenzó a hacer estragos entre los colonos franceses de Haití y los ingleses de Jamaica, Francia e Inglaterra empezaron a pensar que era mejor que no hubiera corsarios ni se practicaran actos de piratería. Los franceses de Haití se habían asociado con los filibusteros para la guerra, pero no estaban ya de acuerdo con las crueldades y los robos de éstos. Entonces los filibusteros se separaron de los franceses para continuar sus fechorías, pero una escuadra inglesa los exterminó casi por completo, el año de 1697. Los que escaparon se refugiaron entre los franceses de Santo Domingo, quienes los obligaron a renunciar a la piratería.

Ese mismo año, Inglaterra y España hicieron la paz con Francia, terminándose para Cuba también la terrible lucha, que había durado casi un siglo.

85. **Resumen.** Durante el siglo XVII, Cuba tuvo que defenderse constantemente de ataques de los marinos de Holanda, Francia e Inglaterra, naciones que sostuvieron largas guerras con España y trataban de apoderarse de las colonias de ésta. También tuvo que defenderse de los filibusteros, gente aventurera, dedicada a la piratería, que se estableció en varios lugares de las Antillas y al norte de Santo Domingo. Casi al terminar el siglo, España logró hacer la paz con sus enemigos, y los ingleses exterminaron a los filibusteros, comenzando Cuba a disfrutar de alguna paz.

86. **Temas para estudio.**
Los encabezamientos de las secciones numeradas, y, además, los siguientes:

1. La posición estratégica de La Habana como causa de los ataques frecuentes a la Isla en el siglo XVII.

2. Dificultades especiales que ofrecía la Isla para su defensa debido a sus extensas costas.

3. Por qué los ataques de los corsarios cubanos a los ingleses contribu-yeron a la extinción del filibusterismo.

Capítulo XI. La vida, las costumbres y el Gobierno de Cuba durante el siglo XVII

87. *La necesidad de defenderse.* La primera necesidad a que tuvieron que atender los pobladores y los gobernantes de Cuba durante el siglo XVII, fue a la de defenderse.

En La Habana se organizó una escuadrilla para recorrer las costas y vigilarlas.

Se mejoraron los castillos del Morro y de la Punta, y se aumentó la guarnición. Se construyeron los torreones o castillos de la Chorrera, de Cojímar y de San Lázaro, y se levantaron unas murallas rodeando a la ciudad, la construcción de las cuales duró treinta años, terminándose a fines del siglo.

En otros lugares también se levantaron defensas.

En Santiago de Cuba, el castillo del Morro, y en Matanzas, el de San Severino.

En casi todos los pueblos se nombraron jefes militares para dirigir la defensa del vecindario, llamados «capitanes a guerra» y se organizaron cuerpos de milicianos formados por los vecinos.

En La Habana había seis compañías, en Santiago y en Bayamo dos, y en los demás pueblos una. También se organizaron compañías de jinetes, formadas por campesinos, para acudir a la defensa de los lugares apartados de la costa.

Ademas, muchos barcos se armaron en corso para perseguir las naves enemigas y saquear las costas de Haití y de Jamaica. Los barcos se construían en un pequeño astillero que había en La Habana, cerca de donde está actualmente la Aduana.

Todo el mundo tenía que defenderse y pelear en Cuba en aquel siglo.

88. *Lento desarrollo de la industria azucarera.* Al mismo tiempo que los pobladores de Cuba se defendían, procuraban atender a sus negocios.

Como las flotas seguían visitando con regularidad el puerto de La Habana, se podían vender muchos artículos a sus tripulantes. La crianza de ganado se continuaba en toda la Isla, pero el mejor negocio era el del azúcar. Los portugueses introdujeron muchos esclavos negros, y en 1616 se fomentaron varios ingenios, principalmente en la zona de Alquízar.

En 1630, se concedieron ciertas ventajas a los dueños o «señores de Ingenio» y se establecieron varios más. A mediados del siglo, los ingenios eran catorce o quince; a fines del mismo se elevaban a cien. Cada ingenio fabricaba, por término medio, unas cien toneladas de azúcar al año, equivalentes a poco más de 600 sacos de los actuales. Hoy en Cuba hay ingenios que fabrican 900.000 sacos anualmente o más.

89. *Se inicia el cultivo del tabaco.* Una nueva industria comenzó a fomentarse en Cuba por entonces: la del tabaco.

Los europeos habían aprendido de los indios a fumarlo, y a principios del siglo XVI ya se usaba en Europa. En Cuba se cultivaba, pero para el consumo y la venta a las flotas nada más.

En 1629, el gobernador de Cuba don Lorenzo Cabrera, envió un barco cargado de tabacos a Canarias y ganó mucho dinero. Desde entonces se empezó a cultivar en mayor cantidad para exportarlo. Poco después de mediados del siglo, se dictaron disposiciones que favorecían su cultivo.

En la jurisdicción de La Habana, se sembraba tanto, que hubo que prohibir que se cultivase en un radio de cuatro leguas de la ciudad, a fin de que los campesinos sembrasen frutos menores y otros artículos de primera necesidad. También se cultivaba mucho en Trinidad, Sancti Spíritus y Remedios.

El tabaco se usaba para fumarlo y en polvo; en La Habana había varias fábricas de rapé.

90. *El comercio de contrabando.* La gente de Cuba no podía comerciar, según las leyes de entonces, sino con la ciudad de Sevilla, en España. Los barcos que iban y venían eran muy pocos al año, y además había que pagar muchos derechos de aduana. Esta situación impedía el desarrollo de los negocios. Por eso, la gente de Cuba continuó el comercio de contrabando, comenzado el siglo antes.

Se comerciaba de contrabando con las otras colonias españolas y con Europa. Hasta el 1640, los principales contrabandistas fueron portugueses; después que se hizo la paz y la alianza con Holanda, en 1648, los mayores contrabandistas fueron holandeses. Desde 1688 hasta 1700, los holandeses y los ingleses introducían de contrabando en la Isla toda clase de artículos y compraban lo que en Cuba se producía.

El contrabando era lo que le daba alguna vida a la Isla. Las autoridades lo perseguían a veces, pero casi siempre lo toleraban por dinero y lo practicaban ellas también.

91. *Los impuestos.* La prohibición de todo comercio con los extranjeros no era el único perjuicio que ocasionaban a la gente de Cuba las leyes que regían entonces; los fuertes impuestos que tenían que pagar era también otro obstáculo para la prosperidad.

En 1620, sobre los derechos que ya venían pagándose por la introducción de mercancías (Sección 34), se aumentó un 2 % para cubrir los gastos de la escuadrilla, y en 1634 se establecieron nuevos aranceles, según los cuales todos los artículos que entran en los pueblos, fuesen del campo o del extranjero, tenían que pagar fuertes contribuciones. En el año 1681, el gobernador don Diego de Córdoba aumentó más aún los impuestos, estableciéndose sobre las fábricas de rapé, las siembras de tabaco y el ganado.

Los vecinos tenían que contribuir con sumas en efectivo para la construcción de las fortificaciones, y con materiales para las obras. Además, debían enviar a sus esclavos a trabajar en ellas durante cierto tiempo.

El vecindario de la Isla se quejaba mucho del pago de tantos impuestos.

92. *Crecimiento de la población y establecimiento de nuevos pueblos.* La población de Cuba no cesó de crecer durante el siglo XVII, aunque muy lentamente. En 1608, se calculaban en 30.000 habitantes; en 1697, en 50.000. La Habana contaba en su jurisdicción con más de 30.000 habitantes. Bayamo había decaído algo, y las otras dos poblaciones más importantes después de la capital, eran Puerto Príncipe y Santiago de Cuba.

Al terminar el siglo, además de los antiguos pueblos fundados por Velázquez, de Remedios y de Guanabacoa, existían las poblaciones de Matanzas y Santa Clara, y habían comenzado a formarse los pueblos de San Miguel del Padrón, Jesús del Monte, Río Blanco, Santa Cruz del Norte,

Santiago de las Vegas, Güines y Batabanó, en la actual provincia de La Habana; Guanajay, Consolación del Sur, Pinar del Río y Guane, en Pinar del Río; Macurijes, Guamutas y Hanábana en Matanzas; Álvarez, en Santa Clara; y Caney, Santiago del Prado y Jiguaní, en Santiago de Cuba.

De estos pueblos, tres estaban formados casi exclusivamente por indios, a saber: Guanabacoa, Caney y Jiguaní.

La lentitud del crecimiento de la población se debía no solo a la guerra y a las leyes que prohibían el comercio, sino también a epidemias que azotaban la Isla en 1620, 1649, 1653 y 1654. Estas epidemias fueron importadas por las flotas, de Veracruz y Portobelo. Quizás eran de fiebre tifoidea o de fiebre amarilla, y causaron enormes estragos en toda la Isla.

93. *Costumbres y diversiones públicas.* En las haciendas, hatos y corrales del interior, se vivía en estado casi salvaje pero desde la época del gobernador don Lorenzo de Cabrera, cuando el tabaco empezó a producir dinero, se comenzó a vivir con lujo por algunas autoridades y familias de la ciudad. Entonces se vieron los dos primeros coches en las calles de La Habana, uno de los cuales pertenecía al gobernador.

Las damas y los señores principales no salían a la calle sino en silla de manos o en caballos muy vistosamente enjaezados. En las casas de las personas acomodadas, había muchos esclavos para todos los servicios domésticos.

Las principales diversiones consistían en «altares de cruz», corridas de toros, mascaradas y representaciones de comedias. En 1681, se prohibió que se celebrasen bailes en las iglesias y que se representasen en ellas comedias profanas.

Las fiestas religiosas eran frecuentes, y se efectuaban procesiones nocturnas, en las cuales algunas mujeres hacían de nazarenos. Estas procesiones también fueron prohibidas en 1861. A los entierros solían ir personas de color encargadas de gritar y llorar, costumbre que fue prohibida igualmente.

La ignorancia era general y las costumbres no eran puras. Los bailes no siempre eran decentes y se jugaba mucho a la baraja y a los dados. El uso de armas era tan común, que hasta los sacerdotes solían llevarlas ocultas debajo de los hábitos, lo cual les prohibió un obispo llamado don Santiago García Palacios.

94. *Mejora de las costumbres y de la instrucción.* Los obispos don Gabriel Vara Calderón (1673) y don Juan García Palacios (1679), trataron de mejorar las costumbres públicas y de difundir la enseñanza religiosa, con muy poco resultado; pero a fines del siglo se realizaron muchos progresos, gracias al obispo don Diego Evelino de Compostela, célebre por su elocuencia, su saber y sus virtudes. Compostela estuvo al frente de la diócesis desde 1687 hasta 1704. El obispo andaba siempre a pie, vivía muy modestamente y hacía muchas limosnas, a fin de dar ejemplo a todos los sacerdotes, algunos de los cuales llevaban una vida fastuosa y gastaban mucho dinero.

Durante los años que Compostela ocupó el obispado, estableció muchas parroquias en el interior, para atender a las necesidades religiosas del vecindario. Fundó también un hospital para convalecientes, el colegio de San Francisco de Sales para niñas pobres y desamparadas, y el Seminario de San Ambrosio. Este Seminario se reformó en el siglo XVII y llegó a ser en cierta época la institución de enseñanza más notable de Cuba.

Es probable que en La Habana y otras poblaciones existiesen algunos colegios más. En el Convento de Santa Clara se instruían niñas de familias acomodadas. Desde principios del siglo, el Ayuntamiento de La Habana había tomado acuerdos para pagar los gastos de ciertas enseñanzas. En 1681, las autoridades eclesiásticas habían fijado las condiciones que debían reunir los maestros de las escuelas públicas, lo cual hace pensar que algunas personas se dedicaban ya en aquella época a la enseñanza.

Al terminarse el siglo, los frailes dominicos estaban gestionando la fundación de la Universidad de La Habana. Como se ve, los pobladores de Cuba no solo se ocupaban en pelear con los filibusteros y en sembrar caña y tabaco. Había también quienes pensaban en mejorar e instruir la población.

95. *Gobernadores de la Isla.* Desde 1608 hasta 1697, Cuba tuvo dieciocho gobernadores en propiedad, sin contar los gobernadores interinos que en

diversas ocasiones ejercieron el mando, mientras llegaba el nuevo gobernador, al morir o quedar cesante el que ejercía el cargo.

Las facultades de los gobernadores se fueron ampliando cada vez más durante el siglo. En 1629, se les reconoció la facultad de ejercer el patronato de la Iglesia en la Isla y en 1664 se aumentaron las facultades judiciales de que gozaban. Como jefes militares de toda la Isla, en época de guerra constante, su autoridad llegó a ser casi ilimitada.

Algunos gobernadores dejaron recuerdos gratos de su paso por el mando, como Sancho de Alquízar (1616), que comenzó a fomentar la jurisdicción de Alquízar; don Juan de Salamanca (1658), que pretendió mejorar las costumbres, y don Severino de Manzaneda (1689), en cuya época se fundaron la ciudad de Matanzas y la villa de Santa Clara.

Otros se hicieron de notar por sus abusos y sus inmoralidades, como don Lorenzo Cabrera (1626), don Francisco Xelder (1653) y varios más.

En esta época no había periódicos, pero, sin embargo, los vecinos tenían manera de expresar su disgusto contra el gobernador y otras autoridades. Las noches de San Juan y San Pedro se celebraban con música, bailes, «altares de cruz» y grandes mascaradas a caballo. Las máscaras, tanto en las reuniones celebradas en las casas como en las «comparsas» por las calles, criticaban ciertas disposiciones y hacían burla de los funcionarios que las habían dictado.

En 1675, el obispo, puesto de acuerdo con el gobernador, ordenó que las máscaras que hicieran burla de las autoridades fueran excomulgadas y multadas en 500 pesos.

96. **Resumen.** La principal ocupación de los pobladores de Cuba en el siglo XVII fue atender
a la defensa de la Isla. Sin embargo, siguieron produciendo azúcar y empezaron a vender tabaco. La población creció muy poco por las guerras, la escasez y las enfermedades introducidas por las flotas en La Habana.

97. **Temas para estudio.**
Los encabezamientos de las secciones numeradas, y, además, los siguientes:

1. Fíjense en un mapa los pueblos que se fundaron en el siglo XVII. Explíquese por qué hay tan pocos en las costas.

2. Hágase una relación, ilustrándola con dibujos, de las obras de fortificación del siglo XVII. Compárese con la construcción actual de carreteras, puentes y edificios públicos.

Resumen general del periodo

Cuba tuvo que luchar durante noventa años seguidos contra holandeses, franceses, ingleses y filibusteros: El Gobierno no sufrió alteraciones importantes, pero la población tuvo que pagar nuevos impuestos para sufragar los gastos de la defensa. Se vivía pobremente, arma al brazo, en constante peligro.

Hechos fundamentales

Cuba resistió todos los ataques enemigos.

El tabaco se sumó a la caña como artículo de exportación.

Libro IV. Guerras con los ingleses. Protestas armadas de los vegueros. Privilegios abusivos. Las primeras libertades comerciales. Los primeros progresos efectivos de Cuba. Desde 1697 hasta 1790

Capítulo XII. Las guerras del siglo XVIII

98. *Carácter de las guerras del siglo XVIII.* El siglo XVIII fue un siglo de guerras para Cuba. Desde 1702 hasta 1790, España sostuvo seis guerras con Inglaterra, en una de las cuales peleó también contra Holanda y Francia. En la quinta de esas guerras, los ingleses se apoderaron de La Habana, y permanecieron en ella cerca de un año. Sin embargo, las ventajas que Cuba obtuvo con las seis guerras del citado siglo fueron mayores que los perjuicios que recibió durante las mismas. Además, entre una y otra de dichas guerras, mediaron largos periodos de paz, de los cuales no se disfrutó nunca en el siglo XVII.

99. *Guerra de 1702 a 1713.* La primera guerra comenzó en 1702 y duró hasta 1713. Desde el principio de la guerra, aparecieron corsarios ingleses en los mares de Cuba, paralizándose mucho el tráfico marítimo. El único ataque sufrido por Cuba fue el saqueo de Trinidad, por corsarios ingleses de Jamaica, en 1702. Al año siguiente, una escuadra inglesa se presentó frente a La Habana, causando gran alarma, y en 1707 se presentó otra, que tampoco atacó la ciudad.

Durante esta guerra, se armaron muchos corsarios en La Habana, Trinidad, Santiago de Cuba y otros lugares, para perseguir los buques mercantes ingleses y atacar las colonias inglesas de Jamaica, las Bahamas y la Carolina del Norte. Los corsarios de Cuba le hicieron grandes daños a los ingleses y se apoderaron de numerosas presas y de muchos esclavos.

Dos escuadras de Francia, aliada entonces de España estuvieron en La Habana. Los habitantes les compraron y vendieron muchos artículos de comercio. Cuando la guerra terminó, en 1713, las ganancias de Cuba eran mayores que las perdidas.

100. *Guerras de 1718 y 1727.* En 1718 hubo otra guerra con Inglaterra, Francia y Holanda juntas. En esta guerra, los corsarios de Cuba continuaron sus ataques al comercio y a las colonias de los ingleses y de los franceses en Jamaica, las islas Bermudas y la Luisiana. La paz se firmó en 1720.

La guerra de 1727 fue solo con Inglaterra y duró poco. Una escuadra inglesa amenazó a La Habana, pero no llegó a atacarla.

101. *Guerra de 1739 a 1748.* La guerra de 1739 fue larga y sangrienta, y se debió principalmente a cuestiones provocadas por el comercio de contrabando.

Cuba se preparó para la guerra aumentando sus fortificaciones y creando las milicias en toda la Isla. Entre las defensas levantadas entonces, se cuenta el castillo de Jagua, a la entrada del puerto de Cienfuegos. En Cuba había mucho entusiasmo para pelear con los ingleses en aquella época.

El mismo año en que comenzó la guerra, una escuadra inglesa bloqueó La Habana; al año siguiente otra repitió sus amenazas a la ciudad.

Los ingleses intentaron apoderarse de la región oriental de la Isla, en 1740. Desembarcaron en Guantánamo, el mes de julio, y comenzaron a formar un pueblo al cual llamaron Cumberland. Hostilizados sin cesar por los pobladores de aquella región y diezmados por las enfermedades, se retiraron a fines de noviembre.

El año 1747, una escuadra inglesa que intentó penetrar en Santiago de Cuba fue rechazada con grandes pérdidas. Más tarde se presentó frente a La Habana y sostuvo un terrible combate con los barcos que tenían su base en el puerto habanero.

Todos los buques citados, menos uno, habían sido construidos en el arsenal de La Habana, de manera que los habaneros vieron combatir los barcos que habían fabricado. La batalla fue muy sangrienta y quedó indecisa. Siete u ocho días después, el 16 de octubre de 1748, se recibió la noticia de que la guerra había terminado.

Mientras duró esta guerra, la gente de Cuba no se limitó a defenderse solamente. En todos los puertos se amarraron barcos corsarios, los cuales dieron mucho que hacer a los ingleses. Durante tres o cuatro años, los corsarios de Cuba dominaron los mares de las Antillas. Muchos corsarios se hicieron ricos con las presas que les tomaron a los ingleses. Además, se enviaron expediciones en socorro de la Florida y en contra de las colonias inglesas de la América del Norte. Lo que Cuba ganó en esta guerra fue más que lo que perdió.

102. *Quinta guerra con los ingleses. Toma de La Habana.* A la guerra que terminó en 1748, siguieron quince años de paz. Durante este periodo, se descuidaron las fortificaciones, y las milicias o tropas del país perdieron mucho de su organización y de sus hábitos de guerra. Además, en el año 1761, se introdujo la fiebre amarilla en Cuba, que causó grandes bajas entre la guarnición de La Habana.

Al año siguiente, o sea en 1762, España comenzó una nueva guerra con Inglaterra. La Habana era la plaza más fuerte de las Antillas y durante las últimas guerras, la gente de Cuba era la que había causado mayores daños a los ingleses; así es que al empezar la nueva guerra, estos pensaron acabar de un solo golpe con el más fuerte de sus enemigos. A ese efecto, enviaron una gran escuadra y un enorme ejército para apoderarse de La Habana.

Los ingleses se presentaron frente a la ciudad el 6 de junio de 1762. Traían más de cincuenta barcos de guerra, 200 transportes y unos 25.000 hombres. El jefe principal de la expedición era Lord Albemarle; el de la escuadra, el almirante Pocock.

La Habana contaba para su defensa con unos 4.000 hombres de tropas regulares, y una escuadra de seis buques con unos 2.400 marineros. Las milicias y los vecinos a quienes se distribuyeron armas, formaron una fuerza adicional de unos 10.000 voluntarios.

El día 7, los ingleses desembarcaron en Cojímar y Bacuranao. Al siguiente día ocuparon a Guanabacoa.

El 11 se apoderaron de las alturas donde hoy está la Cabaña y desembarcaron en la Chorrera, yendo a establecerse en la loma donde actualmente se encuentra el castillo del Príncipe. De esta manera la ciudad quedó casi rodeada por todos lados.

El principal esfuerzo de los ingleses se dirigió a apoderarse del Morro, defendido por tropas mandadas por don Luis de Velasco. Atacado por mar y por tierra y minado por los ingenieros ingleses, el castillo se defendió hasta el 30 de julio, día en que cayó en poder de los enemigos. La defensa se sostuvo cuarenta y cuatro días, durante los cuales murieron más de

1.000 de sus defensores y como 3.000 ingleses. Don Luis de Velasco fue herido en el último asalto y murió al día siguiente.

Durante los meses de junio y julio, mientras los ingleses dirigían sus esfuerzos contra el Morro, las milicias, especialmente las mandadas por el regidor de Guanabacoa José Antonio Gómez, conocido por Pepe Antonio, les causaron grandes daños, matándoles mucha gente y haciéndoles numerosos prisioneros.

Poco después de tomado el Morro, los ingleses empezaron a cañonear la ciudad, el 11 de agosto, desde todas las alturas vecinas, y ésta tuvo que rendirse al día siguiente. Dos días después entraron las tropas inglesas en La Habana, en la cual permanecieron hasta el 6 de julio del año siguiente, o sea de 1763. En esa fecha la entregaron a España, de acuerdo con lo convenido en un tratado de paz. Durante el sitio de La Habana, hubo muchos rozamientos entre las milicias formadas por cubanos y las autoridades militares españolas. Después de rendida la plaza, el Ayuntamiento envió una protesta al rey de España. Más de cien señoras remitieron otra a la reina, manifestando que los enemigos se habían apoderado de la ciudad por la torpeza de las autoridades y por el desdén con que éstas se habían negado a escuchar los consejos de los cubanos y aceptar sus ofrecimientos.

103. *Sexta guerra con los ingleses.* La guerra en la cual los ingleses tomaron La Habana no fue la última de este periodo. En 1779 estalló otra, que duró cinco años, hasta 1783.

Los ingleses estaban entonces en guerra con sus colonias de la América del Norte, las cuales luchaban para hacerse independientes, y con Francia. En Cuba se armaron muchos barcos corsarios, se enviaron expediciones militares contra los ingleses de Mobila, Pensacola, la Florida y las Lucayas, y se organizó un fuerte ejército para conquistar a Jamaica. No pudo trasladarse a aquel país porque los ingleses derrotaron la escuadra francesa encargada de conducirlo. En agosto de 1782, una gran escuadra inglesa se presentó frente a La Habana, pero no se decidió atacarla. La guerra terminó el año siguiente.

Durante esta guerra, Cuba prosperó mucho. En La Habana estuvieron estacionados varios ejércitos que consumieron enormes cantidades de artículos del país, pagándolos a muy buen precio. Además, en el transcurso de los años 1780 a 1783, muchos barcos norteamericanos entraron en el puerto a traer víveres y artículos de comercio. Fue esta la primera vez que Cuba empezó a comerciar con los Estados Unidos, y obtuvo muchas ventajas en el tráfico.

104. **Resumen.** Desde 1697 a 1790, España sostuvo seis guerras con Inglaterra, en una de las cuales peleó también contra Francia y Holanda, viéndose Cuba envuelta en esas luchas. Sin embargo, entre guerra y guerra, hubo largos periodos de paz. Los ingleses tenían ya muchas posesiones en el Nuevo Mundo y desde Cuba se les causó mucho daño.

Estas guerras le produjeron más beneficios que daños a Cuba, a pesar de que en 1762 los ingleses se apoderaron de La Habana y la tuvieron en su poder varios meses.

105. **Temas para estudio**

Los encabezamientos de las secciones numeradas, y, además, los siguientes:

1. Cuba base de operaciones contra las colonias inglesas. Compárese esta situación de Cuba con la que tuvo durante el siglo XVII. Ventajas para Cuba.

2. Enumeración de los beneficios que le proporcionaron a Cuba las guerras del siglo XVIII. Compárese con los daños que le causaron los filibusteros en el siglo anterior.

3. Actitud de la población cubana durante las guerras.

4. Ayuda directa o indirecta que desde Cuba se prestó a los norteamericanos en su guerra de independencia.

Capítulo XIII. El Gobierno de Cuba durante el siglo XVIII

106. *Carácter de este periodo*. Durante el siglo XVIII, el Gobierno de Cuba tuvo que atender casi constantemente a las necesidades de la defensa de la Isla, pero hubo además otros asuntos de importancia, relativos al comercio y a la agricultura.

En todo el curso del siglo, las disposiciones del Gobierno fueron cada vez más perjudiciales para los intereses de la Isla, lo cual dio motivo a quejas y protestas, a veces sangrientas, del vecindario.

Los gobernadores fueron aumentando su autoridad y su poder de año en año. A fines del periodo, disfrutaban de un sueldo de 20.000 pesos al año y de otras muchas ganancias y ventajas. Eran los jefes de las fuerzas militares y de todos los ramos del Gobierno, y tenían a su cargo la administración de justicia, así es que poseían todos los poderes.

Después del año 1763, se crearon y se mejoraron ciertos servicios, se concedieron algunas libertades comerciales y se realizaron por primera vez ciertas obras públicas, con lo cual la Isla progresó algo.

107. *Medidas defensivas.* La principal preocupación de los gobernadores durante este periodo continuó siendo la defensa de la Isla. Se levantaron fortificaciones en diversos lugares, se aumentaron las guarniciones en tropas regulares, se organizaron milicias en toda la Isla, incluyendo las formadas por personas de color, y se establecieron un arsenal y un astillero para la marina, en el cual se construyeron numerosos buques de guerra, de los más potentes y celebres de la época.

Cuando La Habana volvió a poder de España después de haberla tomado los ingleses (Sección 102), se aumentaron las defensas enormemente, construyéndose las fortalezas de la Cabaña, el Príncipe y Atarés. Las grandes obras que entonces se emprendieron aumentaron la riqueza de la capital.

108. *Monopolio del tabaco.* Una de las disposiciones más perjudiciales dictadas durante este periodo, consistió en el *estanco del tabaco*. Desde principio del siglo, el Gobierno de España se propuso obtener fuertes

ingresos con el tabaco de Cuba, comprándolo barato en la Isla y vendiéndolo a precios elevados en Europa. El negocio resultó muy productivo, y el Gobierno pensó que si evitaba la competencia que le hacían ciertos comerciantes, obtendría mayores ganancias. Entonces se dictó una orden prohibiendo a los vegueros que vendieran su tabaco a los particulares. Solo el Gobierno podía comprarlo, a los precios que él mismo fijaba. Los vegueros protestaron de una medida que los arruinaba, pero no se les atendió, y de España se enviaron varios funcionarios para cumplir lo dispuesto y establecer el estanco.

En vista de que sus quejas eran inútiles, los vegueros resolvieron apelar a la fuerza. Se reunieron en gran número y se dirigieron a La Habana. Muchos tenían armas porque eran milicianos. Rodearon la capital y no dejaron pasar alimentos para los soldados, encerrados en los fuertes.

Al fin, penetraron en la población y obligaron al gobernador, don Vicente Raja, a renunciar al cargo, y lo embarcaron en un buque para España, junto con los funcionarios encargados del estanco, el cual cesó por algún tiempo. Esto ocurrió en 1717.

A fines de año, arribó de España otro gobernador, don Gregorio Guazo Calderón, con tropas de refuerzo.

El estanco se estableció de nuevo, aceptado por los vegueros, a quienes se les hicieron algunas concesiones. Más tarde, los vegueros volvieron a sus protestas. Hallándose reunidos en una gran junta cerca de Santiago de las Vegas, para resolver lo que debían hacer, el gobernador envió secretamente tropas de caballería contra ellos. La tropa los dispersó a tiros, e hizo prisioneros algunos campesinos, a los cuales ahorcó en los árboles de Jesús del Monte.

Dominados los vegueros, tuvieron que aceptar a la fuerza el estanco; pero el negocio del tabaco cesó de ser verdaderamente productivo y siguió desarrollándose con mucha lentitud.

109. *Otros monopolios peores aún.* El negocio del tabaco resultó muy lucrativo para el Gobierno. Algunos personajes ricos e influyentes de La Habana, pensaron que un negocio igual con todos los productos de la Isla, les habría de producir enormes riquezas. Reunidos tres o cuatro de ellos,

bajo la dirección de don Martín Aróstegui, formaron una compañía, en la cual, para asegurar el éxito de la misma, dieron participación al rey de España, Felipe V, al gobernador de Cuba, Güemes Horcasitas, y a varios funcionarios más de alta categoría. La compañía se llamó «Real Compañía de Comercio de La Habana». Después que estuvo formada, obtuvieron del rey el privilegio de que solamente ella pudiera exportar e importar mercaderías en Cuba. Como la Compañía era la única que compraba los productos de la Isla y vendía los importados del extranjero, pagaba precios baratísimos por los frutos de Cuba y exigía enormes por los artículos de importación.

Un barril de harina, por ejemplo, que la Compañía compraba en España por 5 pesos lo vendía en Cuba por 35.

En estas condiciones, la gente de la Isla no hacía más que trabajar para los accionistas de la Compañía, enriquecidos en poco tiempo. Este negocio duró más de veinte años, e impidió el progreso de Cuba. Cuando los ingleses tomaron La Habana, se apoderaron de casi todas las propiedades de la Compañía y la arruinaron. Tres años después, el rey Carlos III le quitó los privilegios de que gozaba y libró a Cuba de los inmensos perjuicios que le producían los aprovechados señores de la compañía.

110. *Las leyes sobre el comercio.* La gente de Cuba no podía comerciar, desde el comienzo de la colonización, sino con el puerto de Sevilla, y más tarde con el de Cádiz. El tráfico con los demás lugares de España estaba prohibido. Dicho comercio, desde el siglo XVI, se hacía una sola vez al año, con las flotas. En el siglo XVIII, esta situación se empeoró con el establecimiento del estanco del tabaco primero y de la «Real Compañía de Comercio» después (Secciones 108 y 109). En esas condiciones, Cuba no podía prosperar y tenía necesariamente que vivir en gran parte del contrabando.

Cuando los ingleses ocuparon La Habana, el 13 de agosto de 1762 (Sección 102), dispusieron al siguiente día que se pudiera comerciar libremente con Inglaterra y con todas sus colonias. A virtud de esta disposición, en cerca de once meses entraron en La Habana más de 700 barcos con todo género de mercancías, mientras que la «Real Compañía de Comercio» solo había traído hasta entonces cinco o seis buques al año. Al regresar para sus países respectivos, las naves inglesas iban cargadas de artículos de Cuba. Los cubanos pudieron comprar cuanto necesitaban a precios económicos, y vender en condiciones ventajosas lo que producían. Gracias a estos buenos negocios, Cuba ganó más en pocos meses, que todo lo que perdió en la guerra con los ingleses durante el sitio de La Habana.

Después que España ocupó de nuevo la Isla se volvieron a restablecer las leyes que prohibían el comercio. Sin embargo, los ministros de Carlos III eran más justos y sensatos que los de Felipe V, y en 1764 se permitió a la gente de Cuba comerciar con varios puertos de España. Además, se suprimió, como ya se ha dicho, la «Real Compañía de Comercio» (Sección 109). Diez años más tarde, se obtuvieron otras ventajas para el azúcar y la cera. Finalmente, en 1778 se declaró libre el comercio con todos los puertos de España y las Canarias. Gracias a estas disposiciones, Cuba empezó progresar con rapidez, aumentando los ingenios, las vegas, la crianza de ganado y la producción de cera. Las colmenas, que habían sido traídas de la Florida en 1763 por el obispo don Pedro Morell de Santa Cruz, se habían multiplicado mucho en la Isla. El café fue introducido en la Isla en 1768.

Durante los años de 1780 a 1783, se permitió también el comercio con los Estados Unidos, que estaban luchando por su independencia. Este comercio fue muy ventajoso, pero se prohibió tan pronto como cesó la guerra de España con Inglaterra (Sección 102).

Al terminar este periodo, se podía comerciar libremente con España y con las posesiones españolas, si bien el comercio con los extranjeros continuaba prohibido.

A pesar de todas las prohibiciones, se practicaba mucho comercio de contrabando, principalmente con Jamaica.

111. *Los capitanes de partido.* El vecindario de la Isla tuvo otros motivos de queja. Desde el siglo XVII, cuando las luchas con los filibusteros (Secciones 81 y 82), se habían creado en los pueblos unos jefes militares llamados «capitanes a guerra» (Sección 87). Posteriormente, toda la Isla vino a quedar dividida en distritos, con un capitán de éstos al frente. En el siglo XVIII se les empezó a llamar «capitanes pedáneos» o «capitanes de

partido». Estos capitanes vinieron a ser los únicos funcionarios encargados del Gobierno local. Eran nombrados por el gobernador de la Isla, y representaban a éste en cada localidad. Al principio, los capitanes pedáneos fueron vecinos de respetabilidad e influencia, pero más tarde, los gobernadores nombraban personas a veces ignorantes y de escasa moralidad, que cometían toda clase de abusos con el vecindario. El Gobierno local dejó de estar a cargo de un *concejo* elegido por los vecinos (Sección 33), como en los primeros tiempos de la colonización. Salvo en las cabeceras de los pocos ayuntamientos que entonces existían, toda la Isla quedó en manos del gobernador y de los capitanes de partido, que eran sus agentes.

112. *Aumento de los impuestos.* El número de impuestos, que ya era crecido al comenzar el siglo (Sección 91), se aumentó más durante éste. En 1759, se estableció un impuesto de un 4 % sobre la venta de inmuebles, de esclavos y de ganados, y en 1764, se establecieron varios más sobre el aguardiente, la miel y una bebida llamada *zambumbia* que se consumía mucho. También se establecieron impuestos sobre los alquileres, los censos y las rentas fijas de los particulares.

Como ejemplo, puede citarse lo que pagaban las reses que se engordaban en los potreros para el consumo. El potrero tenía que pagar dos impuestos antes de comenzar la ceba; después pagaba otro impuesto por lo que el ganado había engordado; finalmente, el matador pagaba otro antes de expender la carne al público. Tantos impuestos encarecían la vida y consumían gran parte de los ingresos de los pobladores.

113. *Establecimiento de varios servicios públicos.* A pesar de todos los inconvenientes mencionados, la Isla fue aumentando en población e importancia, por lo cual fue preciso establecer varios servicios públicos indispensables.

En 1747, se organizó el servicio de correos, una vez al mes, de La Habana con el interior de la Isla, y en 1764, se estableció también, mensualmente, con España. En ese mismo año se crearon dos departamentos administrativos, llamados Intendencia de Hacienda y Administración de Rentas. Después de 1764, se obtuvieron otras mejoras. El gobernador, marqués de la Torre, levantó un censo de la Isla en 1772 (Sección 118) y construyó las primeras obras públicas. Por primera vez se empedraron las calles de La Habana, se construyeron varios puentes en los caminos del interior, y algunos paseos en la capital y en otras poblaciones, y se comenzaron varios edificios públicos: un teatro, la casa de Gobierno y un gran almacén para la Factoría de Tabacos.

114. *Estado de la opinión durante este periodo.* Los habitantes de Cuba no estuvieron siempre conformes con las leyes que regían en la Isla, ni con las disposiciones de algunos gobernadores durante el siglo XVIII. El disgusto de los que sembraban tabaco fue siempre grande, y ya hemos visto que dio lugar a protestas armadas, durante las cuales se destruyeron muchas siembras y se hicieron otros daños (Sección 108). Las quejas contra la manera de gobernar de varios capitanes generales y contra los privilegios de la «Real Compañía de Comercio», fueron constantes (Sección 109).

Cuando los ingleses atacaron La Habana, en 1762, no solo los habaneros, sino todas las gentes de la Isla se dispusieron a pelear contra los extranjeros, pero a pesar de ello, las quejas y las protestas contra las autoridades españolas fueron muy vivas, tachándose a dichas autoridades de injustas y desdeñosas con los naturales y las milicias del país.

115. *Número de gobernadores.* Durante este periodo, Cuba tuvo dieciséis gobernadores en propiedad y varios interinos. En el periodo de la dominación inglesa en La Habana, gobernó primero Lord Albermale y después Sir Guillermo Keppel, hermano de aquél.

El mejor gobernador español de este periodo fue don Felipe de Fonsdeviela, marqués de la Torre. Entre los peores se encuentran don Gregorio Guazo Calderón, don Juan Francisco Güemes y don Francisco Cagigal de la Vega.

Los tres últimos fueron muy poco honrados y los dos primeros muy autoritarios y tiranos, además.

116. **Resumen.** Cuba creció y prosperó en el siglo XVIII, a pesar de las guerras, pero sufrió mucho por el monopolio del tabaco, que creó Felipe

V; con el monopolio del comercio, que se concedió a una compañía de la cual el rey e importantes personajes de la Corte formaban parte, y por los fuertes impuestos que se establecieron. La prohibición de comerciar con los extranjeros resultaba más penosa y perjudicial que nunca, porque Cuba tenía azúcar, tabaco y otros artículos que vender en cierta abundancia. El Gobierno siguió estando todo en manos del gobernador y de los capitanes de partido nombrados por éste.

117. **Temas para estudio.**

Los encabezamientos de las secciones numeradas, y, además, los siguientes:

1. Comparación de la rebeldía de los vegueros contra el monopolio del tabaco con la de los bayameses contra la persecución del contrabando (Sección 74). Juicio de ambos hechos.

2. Compárese el procedimiento de Velázquez de constituir cabildos en los pueblos, con el de los gobernadores del siglo XVIII, nombrando capitanes de partido. ¿Se aumentaba o se disminuía la intervención de los vecinos en el Gobierno local?

3. ¿Qué ocurriría hoy en los precios de las cosas si se le concediera a una sola compañía el derecho de comerciar? ¿Cómo se juzgaría esa medida?

4. ¿Ayudaban o perjudicaban, las leyes y el Gobierno al adelanto y al bienestar de Cuba en el siglo XVIII? ¿Qué juicio merece aquel sistema de Gobierno?

Capítulo XIV. Población de la Isla y progreso de la enseñanza de 1607 a 1790

118. *Crecimiento de la población.* A pesar de las guerras y de las disposiciones que dificultaban el progreso de la Isla, la población continuó aumentando durante este período.

En el transcurso del siglo se fundaron varios pueblos nuevos. Primero, los de Bejucal y Santa María del Rosario; después, Holguín, y más tarde Pinar del Río y Jaruco.

En 1774, se tomó el primer censo de la Isla, que arrojó una población de 172.620 personas, de las cuales 96.440 eran blancas y 76.180 de color. De estas últimas, 31.847 eran libres y 44.333 esclavas.

Las poblaciones principales eran La Habana, con 76.600 habitantes; Santiago de Cuba, con 19.400; Puerto Príncipe, con 14.300; Bayamo, con 12.200; Villa Clara, con 8.100; Sancti Spíritus, con 8.200; Guanabacoa, con 7.900, y Trinidad, con 5.600. Matanzas solo tenía 3.200, y Pinar del Río, 2.600.

Las grandes haciendas de crianza eran 339; las demás fincas de trabajo, 7.814; y los ingenios, 478. Los ingenios aun no tenían maquinaria. Los trapiches eran de madera y se movían a mano o con bueyes. Se exportaba cerca de un millón de arrobas de azúcar al año. Los precios variaban mucho, como ahora. En 1778, la arroba de azúcar valía 16 reales, y en 1787, solo 2 reales, sin que hubiese a quien venderla toda.

En 1791 o 1792, se tomó otro censo y la población se había elevado ya a 272.300 habitantes.

119. *Los esclavos.* Durante el siglo XVIII, la falta de labradores y de jornaleros se siguió supliendo, con la importación de esclavos africanos. El comercio de esclavos estuvo sujeto a las mismas restricciones que el resto del comercio de importación; con la diferencia de que no podía hacerse sin un permiso especial del rey, en el cual se fijaba el número de años de la concesión, el de esclavos que podían introducirse cada año y el importe de los derechos, generalmente 33 pesos por cada esclavo. Estos permisos se llamaron licencias, asientos, contratas y privilegios.

En el siglo XVIII, se concedieron estos permisos a una compañía francesa llamada Compañía Real de Guinea; a la inglesa del Mar del Sur; a la Real Compañía de Comercio de La Habana; al marqués de Casa-Enrile y a varios más, hasta el año de 1789, en que se declaró libre el citado comercio.

Los esclavos introducidos en Cuba, de 1697 a 1790, fueron más de 50.000.

120. *Instituciones de enseñanza.* El progreso de la instrucción de Cuba durante el siglo XVIII fue lento, pero señala un avance considerable sobre el siglo anterior.

Desde la primera década, se daban clases a los niños pobres en el Convento de Belén, y en 1720, los Jesuitas comenzaron sus clases en La Habana, principiando poco tiempo después, en 1724, la construcción de su primer colegio, donde hoy está la Catedral de La Habana.

En 1728, quedó fundada la Universidad, la cual comenzó a funcionar tres años más tarde, a cargo de los frailes dominicos.

El obispo don Gerónimo Valdés había fundado poco antes en Santiago de Cuba un colegio seminario, llamado de San Basilio el Magno.

En 1767, los jesuitas fueron expulsados de La Habana, por una disposición del rey Carlos III. Para compensar la pérdida que sufría la enseñanza, el gobernador Bucareli dispuso que se crearan tres cátedras nuevas en la Universidad, dos de leyes y una de matemáticas.

Diez años más tarde, un obispo, de apellido Hecheverría, dispuso que el Seminario de San Ambrosio se trasladara al local del abandonado colegio de los jesuitas. Al efectuarse el cambio, se reorganizaron y ampliaron los estudios del Seminario, llamándosele desde entonces de San Carlos y San Ambrosio, en honor de Carlos III.

121. *Otros adelantos.* Los establecimientos de enseñanza mencionados no representan los únicos adelantos.

La imprenta fue introducida en La Habana en 1720 o antes, y el primer periódico comenzó a publicarse en 1764. Se repartía los lunes, constaba de cuatro páginas de a 29 renglones o líneas cada una y se titulaba *La*

Gaceta. Poco después comenzó a ver la luz otro periódico llamado *El Pensador*.

A fines de este período, después que La Habana comenzó a progresar con rapidez, es casi seguro que existieron algunos colegios particulares, así como academias de música, donde se enseñaban a tocar el arpa y el violín. En esta época se escribieron y publicaron algunas obras de diverso género. La más notable fue una *Historia Natural*, de don Antonio Parra.

Después que el marqués de la Torre construyó el primer teatro, en 1774, las funciones dramáticas eran la diversión preferida de los habaneros. El baile no era muy bien visto entonces.

122. **Resumen.** De 1697 a 1790 la población de Cuba aumentó de 50.000 personas a más de 272.300, contándose en el aumento a muchos esclavos. Se fundó la Universidad, se crearon algunos establecimientos de enseñanza y se introdujo la imprenta en la Isla, comenzándose a publicar los primeros impresos y periódicos.

123. **Temas para estudio.**

Los encabezamientos de las secciones numeradas y, además, los siguientes:

1. Construcción de un mapa fijando las poblaciones más importantes según el censo de 1774. Compárese con las diez ciudades más populosas de hoy.

2. Compárese el crecimiento de la población en este período con el de los períodos anteriores, teniendo en cuenta la duración de cada uno.

3. Quienes tenían a su cargo y dirigían la enseñanza en el siglo XVIII. Compárese con el régimen actual.

4. Compárece uno de los periódicos del siglo XVIII con uno de los grandes periódicos actuales.

5. Visitas a monumentos, edificios o bibliotecas donde puedan observarse cosas del siglo XVIII.

6. Trátese de averiguar las cosas del siglo XVIII que existen en la localidad.

Resumen general del periodo

Cuba luchó en varias guerras contra los ingleses. Entre una y otra disfrutó de largos períodos de paz. La población y la riqueza aumentaron. La metrópoli trató de obtener recursos en la Isla mediante el monopolio del tabaco, la concesión de privilegios comerciales y la de permisos especiales o asientos, para introducir esclavos. Algunas de estas medidas provocaron el disgusto y la protesta de la población.

Hechos fundamentales

El desarrollo de la Isla empezó a ser más rápido. Cuba comenzó a ser una colonia productiva para España.

Se fundó la Universidad de La Habana y se realizaron algunos adelantos en la población.

Los ingleses ocuparon La Habana y la gobernaron durante varios meses.

En los últimos años del período, los gobernadores empezaron a mejorar la administración de la Isla.

El café fue introducido en Cuba en 1768. El mango en 1790

Libro V. Un período de agitaciones externas e internas. Guerras exteriores. Luchas sociales y políticas en el interior. División de cubanos y españoles, y establecimiento del régimen absoluto. Gran desarrollo de la riqueza de Cuba e incremento de la esclavitud. Progresos en el orden literario y en la cultura general. Desde el Gobierno de don Luis de las Casas hasta el relevo del general don Miguel Tacón. 1790 a 1838

Capítulo XV. Historia política de Cuba, desde 1790 a 1838

124. *Grandes cambios en el mundo.* El período de la historia de Cuba, que se extiende desde 1790 a 1838, fue muy agitado. Durante el mismo, se produjeron en el mundo grandes acontecimientos, algunos de los cuales ejercieron, mucha influencia en la Isla. Unos fueron causa de que ésta se viese obligada a luchar sin cesar por espacio de cuarenta años con enemigos extranjeros; otros crearon grandes preocupaciones y trastornos en el interior del país.

Los principales acontecimientos de orden exterior fueron: Una revolución ocurrida en Francia, las guerras de Napoleón, el emperador de los franceses, y la independencia de las colonias españolas del continente americano. Estos sucesos contribuyeron a mantener la Isla muy agitada y a producir grandes cambios en la manera de vivir y las ideas de los cubanos.

125. *Las guerras de la época.* La Revolución Francesa y el establecimiento de un imperio en Francia por Napoleón Bonaparte, fueron causa de numerosas guerras en Europa. España, que se vio envuelta en cuatro de esas guerras, arrastró con ella a Cuba, obligada a luchar contra los enemigos de la nación española.

La primera de estas guerras fue con Francia. Comenzó el año de 1793 y terminó en 1795. En el Nuevo Mundo, la guerra entre españoles y franceses se desarrolló principalmente en Santo Domingo, a cuya Isla se enviaron con frecuencia barcos y tropas desde Cuba. Esta guerra le produjo más beneficios que daños a Cuba. Los franceses no pudieron atacar la Isla, y como había dificultad para comunicarse con España, se autorizó el comercio con los países neutrales, especialmente con Inglaterra y los Estados Unidos, comercio que le proporcionó riquezas a la Isla.

La segunda guerra fue con Inglaterra. Comenzó en el año de 1796 y terminó en 1801. Durante esta guerra, los ingleses atacaron diversos lugares de las costas de Cuba, entre ellos Casilda, Manzanillo, Boca de Jaruco y Canasí. Cuba quedó casi aislada de España y, en tal virtud, se autorizó el comercio con los Estados Unidos. Las ventajas que la Isla obtuvo con esta medida fueron mayores que los daños causados por los ingleses.

La paz duró poco, pues en 1803 comenzó otra lucha con los ingleses; se prolongó hasta 1808. En esta guerra, España y Francia estaban aliadas. Cuba ayudó cuanto pudo a los franceses de Haití a combatir contra los esclavos, que se habían hecho independientes, y contra los ingleses. Los corsarios británicos hicieron muchos daños al comercio y a las costas de Cuba. Batabanó, Baracoa y varios lugares más fueron atacados.

En 1808, la situación cambió. España se sublevó contra las tropas francesas que la habían ocupado, y se unió a los ingleses para combatir a Napoleón. Muchos franceses de Haití que se habían refugiado en Cuba durante la guerra anterior, fueron perseguidos y obligado a salir de la Isla con sus familias, en número de más de veinte o treinta mil personas. Esta guerra terminó en 1814, sin que la Isla fuese atacada por los franceses, muy escasos de marina en aquella época.

126. *Guerra con las antiguas colonias españolas.* La guerra comenzada con Francia en 1808 duraba todavía cuando Cuba se vio envuelta en otros conflictos y peligros exteriores.

A partir de 1812, todas las colonias que España poseía en el continente americano, empezaron a sublevarse para alcanzar su independencia. Se entabló entonces una larga y sangrienta guerra, durante la cual Colombia y México, principalmente, armaron barcos corsarios para atacar al comercio español y a las posesiones españolas de las Antillas. Dichos parcos, tripulados por ingleses y norteamericanos casi siempre, causaron daños al comercio de la Isla y la mantuvieron en constante alarma.

Después que las antiguas colonias del continente alcanzaron su independencia, a partir de 1824, temían que España, que aun conservaba las islas de Cuba y Puerto Rico, intentase desde estas islas emprender la conquista de sus antiguas posesiones. México, Colombia y otras de las repúblicas recién establecidas, concibieron el propósito de echar a los españoles de las dos islas, para librarse del peligro de ser atacadas, y prepararon varios planes con tal objeto. Esto obligaba a los españoles de Cuba a estar constantemente en pie de guerra. La situación de alarma y las correrías de los corsarios mexicanos y colombianos duraron hasta 1830.

127. *Causas interiores de agitación.* Al mismo tiempo que las guerras exteriores mantenían a Cuba en constante agitación y la obligaban a permanecer en estado de guerra, en lucha contra los enemigos de afuera, otros acontecimientos creaban un estado interior lleno de peligros y de continuos trastornos. Tales fueron la sublevación de los esclavos de Haití, las cuestiones relativas a la abolición de la esclavitud y al tráfico de esclavos, el establecimiento del régimen constitucional, las primeras conspiraciones por la independencia y la imposición del Gobierno absoluto en la Isla.

128. *Sublevación de los esclavos de Haití.* España había cedido a Francia una parte de Santo Domingo, la cual había llegado a ser una colonia riquísima, conocida con el nombre de Haití. A fines del siglo XVIII, estaba muy poblada, poseía buenas ciudades y surtía de café, azúcar y otros productos a casi todos los países de Europa.

El trabajo en los ingenios y los cafetales se hacía con esclavos. Estos eran numerosísimos en aquella Isla, contándose en mucha mayor proporción que los habitantes blancos.

Durante los años de lucha que produjo en Francia la revolución del pueblo contra el rey, en 1789, ocurrieron grandes trastornos en Haití. Finalmente, la población de color se sublevó el 22 de agosto de 1791, dio muerte a gran número de habitantes blancos y destruyó en poco tiempo miles de ingenios y de cafetales. Estos sucesos llenaron de espanto a Cuba, donde los esclavos eran muy numerosos.

El gobernador, don Luis de las Casas, adoptó medidas muy severas para evitar que los fugitivos de Haití se refugiasen en Cuba, a fin de que entre los esclavos no se divulgase la noticia de la sublevación.

Después de los desastres del primer momento, los franceses lograron enviar fuerzas a Haití y a combatir con cierto éxito a sus antiguos esclavos; pero éstos, ayudados por los ingleses, quedaron dueños del territorio definitivamente, en diciembre de 1804.

Millares de familias de origen francés, junto con el resto de las tropas de la misma nacionalidad, buscaron refugio en la Isla.

La existencia en la vecindad de Cuba de una nación formada por esclavos de color que habían logrado hacerse libres, era un peligro y una amenaza terrible para la tranquilidad de la Isla.

En ésta no volvió a haber sosiego en lo adelante. Se vivía en medio del temor constante de que los esclavos se sublevasen y arrasasen con todo.

129. *La conspiración de Aponte*. En los años de 1811 a 1812, ocurrieron varios sucesos que agravaron la situación y aumentaron la alarma en la Isla.

En España se habían reunido diputados de toda la nación y de sus colonias, para redactar una Constitución y nuevas leyes adecuadas a la época. Un diputado propuso que a semejanza de lo que había hecho Francia, se aboliese la esclavitud en los dominios españoles.

Cuando en Cuba se tuvieron noticias de esta proposición, se produjeron una alarma y un espanto tan grandes como en 1791, al sublevarse los esclavos haitianos. Muchos amos de esclavos se apresuraron a tratar de venderlos. Los negocios sufrieron mucho, porque se creía que una vez puestos en libertad los antiguos esclavos, éstos no tardarían en hacerse dueños de la Isla.

La abolición de la esclavitud no llegó a acordarse, pero la inquietud continuó latente y se produjeron agitaciones entre la población de color. Un moreno libre llamado José Antonio Aponte, en unión de ocho compañeros más, comenzó a preparar en el año de 1812 un levantamiento general de los esclavos de la Isla, para adueñarse de ésta y dar libertad a la gente de color. La conspiración de Aponte fue descubierta por el gobernador Someruelos, y tanto Aponte como sus ocho compañeros fueron presos y ahorcados. Sin embargo, las dotaciones de algunos ingenios llegaron a sublevarse, aumentando el temor en que se vivía en las poblaciones y los campos.

130. *La abolición legal del tráfico de esclavos*. En el año de 1817, otra noticia muy grave conmovió de nuevo a la Isla, tocante a la esclavitud: el Gobierno español se había visto obligado a firmar un tratado con Inglaterra, por el cual se suprimía la importación de esclavos del África, a partir de 1821.

Mucha gente creyó de buena fe que esto sería causa, de la ruina de la Isla, pues en aquella fecha se estaban fomentando numerosos ingenios y cafetales en los cuales todo el trabajo se hacía con esclavos.

Después de 1821, el comercio de esclavos continuó, pero clandestinamente, dando lugar a muchas dificultades con los buques ingleses que lo perseguían, y a conflictos con las autoridades. Muchas de éstas eran sobornadas por los traficantes de esclavos, contándose entre ellas los mismos capitanes generales de la Isla.

En el año de 1835, los ingleses celebraron otro tratado, exigiendo mayores garantías para la supresión de la trata. En la bahía de La Habana se estableció un pontón inglés y los conflictos fueron más agudos.

No todos los cubanos de esta época eran partidarios del comercio de esclavos. Don José Antonio Saco, natural de Bayamo, consideraba la importación de esclavos funesta para Cuba, y la combatió de una manera constante con muy poderosas razones. Después, sus ideas se propagaron mucho entre los cubanos más ilustrados.

131. *La Constitución de 1812.* Las guerras y las cuestiones relativas a los esclavos no fueron las únicas causas de perturbación en esta época. También comenzaron desde entonces las luchas políticas, con motivo de la promulgación de la Constitución española de 1812.

El rey de España, Fernando VII, se hallaba prisionero de Napoleón, en Francia, desde 1808. Mientras duraba su ausencia, gobernaba en España una Junta Central, la cual dispuso que se reuniesen diputados de todos los dominios españoles para redactar una Constitución. Cuba estuvo representada por don Andrés de Jáuregui y don Bernardo de O'Gaban. La Constitución se conoció con el nombre de Constitución de 1812. En Cuba comenzó a regir durante el mando del gobernador don Juan Ruiz de Apodaca.

La Constitución cambió la organización del Gobierno de la Isla. Reconocía a ésta el derecho de enviar diputados a las Cortes españolas; creaba unas instituciones nuevas de carácter electivo, llamadas Diputaciones Provinciales; reformaba los ayuntamientos; cambiaba la administración de justicia, haciéndola independiente de los ayuntamientos y del gobernador; disponía la fundación de las milicias nacionales, formadas por el pueblo; establecía la libertad de imprenta, y reconocía otros derechos importantes a todos los súbditos del Estado español, entre los cuales se contaban los cubanos.

Como la Constitución facultaba a los ciudadanos para intervenir en el Gobierno del país, fue muy bien recibida. Por primera vez se hicieron elecciones populares y se fundaron numerosos periódicos en La Habana, Santiago de Cuba y Puerto Príncipe, en los cuales se trataban todas las cuestiones del Gobierno y se discutía y criticaba la conducta de las autoridades. Entonces puede decirse que comenzó la vida política de Cuba. La Constitución de 1812 rigió durante poco tiempo. El rey Fernando VII, puesto en libertad por Napoleón, regresó a España en 1814 y suprimió la Constitución, restableciendo el poder absoluto. Los hombres de ideas democráticas no se conformaron. Después de seis años de revueltas y agitaciones políticas, la sublevación de varios cuerpos de tropas en Cádiz, mandadas por don Rafael del Riego, obligó al rey a jurar de nuevo la Constitución en 1820.

Durante el período constitucional, algunos cubanos pensaron que Cuba debía hacerse independiente. Un habanero, diputado por Santo Domingo a las Cortes de Cádiz, escribió folletos y proclamas en las cuales propagaba esta idea. Otro, partidario también de la independencia, escribió en Venezuela, donde vivía, un proyecto de Constitución para crear la República de Cuba. El primero se llamaba José Álvarez de Toledo y el segundo Joaquín Infante.

132. *Segundo período constitucional.* El gobernador de Cuba, don Juan Manuel Cagigal, recibió la noticia del establecimiento de la Constitución en España, pero no quiso jurarla en la Isla. Las tropas se sublevaron y le obligaron a hacerlo.

Por esta época, en España había muchas sociedades secretas de adversarios y partidarios de la Constitución. Entre estos últimos, los había que querían mantenerla sin alteración y otros que querían reformarla. En Cuba se formaron también sociedades semejantes, conocidas con los nombres de *comuneros*, *anilleros*, *carbonarios* y varios más. Estas sociedades equivalían a los comités de los partidos políticos de ahora. También había partidarios de la independencia, los cuales formaron sus sociedades, asimismo, para trabajar a favor de sus ideas. Había muchos periódicos, que éstos, las personas de los distintos bandos se atacaban con gran aspereza.

Casi todos los cubanos de mayor saber eran partidarios de la Constitución, así como el obispo don Juan José Díaz de Espada y Landa y otras muchas personas distinguidas. El presbítero cubano don Félix Várela, muy reputado por su ciencia, tomó a su cargo explicar la Constitución en el Seminario a la juventud de La Habana, que acudía a oír sus lecciones con el mayor entusiasmo.

133. *Luchas y agitaciones políticas.* Después se restableció la Constitución en 1820, la Isla estuvo muy agitada. Las asociaciones secretas y los periódicos mantenían los ánimos muy exaltados. Las autoridades eran muy criticadas por la prensa, y esto les hacía sentir desagrado por el sistema constitucional. Además, temían que los criollos, como entonces, se llamaba a los cubanos, se aprovechasen de la oportunidad para tratar de hacerse independientes. Por este motivo, empezaron a utilizar las tropas para inspirar temor en los pueblos.

En Bayamo, Santiago de Cuba, Puerto Príncipe, Matanzas y otros lugares, hubo conflicto entre las autoridades militares y las civiles elegidas por el pueblo, choques entre las tropas y el vecindario, y entre aquéllas y las milicias. Los mayores conflictos ocurrieron en La Habana, durante las elecciones para diputados, en diciembre de 1822. El partido en que predominaban los españoles perdió dichas elecciones. Varios batallones de milicianos españoles de la ciudad se pusieron sobre las armas, y exigieron que se castigase a ciertos electores del partido contrario. Entonces, los milicianos cubanos de la ciudad y de los campos vecinos, se reunieron en las afueras en gran número, y se ofrecieron para reducir a la obediencia a los milicianos españoles. Con gran dificultad se logró evitar que ambos bandos se disolvieran sin combatirse.

Estas luchas mantuvieron muy inquieta la Isla, desde 1820 hasta 1823, durante los gobiernos de don Juan Manuel Cagigal, don Nicolás de Mahy, don Sebastián Kindelán y el comienzo del mando de don Francisco Dionisio Vives.

134. *Conspiraciones en favor de la independencia.* Mientras la Isla estaba agitada por las luchas políticas a que dio lugar la Constitución, también se efectuaban trabajos secretos a favor de la independencia.

En las poblaciones había muchos emigrados y también enviados secretos de los revolucionarios del Continente, que difundían ideas contrarias al dominio español. La libertad de imprenta, la lectura de libros y el ejercicio de las funciones cívicas que imponía la Constitución, propagaban ideas democráticas entre los cubanos y animados del deseo de tomar una participación cada vez mayor en el Gobierno del país. En los periódicos llegó a discutirse en pro y en contra de la independencia públicamente.

La sociedad secreta llamada de «Los Soles y Rayos de Bolívar», tramó el plan de una revolución. Su objeto era proclamar la «República de Cubanacán» el 17 de agosto de 1823. El jefe de la conspiración, un joven habanero, coronel del ejército colombiano, se llamaba José Francisco Lemus. El general Vives descubrió la conspiración y logró prender a los principales conspiradores. Muchos de éstos fueron desterrados.

En la conspiración estaba complicado el poeta José María Heredia, que huyó de la Isla.

135. *Trabajo por la independencia en el extranjero.* Por esta época, varios cubanos partidarios de la independencia, entre los cuales se contaban don José Aniceto Iznaga, don José Ramón Betancourt y otros, se habían refugiado en los Estados Unidos, Colombia y México. Formaron una Junta Patriótica y trataron de obtener de Bolívar que enviase una expedición con el propósito de echar al Gobierno español de la Isla de Cuba. Bolívar quizás deseaba hacerlo, pero estaba empeñado en una guerra con los españoles del Perú que le impedía ocuparse en el asunto. Además, Inglaterra le había pedido que no lo hiciera, por temor de que Cuba, en lugar de alcanzar su libertad, fuera a parar a manos de los Estados Unidos o de Francia.

México y Colombia, posteriormente, proyectaron enviar una expedición contra los españoles de Cuba.

Algunos militares colombianos visitaron, ocultamente la parte meridional de Puerto Príncipe, a cuya región se adelantaron a llegar los patriotas Francisco de Agüero y Andrés Manuel Sánchez, para hacer propaganda y reclutar gente. Descubiertos por las autoridades españolas fueron ahorcados en la plaza de Puerto Príncipe, el 16 de marzo de 1826. Se cree que éstos fueron los primeros cubanos que murieron por la independencia.

La expedición proyectada no llegó a realizarse, por diversas causas. Se contó entre ellas la oposición de Inglaterra y de los Estados Unidos. Esta última nación temía que Cuba se convirtiese en una nueva Haití o que pasase a manos de otra potencia europea, Francia o Inglaterra. En 1826, en un Congreso celebrado en Panamá por varias de las repúblicas independientes, Bolívar propuso de nuevo ayudar a los cubanos, pero los Estados Unidos se opusieron otra vez. Los refugiados cubanos no se desanimaron, sin embargo.

En 1829, formaron parte, en México, de una sociedad secreta llamada del «Águila Negra» y extendieron sus ramificaciones a Cuba, para promover un levantamiento en la Isla. Esta conspiración también fue descubierta por el general Vives, quien logró desbaratar todos sus planes en 1830.

Después de este último fracaso, aunque en el extranjero quedaron algunos patriotas alentando siempre la esperanza de realizar sus proyectos de independencia, ningún movimiento de importancia se realizó en largos años.

136. *Establecimiento del régimen absoluto.* El rey Fernando VII, apoyado por las principales naciones europeas, entre ellas Francia, que envió un gran ejército a España, suprimió de nuevo la Constitución, el año de 1823. El Gobierno absoluto se estableció otra vez y los partidarios de la Constitución fueron perseguidos, condenados a muerte y ajusticiados en gran número. El presbítero don Félix Várela, que había sido enviado a España como diputado constitucional, fue uno de los sentenciados a morir. Logró huir a los Estados Unidos pero no pudo volver a Cuba.

En España se fundaron comisiones militares para juzgar los delitos políticos. En Cuba se establecieron también. Todos los derechos constitucionales, fueron suprimidos en la Isla, y el gobernador don Francisco Dionisio

Vives recibió en 1825 facultades amplísimas, que le convirtieron en señor absoluto de vidas y haciendas.

137. *Las Cortes privan a Cuba de sus derechos.* El Gobierno absoluto continuó en España después de la muerte de Fernando VII, durante la regencia de su esposa, la reina doña Cristina, hasta el año 1834, en que se promulgó una especie de Constitución limitada, llamada «Estatuto Real». Aunque los derechos que el Estatuto Real reconocía a los súbditos españoles eran pocos, en Cuba no se puso en vigor sino limitándolo mucho más todavía. Esto ocurrió gobernando don Mariano Ricafort, y disgustó mucho a los cubanos, tratados como si fuesen de condición inferior. Cuba debía tener, según el Estatuto, dos clases de representantes en las Cortes: los *próceres*, nombrados por la reina, y los diputados, elegidos por los Ayuntamientos. Los municipios de la región oriental nombraron diputado a José Antonio Saco, en dos elecciones sucesivas, sin que pudiese llegar a desempeñar sus funciones. En 1836, los partidarios de la Constitución obligaron a la reina a establecer el régimen constitucional, pero esta vez no llegó a extenderse a Cuba. Mandaba la Isla el general don Miguel Tacón, hombre muy autoritario, que se opuso a ello. En Santiago de Cuba proclamó la Constitución el gobernador de aquella región, don Manuel Lorenzo, pero Tacón envió tropas contra él, y Lorenzo tuvo que embarcarse para España.

No obstante, se ordenó la celebración de elecciones. Cuba envió tres diputados a España, entre los cuales se contaba Saco, pero las Cortes se negaron a admitirlos, y aprobaron una nueva constitución, en la cual se establecía que sus preceptos no debían aplicarse en Cuba, que debía regirse por leyes especiales. Los diputados cubanos presentaron un escrito de protesta, que redactó José Antonio Saco, pero fue desestimado.

De esta manera, los cubanos quedaron privados de los derechos constitucionales que tenían los súbditos españoles peninsulares, y siguió imperando en Cuba el régimen absoluto, que ya no existía en España. Desde entonces, Cuba y España no estuvieron regidas por las mismas leyes; los cubanos quedaron sometidos a la autoridad de los españoles.

138. *División de cubanos y españoles*. Durante el sitio de La Habana por los ingleses, hubo rozamientos entre los cubanos y algunas autoridades militares españolas, pero los motivos de disgusto pasaron pronto. En 1790, cuando don Luis de las Casas comenzó a gobernar a Cuba, los naturales de la Isla se consideraban tan españoles como los nacidos en la misma España.

Las Casas opinaba que el país no podía gobernarse bien sin la cooperación de los cubanos más notables. De acuerdo con estas ideas, durante su Gobierno, fundó el periódico llamado *Papel Periódico*, para que en él se estudiaran públicamente las cuestiones que interesaban a la Isla, y ayudó al establecimiento de una sociedad llamada «Real Sociedad Patriótica o Sociedad Económica de Amigos del País», a la cual se encomendaron importantes funciones para promover el adelanto de Cuba. También contribuyó a la fundación del «Real Consulado de Agricultura, Industria y Comercio», que compartió con la «Sociedad Económica» los trabajos de ésta en beneficio público. El Consulado tomó a su cargo principalmente, los relacionados con los adelantos materiales, mientras que aquella corporación se ocupaba en fomentar la cultura, en primer término.

Las guerras que comenzaron en 1793 y duraron hasta 1814, mantuvieron la Isla aislada de España muchas veces. Esto contribuyó también a que Las Casas, el marqués de Someruelos, don Juan Ruiz de Apodaca y el general don José Cienfuegos, gobernaran siempre con la colaboración de la Sociedad Económica, el Real Consulado y el Ayuntamiento de La Habana, corporaciones en las cuales figuraban muchos de los cubanos más notables de la época. Debido a esta circunstancia, en muchos casos los gobernadores dictaron disposiciones, sobre todo relativas al comercio, contrarias a las órdenes que recibían de España, por ser éstas muy perjudiciales para Cuba. Un cubano de gran talento, don Francisco de Arango y Parreño, influyó mucho en el Gobierno, durante los años de 1789 y 1820.

La confianza que los gobernadores tenían en los cubanos empezó a disminuir mucho durante el segundo período constitucional, de 1820 a 1823, a causa de las conspiraciones por la independencia.

Los cubanos eran muy partidarios de la Constitución de 1812; los gobernadores no, porque disminuía su autoridad. Los gobernadores Cagigal, Mahy y Kindelán, empezaron a recelar de que llegara un día en que los cubanos, que dominaban en la Sociedad Económica y en el Consulado, así como en las diputaciones provinciales, los ayuntamientos y las milicias, se apoderasen de todo el Gobierno y quisieran hacerse independientes. Por esta razón, comenzaron a apoyar a los españoles en las elecciones. Algunas veces las tropas fueron a votar formadas, bajo el mando de sus jefes. En las elecciones de diputados de 1822, hubo choques entre peninsulares y criollos, formándose grupos que se insultaron mutuamente, llamándose godos y mulatos unos a otros.

Esta división se apaciguó algo durante el Gobierno de Vives, pero renació en el de don Mariano Ricafort, y se acentuó mucho en tiempos del general Tacón. Este general fue muy despótico y enemigo de los cubanos. Desterró arbitrariamente a Saco, que era muy popular, y a numerosas personas más; ofendió a don Francisco de Arango y Parreño, anulando su elección para la presidencia de la Sociedad Económica; suprimió radicalmente la libertad de prensa, dando lugar a que cesara de publicarse la *Revista Bimestre*, que era un periódico muy autorizado; cometió muchas violencias en Santiago de Cuba, con motivo de la proclamación de la Constitución por el general Lorenzo; se opuso a que se admitieran los diputados cubanos en las Cortes y a que rigiese en Cuba la Constitución; creó dificultades para establecer el primer ferrocarril en la Isla, y finalmente se hizo odioso a todo el país. Tacón trató también de formar un partido con los peninsulares para oponerlo a los cubanos.

Cuando fue relevado, en 1838, dejó establecido en la Isla un régimen odioso.

Privados de los derechos de que gozaban los demás súbditos españoles, y atropellados continuamente por Tacón, los cubanos se sentían humillados y ofendidos. Muchos empezaron a pensar que bajo el Gobierno español, Cuba no llegaría a ser nunca un país libre y bien gobernado.

139. **Resumen.** El período de 1790 a 1838 fue muy agitado a causa de las guerras extranjeras, de la sublevación de las colonias españolas del

Continente, del peligro de las sublevaciones de esclavos, de cambios del Gobierno absoluto al constitucional, de las primeras conspiraciones por la independencia y de las medidas de represión que adoptó España, estableciendo en Cuba un Gobierno tiránico y despótico, a partir de 1825.

140. **Temas para estudio.**
Los encabezamientos de las secciones numeradas, y, además, los siguientes:

1. Colonias francesas, inglesas y españolas en las Antillas y en el Continente. La posición céntrica de Cuba respecto a las mismas como causa de que se viera envuelta en los trastornos.

2. Comparación entre la introducción de esclavos en gran número después de 1790 y la introducción de haitianos y jamaiquinos en los últimos años. Peligros de entonces y de ahora,

3. La Constitución de 1812 y la Constitución actual. Compárese la diversa significación de una y otra para Cuba.

4. Proclamación espontánea de la Constitución en Cuba, en 1812; proclamación impuesta en 1820; limitación de los derechos que concedía el Estatuto Real al hacerlo extensivo a Cuba en 1834; exclusión de Cuba de la Constitución en 1836; compárense estos cuatro hechos.

5. La sublevación de los bayameses, al suprimirse el contrabando en 1603, la sublevación de los vegueros cuando se estableció el monopolio del tabaco en el siglo XVIII, las primeras conspiraciones por la independencia. Compárense hechos y destáquese lo que hay en ellos de común.

Colonias francesas, inglesas y españolas en las Antillas y en el Continente. La posición céntrica de Cuba respecto a las mismas como causa de que se viera envuelta en los trastornos.

Capítulo XVI. Gobierno de Cuba de 1790 a 1838

141. *Atenciones de los gobernadores durante esta época.* Durante el siglo XVIII, la atención de los gobernadores hubo de dirigirse principalmente a defender la Isla de los ataques exteriores; pero en el período de 1790 a 1838, la situación cambió completamente y los esfuerzos tuvieron que dedicarse, en primer término, a las cuestiones de orden interior. Es cierto que durante las guerras de 1793 a 1814, Cuba tuvo que defenderse de ataques de enemigos extranjeros, como hemos visto, pero dichos ataques fueron de poca gravedad (Sección 125 y 126). En cambio, las cuestiones de orden interior que reclamaban la atención de los gobernadores, se referían a asuntos de extraordinaria importancia, tocante a la riqueza del país y a la paz del mismo, puesta en grave peligro por el incremento de la población esclava, las agitaciones políticas, el estado de desorden producido a consecuencia de las revoluciones en el Continente, y defectuosos procedimientos de administración y Gobierno (Secciones 127 a 138).

El país poseía ya vida propia, con intereses muy complicados, y los gobernadores, que habían llegado a reunir en sus manos un poder muy grande, tanto en lo civil como en lo militar, tenían una tarea difícil a que hacer frente.

142. *Gobierno de don Luis de las Casas.* El período histórico se inició con el Gobierno de don Luis de las Casas, que duró de 1790 a 1796.

El mando de este gobernador transcurrió en medio de una gran prosperidad, producida por la destrucción de la riqueza de Haití en 1791 y cierta libertad para comerciar con el extranjero que hubo entonces (Secciones 125 y 128).

Haití era a fines del siglo XVIII el país que producía más azúcar y más café en el mundo. Estos productos se llevaban a Francia y de allí se distribuían por toda Europa. Los esclavos sublevados incendiaron y destruyeron en pocas semanas los ingenios y los cafetales, arruinando totalmente la producción de la Isla vecina. En Europa se produjo una gran escasez de azúcar, y de todas partes acudieron compradores a España, a adquirir el poco azúcar de Cuba que se enviaba a Cádiz. Los precios subieron tanto, que de 2 o 3 reales la arroba, pasaron a 25 y 30 reales. Los hacendados se hicieron ricos y la producción se aumentó con rapidez.

La otra causa de prosperidad fue debida a la guerra comenzada contra Francia, en 1793.

España hizo alianza con los ingleses, pero como quedó casi aislada de Cuba, se concedieron permisos especiales para comerciar con Inglaterra y los Estados Unidos (Sección 125). Limitada hasta entonces al comercio español, Cuba pudo importar herramientas, víveres, telas y otros artículos a precios ventajosos, y vender azúcar y otros frutos del país con enormes ganancias.

Las Casas aprovechó las condiciones favorables que se produjeron para promover muchos adelantos. Fundó una publicación llamada *Papel Periódico* que fue el exponente de las ideas de la época, y contribuyó al establecimiento de la Sociedad Económica y del Real consulado de Agricultura, Industria y Comercio, instituciones, que hicieron mucho bien a Cuba (Sección 138).

Las gestiones de las Casas, unidas a las de algunas corporaciones y a las del Procurador del Ayuntamiento de La Habana, don Francisco Arango y Parreño, lograron obtener ciertas resoluciones favorables de la Corte, como fueron: la libre importación de esclavos, los permisos para el comercio extranjero, la rebaja de algunos impuestos, el apoyo de un plan de la colonización blanca, la exención de toda clase de contribuciones a los ingenios que se fomentasen durante diez años y varias mejoras más. Al propio tiempo que Las Casas atendía a estas cuestiones, no descuidaba otros ramos del Gobierno. Las obras públicas que se realizaron durante su mando fueron varias, contándose entre ellas la terminación de la casa de Gobierno y de la Catedral, notables mejoras en la Casa de Beneficencia, la construcción de varios puentes en los principales caminos del interior y algunas otras obras de utilidad general.

En su tiempo se tomó un nuevo censo de la Isla, el cual arrojó un total de 272.300 habitantes, se dieron los primeros pasos efectivos en favor de la enseñanza, se introdujo el mango en la Isla, y se comenzó la fundación de los pueblos de Nuevitas, Manzanillo, Guantánamo, Mayarí, y otros, con familias blancas procedentes de España y Canarias.

143. *Gobierno del conde de Santa Clara.* El Gobierno del conde de Santa Clara (1796 a 1790) no se desenvolvió bajo tan buenos auspicios como el de las Casas. Al tomar el mando, ya había comenzado la guerra con Inglaterra, lo cual le obligó a atender preferentemente las cuestiones militares (Sección 125). No obstante, los trabajos de colonización blanca se continuaron en Guantánamo e Isla de Pinos, fundándose además los pueblos de Madruga, Santa Ana y Nueva Paz.

El proceso económico de la Isla sufrió en esta época un contratiempo serio. El conde había obtenido al año siguiente de mandar en Cuba que las autorizaciones especiales concedidas a ciertos individuos para comerciar, las cuales constituían un privilegio irritante, se convirtiese en un permiso general, con gran satisfacción del país, pero la concesión duró poco. El comercio español se quejó de la competencia que le hacía en Cuba el extranjero, y obtuvo que se retirase el permiso otorgado a la Isla para comerciar con todo el mundo.

El perjuicio que la supresión del comercio extranjero causó a Cuba fue tan grande y las protestas fueron tan generales, que el conde dispuso que no se pusiese en vigor la prohibición hasta que la Corte recibiese sus informes en contrario. El azúcar bajó mucho. Numerosos hacendados se arruinaron, vendieron sus ingenios o los demolieron. Los demás artículos del país bajaron, al mismo tiempo que subían los de procedencia extranjera. Esta situación se agravó con la amenaza de una guerra con los Estados Unidos, en previsión de la cual, Santa Clara, viejo y achacoso, fue relevado por el marqués de Someruelos.

Las comunicaciones con España eran tan difíciles, que el conde permaneció dos años en La Habana sin poder salir de ella.

144. *Gobierno del marqués de Someruelos.* Don Salvador del Muro y Salazar, marqués de Someruelos, era un militar muy distinguido a quien se designó para el mando de Cuba, ante la posibilidad de una guerra con los Estados Unidos, que parecía inminente en aquella época.

Su Gobierno duró trece años, (1790 a 1812).

Someruelos comenzó por mantener comercio con los extranjeros neutrales, siguiendo el ejemplo de Santa Clara, y se ocupó en mejorar la defensa de las costas, atacadas de vez en cuando por buques ingleses. Reforzó las milicias urbanas y armó como pudo casi toda la población campesina de dieciséis y cincuenta años, formando unos cuerpos que llamó «legiones rurales». Al terminar la guerra con los ingleses, en 1801, llegó juntamente con la noticia de la paz, la orden de España de suprimir el comercio norteamericano. El gobernador, de acuerdo con las corporaciones y la opinión del país, no dio cumplimiento a dicha orden, reclamando a la Corte contra ella.

En 1803, comenzó a llegar a la Isla una copiosa emigración de familias francesas de Haití, las cuales contribuyeron mucho a propagar el cultivo del café, que ya había tomado gran incremento en Cuba.

Todo el resto del Gobierno de Someruelos fue muy agitado, primero por la nueva guerra con los ingleses, que estalló en 1803 y duró hasta 1808, y después por los acontecimientos ocurridos en España (Sección 125).

Someruelos proclamó en la Isla al rey Fernando VIII, a pesar de hallarse éste prisionero de los franceses, e hizo ejecutar la sentencia de muerte dictada contra un enviado de éstos que fue detenido en La Habana.

Antes de terminar su Gobierno, se establecieron las primeras libertades públicas, entre ellas la de prensa, y se eligieron los primeros diputados a las Cortes españolas. Los trabajos que en su época realizó el obispo Espada en favor de la educación, fueron muy importantes.

145. *Gobernadores de 1812 a 1823*. Desde 181 hasta 1823, hubo en Cuba cinco gobernadores, don Juan Ruiz de Apodaca, don José Cienfuegos, don Juan Manuel Cagigal, don Nicolás de Mahy y don Sebastián Kindelán.

Durante el Gobierno de Apodaca, se juró la Constitución de 1812, la cual solo rigió dos años. En el último de su Gobierno, la situación económica mejoró mucho. Las guerras que venía sosteniendo Napoleón Bonaparte en Europa terminaron, y los comerciantes europeos trataron de surtirse enseguida de azúcar, café y otros artículos propios de Cuba, el precio de los cuales subió considerablemente. El Gobierno español prohibió nuevamente el comercio extranjero, pero Apodaca, como Santa Clara y Someruelos, no dio cumplimiento a la orden y reclamó contra ella.

Antes de terminar su mando, fue nombrado intendente de Hacienda don Alejandro Ramírez, quien prestó en los años sucesivos grandes servicios a Cuba. El Gobierno del general Cienfuegos duró de 1816 a 1819, años que fueron de gran prosperidad. Durante el mando de este gobernador, hubo que hacer frente a los corsarios colombianos, y se firmó el tratado de represión del tráfico de esclavos, entre España e Inglaterra.

Las medidas de orden económico que entonces se dictaron fueron de gran beneficio para Cuba. Se suprimió el estanco del tabaco, se concedió la propiedad de las tierras a los que solo las poseían en usufructo, y lo que fue más importante aún, se autorizó de una manera definitiva el comercio con los países extranjeros.

El general Cienfuegos, de acuerdo con el intendente Ramírez y con Arango y Parreño, prestó mucha atención al fomento de la inmigración blanca. En su época se fundó la ciudad de Cienfuegos, con familias procedentes de la Luisiana y se aumentaron varios pueblos más. Cienfuegos dictó algunas medidas para perseguir a los malhechores, quienes hacían totalmente insegura la vida en las poblaciones y los campos. A ese efecto, estableció «ronda» de vecinos para la vigilancia nocturna.

Los gobiernos de Cagigal, Mahy y Kindelán (1810 a 1823) fueron muy agitados, por las luchas políticas y las conspiraciones.

Los desórdenes de la administración, especialmente en las aduanas, eran inmensos, y la falta de seguridad en la Isla llegó a límites extremos. El contrabando de esclavos era muy grande, introduciéndose estos a millares todos los años. En esa época, los ingenios comenzaron a emplear máquinas a vapor.

146. *Gobiernos de Vives, Ricafort y Tacón.* El Gobierno del general Francisco Dionisio Vives fue muy largo (1823 a 1832). Las mayores preocupaciones de este gobernante fueron el peligro de un ataque por los colombianos y mexicanos, y las cuestiones políticas, de que se ha hecho mención en otro capítulo. En tiempos de Vives, el juego y el bandidaje alcanzaron proporciones escandalosas, continuándose el contrabando de esclavos como en años anteriores.

Durante su mando quedó establecido el Gobierno despótico en Cuba, aunque Vives no hizo sentir sus efectos tanto como el último gobernador de este periodo, don Miguel Tacón.

A Vives sucedió don Mariano Ricafort. Ricafort continuó una política semejante a la de Vives. Los hechos más importantes de su Gobierno fueron la proclamación del Estatuto Real y el desarrollo de una horrorosa epidemia de cólera, que causó enormes estragos en la Isla, muriendo las personas a millares.

En 1834, Ricafort fue sustituido por don Miguel Tacón. Este gobernador reprimió el juego, persiguió a los malhechores, mejoró algunos servicios y construyó numerosas obras públicas, pero su mando fue funesto en lo político, Según ya se ha dicho (Secciones 137 y 138), y toleró el contrabando de esclavos tanto o más que sus antecesores.

En su tiempo, aunque oponiéndose él mucho a ello, se construyó el ferrocarril de La Habana a Güines, por empresarios cubanos. Tacón fue relevado del mando en 1838.

147. **Resumen.** Desde 1790 a 1838, los gobernadores prestaron más atención a los asuntos interiores de la Isla que a los del exterior. Se crearon corporaciones oficiales nuevas, formadas por cubanos y españoles, las cuales tomaron una parte en el Gobierno del país, ayudando a los gobernadores. Se suprimieron muchas leyes perjudiciales para la Isla y se dictaron otras muy favorables. Finalmente, durante los períodos constitucionales, el vecindario de la Isla pudo elegir sus autoridades locales, enviar diputados a las Cortes españolas y publicar periódicos y revistas en las cuales se estudiaban y discutían todas las cuestiones de interés para Cuba.

148. **Temas para estudio.**
Los encabezamientos de las secciones numeradas, y, además, los siguientes:

1. Compárese el aumento del precio del azúcar en Cuba cuando ocurrió la sublevación de los esclavos de Haití, con el aumento producido durante

la Guerra Mundial. ¿Qué efectos produjeron en cuanto al crecimiento de la producción?

2. La importancia del mercado norteamericano para Cuba a causa de su proximidad. Compárese la distancia de Cuba a los puertos norteamericanos y europeos.

3. La destrucción de la producción de Haití y la formación del mercado norteamericano, como causas del progreso de Cuba en esta época.

4. La interrupción de las comunicaciones con España, como causa de la autorización del comercio extranjero. Causas de dicha interrupción.

5. Resumen de los cambios que experimentó el régimen colonial en esta época.

6. Parte que corresponde a la acción de los gobernantes y parte a otras causas, entre los hechos que promovieron la riqueza de Cuba en esta época.

Capítulo XVII. Desarrollo económico, crecimiento de la población, cultura y estado social de Cuba, desde 1790 hasta 1838

149. *Esclavitud económica en que se hallaba Cuba en 1790.* Durante todo el siglo XVIII, Cuba careció completamente de libertad en el orden económico. No podía comerciar sino con el puerto español de Cádiz, solo una o dos veces al año y únicamente por mediación de alguna compañía de comercio privilegiada (Sección 109).

Después de 1778, se permitió el comercio con todos los puertos de la nación española, pero el tráfico con los extranjeros continuó prohibido rigurosamente (Sección 110).

En el interior de la Isla, las leyes esclavizaban también a los productores.

Los cultivadores de tabaco no podían venderlo sino a la Real Factoría únicamente (Sección 108). Esta fijaba los precios que se le antojaba, a cada clase de tabaco, y cuando le parecía que la calidad no era buena, lo mandaba a quemar, a pesar de las protestas del veguero, sin pagarle nada a éste.

La situación de los ganaderos no era mejor. Tenían que vender, por turnos que fijaban las autoridades, un gran número de reses para el consumo de las tropas que guarnecían los pueblos, a un precio inferior al que tenían en el mercado, y además estaban obligados a pagar numerosos impuestos, que se llamaban de alcabala, consumo, sisa, piragua, matazón y encomienda. Después de tantos pagos no les quedaba casi nada.

En el período que media de 1790 a 1838, Cuba conquistó poco a poco su libertad económica, aunque no de una manera completa, y aumentó enormemente su producción. Veamos de qué manera se produjeron ambos hechos.

150. *Cómo Cuba aumentó su producción y conquistó su libertad económica.* Las causas que produjeron el aumento de la producción y contribuyeron a obtener la libertad económica fueron varias.

En primer lugar, ya se ha dicho que la destrucción de los ingenios y los cafetales de Haití, de 1791 a 1803, hizo subir los precios del azúcar y del café extraordinariamente, enriqueciendo a los hacendados y a los cultivadores de café de Cuba. Todo el que pudo fomentó entonces un ingenio o cafetal, y la producción de azúcar y café aumentó mucho (Sección 142).

Las guerras europeas de 1790 a 1814, también beneficiaron mucho a Cuba, según se ha indicado (Sección 138), porque obligaron a España a permitir, durante cierto tiempo, el comercio con los extranjeros. En el transcurso de dichas guerras, España estaba aliada unas veces con Francia y otras con Inglaterra, y se veía en la necesidad de autorizar el comercio de Cuba, con los franceses o los ingleses, según el caso. Además, la guerra aislaba a Cuba de España, y esto obligaba a permitir el comercio con los países neutrales, principalmente con los Estados Unidos, que desde entonces comenzaron a comprar azúcar, café y otros artículos en la Isla, y a vender harina, madera de pino y varios productos más. Cuando los períodos de guerra terminaban, el comercio se suprimía; pero esto producía una calamidad general: los precios de las cosas del país bajaban, los de los artículos de importación subían enormemente, y los ingresos del Gobierno disminuían mucho. Entonces todo el mundo se quejaba y los gobernadores permitían el comercio, a pesar de que de España lo prohibía.

Don Francisco de Arango y Parreño escribió y publicó numerosos y admirables informes, demostrándole al Gobierno español, que España se beneficiaría mucho concediéndole la libertad comercial a Cuba, porque la riqueza de la Isla aumentaría y con ella el importe de las contribuciones. Poco a poco los españoles se fueron convenciendo de que Arango tenía razón. Primero concedieron algunos permisos generales durante el mando de Santa Clara, Someruelos y Apodaca; y finalmente, en 1818, gobernando el general Cienfuegos, se autorizó el comercio con los extranjeros de una manera definitiva. Los reglamentos para el comercio que se hicieron poco después, establecían beneficios para el comercio español en contra del comercio extranjero, los cuales eran perjudiciales para Cuba; pero de todos modos, las ventajas que la Isla obtuvo fueron inmensas, comparando la situación con la del siglo anterior. Cuba, al fin, tuvo cierta libertad para trabajar y comerciar.

Los adelantos que se realizaban en el mundo durante este período en la construcción de buques, más rápidos y mayores cada vez, favorecieron también mucho a Cuba, obligaba a comunicarse por mar con los demás países. Después que los buques de vapor comenzaron a usarse, esas ventajas fueron mayores, y cuando las máquinas de vapor se empezaron a utilizar para moler caña, a partir de 1818, el aumento de la producción fue más rápido y más considerable.

La libertad para importar esclavos africanos, concedida durante el mando de don Luis de las Casas, y el gran contrabando que de ellos se continuó haciendo después de 1821, contribuyeron también al aumento de la producción.

Esta comprendía maderas, cueros, cera y algunos otros artículos, pero los principales eran azúcar, café y tabaco.

151. *Aumento de la producción de azúcar.* El aumento de la producción de azúcar en los cuarenta y ocho años de que tratamos, fue enorme.

En 1790, al comenzar este período histórico, se exportaron un 1.246.000 arrobas; en 1818, al decretarse la libertad del comercio, 3.592.000, y en 1838, al terminar el Gobierno de Tacón; 1.417.000. Las ganancias de los hacendados no fueron siempre iguales. Desde 1791 a 1796, los precios fueron muy altos, 28 y 30 reales la arroba. En 1801, hubo una baja en el precio, que fue universal. Desde 1805 a 1808, los norteamericanos no compraron azúcar a causa de la guerra entre Inglaterra y Francia (Sección 138). Los precios bajaron entonces a 12 y a 8 reales, se demolieron más de treinta ingenios, y muchos hacendados se arruinaron. Después los precios subieron de nuevo, y se introdujeron nuevas clases de caña y sistemas de fabricación mejores, que proporcionaron mayores ganancias. Por último desde 1818, se empezaron a establecer las primeras máquinas de vapor.

En 1838, los ingenios eran más de 1.200. Los mayores producían hasta mil cajas de azúcar de a 16 arrobas, y cada uno constituía un pequeño pobladito. Casi todos los hacendados eran cubanos. El azúcar de remolacha había sido descubierta desde las guerras de Napoleón, y en 1828 había empezado a competir con el azúcar de caña.

152. *Desarrollo del cultivo del café.* El café comenzó a cultivarse en Cuba a mediados del siglo XVIII, pero en pequeñas cantidades, para el consumo solamente. En 1790, se exportaron unas 7.400 arrobas nada más.

Después de la destrucción de los cafetales de Haití, de 1791 a 1803, el cultivo fue propagándose en Cuba con gran rapidez, porque los precios a que se vendía el café eran muy altos. Como los cafetales tardaban diez o doce años para estar en plena producción, los resultados no empezaron a verse sino a partir de 1800. Después de 1803, los inmigrantes de Haití contribuyeron mucho a aumentar la producción. En 1804, se exportaron solamente 50.000 arrobas de café, y en 1833 la producción llegó al máximo, con 2.056.000 arrobas.

Desde 1827, el negocio del café comenzó a ser poco lucrativo por la competencia que le hacían a Cuba otros países, como Puerto Rico, la América Central y el Brasil. En 1838, la exportación había bajado a un 1.550.000 arrobas; después siguió a menos cada vez.

En 1827, el número de cafetales pasaba de 3.000. Eran fincas muy hermosas, con grandes arboledas de frutales, a cuya sombra crecían los cafetos.

153. *Aumento en la producción del tabaco.* El aumento en la producción del tabaco tardó más en comenzar y fue más lento. En 1790, el tabaco estaba «estancado» y así continuó hasta 1817, a pesar de todos los trabajos de Arango y Parreño en contra del «estanco». Cuando la producción de azúcar y café aumentó, muchos labradores abandonaron el cultivo del tabaco, que no rendía casi nada. Esto constituía un gran perjuicio, porque dicho cultivo era el trabajo principal de la gente pobre, sin capital para fomentar ingenios ni cafetales.

Por fin, en 1817, se publicó un Decreto del rey de España suprimiendo el «estanco», y desde esa época el cultivo creció con rapidez. En 1827, el número de vegas se había elevado a 5.534. Después siguieron aumentando en la misma proporción.

154. *Aumento de la población.* Desde hasta 1790 hasta 1838, la población de Cuba aumentó sin cesar, con mucha rapidez.

En 1791 o 1792, gobernando don Luis de las Casas, se hizo un censo de población, resultando un total de 272.300 habitantes. De éstos eran blancos 153.559, o sea cincuenta y seis personas de cada cien; de color libres, 54.041, es decir, el 20 %, y de color esclavos, 64.590, o sea veinte y cuatro personas de cada cien. Los blancos formaban por aquella época la mayoría de la población y los esclavos eran pocos relativamente.

El año 1827, gobernando el general Vives, se hizo también un censo de población. Esta había aumentado mucho, pues se elevaba a 704.487 personas, o sea más de dos veces y media el número de habitantes de 1790.

La proporción de los diversos elementos de la población había cambiado: 311.051 habitantes eran blancos; 106.494 de color libres, y 286.942 de color, esclavos, o sea el 44, el 15 y el 40 %, respectivamente. La población blanca se había invertido respecto del año de 1792; los blancos representaban en 1827 una minoría, casi igual a la minoría de las personas de color en 1792. El número de esclavos era cuatro veces y media mayor que en tiempos de don Luis de las Casas.

Tres años después de terminado este período histórico a que nos referimos, en el año 1841, se tomó otro censo. El número de habitantes se había elevado a 1.007.624, de los cuales 418.211 eran blancos; 152.838 de color libres, y 436.495 de color, esclavos. La proporción de las personas de color se había aumentado más aún, y los esclavos habían llegado a ser más numerosos que los blancos. De cada 1.000 habitantes, 585 eran de color y solo 415 eran blancos.

155. *Progreso de la enseñanza.* Durante los años que median de 1790 a 1838, se realizaron importantes adelantos en la enseñanza primaria y superior.

Los primeros trabajos a favor de la educación estuvieron a cargo de la Sociedad Económica. Al quedar ésta constituida en 1793, uno de los deberes que asumió fue el de cuidar de la instrucción popular.

La Sociedad practicó una investigación en La Habana, resultando que había ocho escuelas de varones con unos 1.232 alumnos y treinta y dos escuelas de niñas, con 490 discípulos. La ciudad tenía entonces unos 8.000 niños, de manera que muy contados niños recibían instrucción. En el resto de la Isla, las escuelas eran muy pocas.

La Sociedad trató de obtener recursos para establecer escuelas gratuitas, procuró mejorar las condiciones de los maestros y la de los métodos de enseñanza.

A partir de 1801, los trabajos a favor de la enseñanza estuvieron también bajo la dirección del obispo Espada, quien les prestó gran atención.

En 1816, la Sociedad Económica creó una Sección de Educación, especialmente destinada a mejorar la enseñanza, y al año siguiente se reunieron datos de toda la Isla, resultando un total de 192 escuelas y 6.290 discípulos, de los cuales 5.839 eran blancos y 1.081 de color. En 1836, el número de niños que asistían a las escuelas era 9.082; de ellos, 8.442 blancos y 640 de color. De estos niños eran muy pocos los que recibían instrucción gratuita. El número de niños de edad escolar en esta época era de 98.846, de modo que los que recibían instrucción no llegaban a un niño de cada diez.

La Enseñanza Secundaria recibió mucho impulso después de 1834. En el período de 1830 a 1838, los colegios de Segunda Enseñanza eran buenos y de gran reputación.

A partir de 1800, se empezó a prestar gran atención a la enseñanza de la Física, la Química y la Historia Natural, por las relaciones que tenían estos estudios con la fabricación del azúcar y los trabajos agrícolas. También se fomentaron otros estudios de carácter práctico, tales como la enseñanza de lenguas extranjeras, la economía política, la agrimensura, la economía doméstica y varios más. Después que se estableció la Constitución de 1812, en 1820, el obispo Espada creó una cátedra para explicar dicha Constitución en el Seminario, la cual estuvo a cargo del presbítero don Félix Várela, el más famoso profesor cubano de aquella época.

En la Universidad se continuaba la enseñanza de la Filosofía, el Derecho y la Medicina.

La enseñanza de las artes también fue atendida, principalmente la música y la pintura. En 1816, el intendente don Alejandro Ramírez creó la Academia de Pintura y Escultura de San Alejandro, en La Habana, institución que lleva ese nombre en honor de su fundador.

Después de 1820, muchos jóvenes cubanos se educaban en Francia, Estados Unidos e Inglaterra y viajaban con frecuencia para instruirse. El educador más famoso de este período fue don Félix Várela. Don José de la Luz Caballero y José Antonio Saco, discípulos suyos, comenzaban a distinguirse mucho a partir del Gobierno de Vives.

156. *Desarrollo literario.* El período de 1790 a 1838 fue notable en el orden literario. El *Papel Periódico*, fundado por don Luis de las Casas, publicó trabajos muy variados. Un anuario titulado *Guía de Forasteros* y las *Memorias de la Sociedad Económica*, fueron también publicaciones notables. La libertad de imprenta, durante los períodos constitucionales, trajo la publicación de numerosos periódicos en toda la Isla, en los cuales veían la luz trabajos políticos y composiciones literarias muy diversas. En 1831, comenzó a publicarse la *Revista Bimestre*, que fue considerada como una de las mejores revistas del mundo en lengua castellana; duró hasta el comienzo del Gobierno de Tacón.

En las publicaciones mencionadas y en informes, memorias y libros que se imprimieron entonces, se estudiaban todos los asuntos de interés para Cuba, por hombres de gran capacidad y saber, sobresaliendo en primer lugar don Francisco de Arango y Parreño al comienzo del período, y don José Antonio Saco a fines del mismo. El más notable entre los hombres de ciencia de la época fue don Felipe Poey. La poesía empezó a brillar con don Manuel Justo Rubalcaba, y llegó a su más alta cumbre con José María Heredia, el primero entre los poetas cubanos. Heredia había nacido en Santiago de Cuba. Se vio complicado en una conspiración a favor de la independencia, como ya se ha dicho (Sección 134). Huyó a los Estados Unidos y después vivió en México, donde murió en 1839. Sus poesías patrióticas contribuyeron mucho a propagar el ideal de la independencia entre los cubanos.

Los escritores en prosa fueron numerosos, distinguiéndose en primer lugar don Domingo del Monte. También hubo en éste período oradores muy notables. El más célebre fue don Nicolás Manuel Escobedo.

157. *Estado moral de la Isla.* A pesar de todos los progresos materiales realizados en la Isla, del aumento de la producción y de los adelantos en la

instrucción, las ciencias y las artes, la situación general y el estado moral del país eran muy malos.

La esclavitud se extendió enormemente, creando en la Isla un estado horroroso de violencia, crueldad, egoísmo y temor. La administración fue muy corrompida, realizándose grandes fraudes y abusos en las aduanas, el foro y el contrabando de esclavos. Muchas gentes no pensaban sino en amontonar dinero vendiendo esclavos, azúcar, café, tabaco y otros artículos, burlando la ley a cada paso. Las guerras y la revolución del continente llenaron el país de gentes perdidas, antiguos soldados, muchos de ellos ladrones, vagos, jugadores, asesinos y revoltosos. Se jugaba en todas partes, públicamente, toda clase de juegos de azar, tomando participación en ellos hasta las mujeres. Los robos y los asesinatos se cometían en las calles de La Habana en pleno día. En los campos y en las ciudades, se vivía en continuo temor, tanto por las sublevaciones de los esclavos y el miedo que inspiraba el recuerdo de Haití, como por los malhechores, que pululaban en todos los sitios. No había policía ni agentes de seguridad de ninguna clase, y cada uno tenía que defenderse como podía.

El estado sanitario era muy malo, abundando las enfermedades contagiosas tales como la fiebre amarilla, la viruela, la difteria, el paludismo y otras. En 1833, una epidemia de cólera invadió la Isla y produjo estragos horrorosos.

Un sabio alemán muy famoso, el barón Alejandro de Humboldt, que visitó a Cuba en 1800, la llamó «la Isla del azúcar y de los esclavos». El Padre Várela y don José Antonio Saco, pintaban la situación de Cuba con muy negros colores, y el poeta Heredia decía en inspirados versos, que en ella se veían juntamente las bellezas del mundo físico y los horrores del mundo moral. En medio de esta penosa situación, muchos cubanos de gran talento, patriotismo y firmeza de voluntad, luchaban con todas sus fuerzas por remediar los males de Cuba.

158. **Resumen.** Con el aumento del precio de sus producciones y las mayores libertades comerciales, se acrecentó grandemente la producción del azúcar, se desarrolló en gran escala la del café y creció mucho también la del tabaco y la ganadería. La población creció mucho, llegan-

do a ser los esclavos numerosísimos hubo necesidad de mejorar la enseñanza y se produjo un importante desarrollo en la producción literaria, brillando notables poetas y escritores de diversas materias. El aumento de la esclavitud, el afán de enriquecerse pronto de mucha gente, sin reparar en los medios, y la práctica de los funcionarios del Gobierno de utilizar sus cargos para obtener grandes fortunas, produjeron muchos desórdenes y contribuyeron a la corrupción de las costumbres. El estado sanitario también era pésimo, causando estragos la viruela, el cólera, la disentería, la fiebre amarilla y otras enfermedades.

159. **Temas para estudio.**

Los encabezamientos de las secciones numeradas, y, además, los siguientes:

1. Relación de los hombres que más contribuyeron al adelanto de Cuba en esta época, con expresión de su origen, español o cubano.

2. Biografía de don Francisco Arango y Parreño.

3. Biografía del obispo don Juan José Díaz de Espada y Landa.

4. Biografía de don Alejandro Ramírez.

5. La Sociedad Económica; su fundación; sus concursos; sus trabajos en esta época.

6. Primares poetas no revolucionarios: Rubalcaba. Zequeira.

7. Biografía del presbítero don Félix Várela.

8. Nuestro primer gran poeta cubano y revolucionario: Heredia; su biografía; sus versos.

9. La *Revista Bimestre*; su carácter; sus trabajos.

Resumen general del periodo

De 1790 a 1838, Cuba vivió en paz, aunque rodeada de peligros. Poco a poco fue conquistando libertades comerciales y obteniendo la supresión de las disposiciones que impedían el desarrollo de su agricultura y su comercio, aumentando con grandísima rapidez su población, su riqueza y su cultura. Se crearon algunas instituciones de Gobierno nuevas, los cubanos tuvieron representaciones en las Cortes de España y tomaron una participación importante en los asuntos de la Isla. A fines del período, se le

suprimieron a Cuba todos sus derechos políticos y se excluyó a los cubanos de toda intervención en el Gobierno, la administración y la redacción
de las leyes del país.

Hechos fundamentales

Cuba logró libertades comerciales de las cuales nunca había disfrutado
antes.

El desarrollo de la Isla fue rapidísimo en todos los órdenes.

Los cubanos toman por primera vez una participación importante en el
Gobierno.

Al terminarse el período, los cubanos fueron privados de los derechos
políticos de que disfrutaban los demás súbditos españoles.

Libro VI. Cuba durante el régimen del Gobierno absoluto. Luchas por la libertad política. Guerras de Independencia. Guerra Hispanoamericana. Terminación de la dominación española. Desarrollo económico de la población y de la cultura

Capítulo XVIII. Historia política de Cuba desde el relevo de Tacón hasta el comienzo de la Guerra de los Diez Años

160. *División de este periodo y principales hechos que comprende.* El período de sesenta años que se extiende de 1838 a 1898, es una época de paz exterior y de grandes luchas sociales y políticas en el interior, acompañadas de rebeliones de esclavos, expediciones revolucionarias, conspiraciones y guerras interiores largas y sangrientas.

Cuba comenzó el período histórico bajo un régimen de Gobierno absoluto y despótico, con una población esclava numerosísima. Al cabo de cuarenta años de sufrimientos y de luchas, la esclavitud fue suprimida, y la Isla fue conquistando libertades y derechos, hasta alcanzar la independencia al terminarse el siglo.

La época puede considerarse dividida en dos partes. La primera, de 1838 a 1878, comprende las cuestiones relativas a la trata; las sublevaciones de los esclavos en la conspiración de 1844; ciertas tentativas para independizar la Isla o anexarla a los Estados Unidos; un gran esfuerzo para obtener reformas en el Gobierno, de 1862 a 1867; y la primera gran lucha armada por la independencia, de 1868 a 1878.

En la segunda parte del período, los acontecimientos más importantes fueron «la Guerra Chiquita», una larga lucha en pro y en contra de la autonomía de Cuba bajo la dependencia de España, la segunda guerra de independencia y la Guerra Hispanoamericana, que puso fin a la dominación española en la Isla. Veamos cómo se produjeron estos acontecimientos.

161. *Las sublevaciones de esclavos y la conspiración de 1884.* Cuando el general Tacón fue relevado el año de 1838, los cubanos concibieron esperanzas de que el régimen absoluto cambiaría, pero pronto se convencieron de que el absolutismo seguiría imperando sin la menor alteración.

La Audiencia de Puerto Príncipe solicitó que se suprimieran las comisiones militares, pero no fue atendida, y los generales don Joaquín Ezpeleta, don Francisco de Tellez-Girón y don Gerónimo Valdés, inmediatos sucesores de Tacón, siguieron usando de las mismas facultades que éste.

El disgusto y el desencanto de los cubanos fueron muy grandes, pero no tardaron en ocurrir sucesos que preocuparon más a la opinión que las mismas cuestiones tocantes al régimen absoluto. Dichos sucesos fueron las sublevaciones y conspiraciones de los esclavos, a partir de 1840.

Las sublevaciones de los esclavos siempre habían sido frecuentes en Cuba, pero limitadas a grupos aislados y de poca importancia. Después que los esclavos llegaron a ser más numerosos que los blancos, dichas sublevaciones fueron continuas, mucho más extensas y peligrosas. En 1841, hubo varias hasta en la misma ciudad de La Habana,

En 1843, las dotaciones de varios ingenios de Matanzas se sublevaron. Causaron grandes daños, dieron muerte a varios mayorales, y hubo que reunir tropas y paisanos blancos armados, en gran número, para reprimir la sublevación de una manera sangrienta. El temor que se produjo en la Isla fue enorme. Aun no se había disipado, cuando al siguiente se difundió la noticia de que millares de esclavos de la misma región matancera habían tramado una vasta conspiración para sublevarse y hacerse libres. Se decía que la conspiración estaba dirigida y apoyada secretamente por los ingleses, y ciertas autoridades españolas trataron de complicar en ella a varios cubanos blancos muy conocidos por sus ideas contrarias a la trata, como don José de la Luz Caballero, don Domingo del Monte y otros más.

El espanto que se produjo en la Isla fue horroroso. Se formó un largo proceso por las comisiones militares, y se aplicaron terribles castigos a millares de infelices esclavos. La complicidad de Luz Caballero y de Del Monte no pudo comprobarse, por ser enteramente falsa, pero varias personas libres, negras o mestizas, fueron condenadas a muerte sin pruebas suficientes. Entre ellas se encontraba el poeta Gabriel de la Concepción Valdés, más conocido con el nombre de Plácido. Plácido era mestizo. Gozaba de mucho renombre como poeta y se le acusó de ser uno de los directores de la conspiración. Aunque Plácido protestó de su inocencia hasta el último momento, fue fusilado en Matanzas, el 28 de junio de 1844. Millares de otros infelices pagaron con la vida el propósito que se les atribuía de querer libertarse.

162. *Movimiento a favor de la anexión.* Ya se ha dicho que los cubanos partidarios de que se estableciesen en Cuba las libertades constitucionales de España, quedaron muy desalentados al ver que después del relevo de Tacón la situación seguía siendo la misma. Saco y otros cubanos más, realizaron esfuerzos por obtener reformas para Cuba, pero inútilmente. Después de 1843, el régimen absolutista se hizo más odioso aun, bajo el mando de los capitanes generales don Leopoldo O'Donnell y don Federico Roncali. Los que pedían reformas solo obtenían verse considerados como sospechosos o perseguidos como enemigos de España.

Por otra parte, el contrabando de esclavos continuaba en grande escala y hacía cada vez más peligrosa la situación interior. Don José Antonio Saco, desde la emigración, seguía tenazmente su propaganda en contra de la trata, afirmando que de continuar ésta, haría imposible el progreso político de Cuba y provocaría una catástrofe, como la de Haití en 1791. Inglaterra también trabajaba a favor de la supresión de la trata y de la esclavitud, a fin de que Cuba no hiciese una competencia ruinosa a sus colonias, y fomentaba sublevaciones entre la gente de color. España, según se creía entonces no tardaría en verse obligada a ceder a las exigencias de los ingleses, llegando hasta suprimir la esclavitud.

Los cubanos, sometidos a un régimen despótico denigrante, veían al país más amenazado cada día, con la continua introducción de esclavos, y al propio tiempo, corrían el peligro de que el Gobierno español los arruinara en cualquier momento, declarando libres los esclavos que ya poseían.

En aquella época, los Estados Unidos temían que Inglaterra quisiera apoderarse de Cuba, y los norteamericanos del sur tenían interés en que Cuba se anexara a su país. Muchos cubanos comenzaron entonces a desesperar de la situación y a volver los ojos a los Estados Unidos. En dicho país existía la esclavitud, al propio tiempo que los blancos gozaban de grandes derechos y libertades. Los amos de esclavos pensaban que si Cuba se unía a los Estados Unidos, la esclavitud continuaría indefinidamente en la Isla, con la ventaja de que ellos gozarían de todos los derechos de los norteamericanos, y contarían con el apoyo de una nación poderosa, para dominar las rebeliones de los esclavos y oponerse a las pretensiones anti-esclavistas de Inglaterra. Ellos creían, además, que con el auxilio de los norteamericanos podría vencerse rápidamente al Gobierno español de Cuba, sin dar lugar a una larga guerra que destruyese la riqueza de la Isla ni provocase sublevaciones entre los esclavos. De acuerdo con estas ideas, en 1847, empezó a formarse un movimiento que se llamó *anexionista*, porque se encaminaba a anexar a Cuba a los Estados Unidos. En realidad, en la anexión ya se había pensado en 1822.

Al movimiento anexionista se sumaron algunos partidarios de la independencia, desencantados por los trastornos que ocurrían en México y en la América del Sur, y pronto se formó un partido con numerosos adeptos en Cuba y en los Estados Unidos. En Nueva York sé creó una junta llamada «Consejo Cubano» y se fundó un periódico titulado *La Verdad*, para trabajar por la anexión. Los planes anexionistas contaban con mucha simpatía y apoyo en la mayor parte del sur de los Estados Unidos.

163. *Don José Antonio Saco combate la anexión.* Los anexionistas tenían muy adelantada la propaganda de sus ideas, cuando don José Antonio Saco, que vivía emigrado en París, publicó un folleto combatiendo el propósito de incorporar la Isla de Cuba a los Estados Unidos.

Saco sostenía que la anexión de Cuba a los Estados Unidos no podría alcanzarse sino mediante guerras y revoluciones, las cuáles producirían grandes desastres en la Isla; y agregaba que en caso de que la anexión se lograse, Cuba perdería poco a poco su personalidad, dejaría de ser cubana y se convertiría en anglo-americana. El ideal de los cubanos debía ser, a su juicio, que Cuba siempre fuese cubana. Para ello debía trabajarse sin descanso, hasta lograr que España concediese a Cuba las libertades a que tenía derecho.

En opinión de Saco, era menester conservar la paz, porque las revoluciones arruinarían el país y provocarían las rebeliones de los esclavos; suprimir la trata, fomentar la inmigración blanca, difundir la instrucción y mejorar las costumbres y los servicios públicos. Mientras esto se trataba de lograr por la propaganda pacífica, los cubanos debían resignarse a soportar el régimen absoluto, a fin de no destruir su patria ni perder para siempre la nacionalidad.

El folleto de Saco produjo una profunda impresión en Cuba. Los anexionistas le contestaron, pero él les replicó multiplicando sus argumentos y sus razones, demostrándoles que la anexión era peligrosa y funesta para Cuba.

164. *Conspiraciones, tentativas y expediciones revolucionarias.* El movimiento anexionista, unido al disgusto que producía el régimen absoluto, dio lugar, sin embargo, a varias conspiraciones, tentativas y expediciones revolucionarias, de 1848 a 1855, en las cuales estuvieron mezclados anexionistas y partidarios de la independencia.

La primera conspiración se desarrolló en la región de Santa Clara, y se conoce con el nombre de Conspiración de la Mina de la Rosa Cubana. El jefe de la conspiración fue el general Narciso López. Este era venezolano de nacimiento. Siendo general del ejército español, vino a Cuba con el capitán general don Gerónimo Valdés, quien lo nombró teniente gobernador de Trinidad; más tarde fue presidente de la Comisión Militar. El general O'Donnell, sucesor de Valdés, le privó de los cargos que desempeñaba, y López, que se había casado con una cubana, se estableció definitivamente en el país.

La *Conspiración de la Mina de la Rosa Cubana* fue descubierta y presos algunos de los conspiradores. El general López logró fugarse a los Estados Unidos, donde en unión de los cubanos anexionistas y de algunos partidarios de la independencia, preparó varias expediciones para poner término a la dominación española en Cuba, anexando la Isla a los Estados Unidos o declarándola independiente.

Una de estas expediciones, formada por más de 600 hombres, se dirigió a Cuba en el vapor *Creóle* y desembarcó en Cárdenas, el 19 de mayo de 1850. El general López se apoderó de la población, pero no encontrando apoyo en los habitantes, se reembarcó el mismo día.

Al siguiente año se produjeron movimientos revolucionarios en Camagüey y Trinidad, a favor de la independencia. Dichos movimientos estaban dirigidos por don Joaquín de Agüero y don Isidoro Armenteros, respectivamente. El capitán general de la Isla, don José Gutiérrez de la Concha, reprimió de una manera sangrienta ambas tentativas revolucionarias, las cuales costaron la vida a Agüero, Armenteros y varios patriotas más.

El mismo día en que Agüero era fusilado en Camagüey, el general Narciso López desembarcaba con otra expedición de 500 hombres, de los cuales solo cuarenta y nueve eran cubanos, en un lugar de la costa de Pinar del Río, cerca de Bahía Honda. Concha envió fuerzas contra él, librándose una serie de combates sangrientos. Cincuenta americanos fueron hechos prisioneros; conducidos a La Habana, se les fusiló por las autoridades españolas en las faldas del Castillo de Atarés.

El general López no encontró apoyo en la población campesina, sino hostilidad, y no quiso utilizar los esclavos como auxiliares.

Después de combatir durante varios días en las lomas de Pinar del Río, fue hecho prisionero y conducido a La Habana. Se le condenó a muerte y fue ejecutado.

Con posterioridad a la muerte del general López se produjeron algunas otras tentativas revolucionarias. En 1852, fracasó en Pinar del Río una conspiración que tramaban varios cubanos de significación, y en 1855 fue descubierto otro vasto movimiento dirigido por don Ramón Pintó. Pintó era catalán, muy influyente y bien relacionado.

El movimiento preparado por Pintó se efectuaba en combinación con una expedición de 5.000 hombres, que se estaba organizando en Nueva Orleans, para desembarcar en Cuba, al mando de un general norteamericano. Pintó fue preso; condenado por la Comisión Militar, y ratificada la pena por la Audiencia, murió en garrote, en la La Habana, el 22 de marzo de 1855.

El mismo mes fue ejecutado también el joven patriota Francisco Estrampes, apresado cerca de Baracoa, cuando conducía armas para promover una revolución en aquella parte de la Isla.

165. *Descrédito del régimen absolutista.* En la época de la conspiración de Pintó, el régimen absolutista llevaba más de veinte años de establecido en la Isla, sin la menor variación, y sus efectos habían sido desastrosos, lo mismo para España que para Cuba.

El descontento aumentaba, las conspiraciones se extendían y el peligro para la dominación española empezaba a hacerse serio, porque muchos cubanos perdían toda esperanza de ser oídos en sus legítimas demandas de justicia.

La administración había llegado a estar tan profundamente corrompida, que las rentas públicas no producían ni la mitad de lo que debieran.

Todos los servicios públicos estaban abandonados y el país se hallaba sumido en el desorden, el atraso y la barbarie, como en los peores tiempos de Vives. El general don José Gutiérrez de la Concha, nombrado gobernador dos veces, en 1850 y en 1854, había intentado reformar la administración con poco éxito, y había escrito un libro pintando la situación del país en términos verdaderamente horribles. Concha era autoritario y enemigo de las reformas políticas, y había reprimido las tentativas de Narciso López, Agüero y Pintó de una manera sangrienta. No obstante reconocía que las quejas de los cubanos contra el mal Gobierno eran justas, y en su libro sostenía que si España no le ponía remedio a los males de Cuba, podía llegar a perder la Isla.

Muchos españoles en Cuba y en España comenzaban a pensar que era menester cambiar de sistema.

166. *El movimiento reformista.* El año 1839, cesó en el mando el general Concha y fue sustituido por el general Francisco Serrano, más tarde duque de la Torre. El general Serrano era casado con una cubana y hombre de ideas liberales. Desde el comienzo de su mando, empezó a mostrarse inclinado a favorecer la implantación de reformas políticas, y con motivo de la muerte de don José de la Luz Caballero, ocurrida el 23 de junio de 1862, ofreció una prueba de aprecio y respeto a la opinión cubana, disponiendo que el Gobierno se asociara al duelo producido por el fallecimiento del sabio educador, y que los funerales tuvieran carácter oficial.

Por esta misma época, en España había varias personas de influencia política que se hallaban convencidas de la necesidad de introducir reformas en la Isla.

En vista de la actitud de Serrano y de la buena acogida que sus ideas empezaban a encontrar en España, los reformistas de Cuba cobraron grandes esperanzas y se decidieron a trabajar con mucho entusiasmo a favor de las reformas.

El general Serrano cesó en el mando en diciembre de 1862, pero le sucedió el general don Domingo Dulce, que participaba de sus mismas opiniones.

Al regresar a España, donde tenía grandes influencias, el general Serrano abogó resueltamente en el Senado español sobre la urgencia de reformar el Gobierno de Cuba, concediendo libertades y derechos a sus habitantes. Con el apoyo de Serrano en España y del general Dulce en Cuba, los reformistas se llenaron de aliento.

Compraron un periódico de ideas liberales que se publicaba en La Habana, llamado *El Siglo*, y pusieron a su frente a don Francisco de Frías, conde de Pozos Dulces, un gran escritor de profundo saber y elevado patriotismo. Por espacio de tres años practicaron sin descanso toda clase de gestiones, y al fin lograron que el Gobierno español se decidiese a emprender la obra de reformar el régimen absolutista de la Isla. Como consecuencia de esta decisión, dicho Gobierno ordenó que se reuniesen cuarenta y cuatro representantes de Cuba y Puerto Rico para estudiar las reformas que debían introducirse en ambas islas, y presentar un informe sobre las mismas. Veintidós de dichos representantes debían ser elegidos por los ayuntamientos, dieciséis por Cuba y seis por Puerto Rico. Los demás habían de ser antiguos gobernadores de ambas islas y otras personas relacionadas con las mismas. Las cuarenta y cuatro personas que resultasen designadas formarían una junta, con el nombre de «Junta de Información», la cual debía estudiar el régimen político que había de establecerse en Cuba y Puerto Rico, las cuestiones tocantes a la esclavitud y los asuntos de carácter económico. La convocatoria de la «Junta de Información» se publicó el 25 de noviembre de 1865, siendo ministro de Ultramar don Antonio Cánovas del Castillo. Los partidarios del régimen absolutista protestaron contra todos estos propósitos inútilmente, y al efectuarse las elecciones de los dieciséis representantes de Cuba a la «Junta», hicieron toda clase de esfuerzos para ganar dichas elecciones en los ayuntamientos, ayudados por las autoridades locales. No obstante, doce de los dieciséis representantes de Cuba fueron reformistas decididos, hombres de gran saber y reputación, entre los cuales se encontraban en primera línea don José Antonio Saco y el conde de Pozos Dulces.

167. *Fracaso del movimiento reformista.* El año de 1866, cuando iba a comenzar sus sesiones en Madrid la Junta de Información, cambiaron los ministros que gobernaban a España. Los que sucedieron a los salientes eran adversarios de la reforma de Cuba. No se decidieron a disolver la Junta de Información por temor de provocar conflictos, pero demostraron su inclinación poco favorable a las reformas, especialmente a las de carácter político. Las sesiones de la Junta se desarrollaron con lentitud y sin interés porque todos comprendían que realizaban un trabajo inútil, y los absolutistas recobraron todo el terreno que habían perdido en el Gobierno español. El general Dulce fue sustituido en Cuba por don Francisco Lersundi, que era un absolutista furibundo; y el Gobierno de España, en vez de implantar las reformas que recomendaba la Junta de Información, dio por terminadas las sesiones de ésta, no introdujo el menor cambio en el régimen absolutista y obligó a la Isla a pagar una nueva contribución por valor de 8 millones de pesos.

El desaliento y el disgusto que se produjeron en Cuba fueron inmensos. El periódico *El Siglo* desapareció, sucediéndole *El País*, y casi toda la opinión cubana perdió por entonces la esperanza de obtener libertades y derechos bajo el dominio de España.

168. **Resumen.** Después del cese del general Tacón, en 1838, el régimen absoluto siguió imperando en toda su fuerza. Las sublevaciones de esclavos fueron frecuentes, manteniendo la Isla inquieta y llena de zozobra. A partir de 1847, se produjeron conspiraciones y tentativas revolucionarias a favor de la anexión y de la independencia, manifestándose dividida la opinión entre los cubanos sobre la manera de conquistar libertades para la Isla. Poco después del año 1862, se empezó a producir el movimiento reformista que pudo considerarse fracasado en 1867.

169. **Temas para estudio.**

Los encabezamientos de las secciones numeradas, y, además, los siguientes:

1. El poeta Gabriel de la Concepción Valdés (Plácido). Su fusilamiento. La «Plegaria a Dios».

2. Biografía de Saco. Sumario de sus ideas contra la anexión.

3. Biografía del general Narciso López.

4. Biografía de don Francisco de Frías, conde de Pozos Dulces.

5. Las tres ideas políticas de la época: la anexión, la independencia y las reformas. División de los cubanos sobre estos puntos. Inconformidad general con el régimen absoluto.

Capítulo XIX. Guerra de los Diez Años

170. *El comienzo de la primera Guerra de Independencia.* El fracaso de las reformas en el año 1867, reafirmó el régimen absolutista, produjo gran indignación en Cuba y dio alientos a los que aspiraban a la independencia.

A mediados del citado año de 1867, don Francisco Vicente Aguilera, rico hacendado de Bayamo, comenzó a organizar un movimiento revolucionario en la región oriental, en unión de don Francisco Maceo Osorio, don Pedro Figueredo y de otras personas influyentes de aquella misma provincia, con ramificaciones en Camagüey, La Habana y Santa Clara. Aguilera había nacido en Bayamo, el 23 de junio de 1821; recibió una educación esmerada en Santiago de Cuba y La Habana. Viajó por los Estados Unidos y Europa, y finalmente se había establecido en su región natal, donde se casó y llegó a tener numerosa familia. Era hombre de carácter apacible, serio y bondadoso, que gozaba de gran prestigio entre sus convecinos, por su condición austera y sus costumbres patriarcales. Amaba la libertad sin violencia, pero con una convicción firmísima, y no era capaz de abrigar en su corazón sentimientos de odio. La conspiración dirigida por Aguilera se extendió con gran rapidez, uniéndose a la misma Carlos Manuel de Céspedes, bayamés como Aguilera, establecido a la sazón, en la zona de Manzanillo. Céspedes había nacido en Bayamo, el 18 de abril de 1819 perteneciendo sus padres a una de las más antiguas y distinguidas familias de la región. Estudió en Bayamo y en La Habana, donde se graduó de bachiller, en 1838. En 1840, casado ya con su prima María del Carmen Céspedes, viajó por España, viviendo en Barcelona y en Madrid. En esta última ciudad obtuvo el título de Licenciado en Leyes. Visitó después a Francia, Italia, Alemania e Inglaterra. En 1844, regresó a Cuba, fijando su residencia en Bayamo y dedicándose a ejercer su profesión de abogado.

Céspedes era de pequeña estatura, robusto y fuerte. De carácter severo, aunque muy cortés y amable en el trato social. Tenía gran dominio sobre sí mismo, un valor personal a toda prueba y una firmeza de voluntad inquebrantable. Soportaba los mas grandes contratiempos con imperturbable entereza de ánimo, y conservaba siempre su actitud decorosa y digna. Sus principios liberales no eran menos firmes que los de Aguilera, si bien su temperamento era más ardoroso.

No odiaba a España ni a los españoles, pero aborrecía el régimen absolutista establecido en la Isla. Hombre enérgico y de acción, deseaba el bienestar de su patria y ambicionaba la gloria de hacerla libre.

Desde muy joven había manifestado su amor a la libertad y su aversión al régimen despótico, por lo cual había sido perseguido en los años de 1851, 1852, 1855 y 1867. En el mes de julio de 1868, asistió por primera vez a las reuniones de los conspiradores dirigidos por Aguilera, y pronto sobresalió entre todos los jefes del movimiento por su decisión y energía.

Los conspiradores celebraron una junta en la finca llamada «San Miguel», jurisdicción de Las Tunas, el 3 de agosto de 1868, en la cual se nombró jefe del movimiento revolucionario a Aguilera y se fijó el 3 de septiembre para comenzar la lucha. Posteriormente, se efectuó otra reunión en la finca «Muñoz», acerca de Las Tunas, en la cual se acordó aplazar la fecha de la Revolución para después de terminada la zafra.

Los conspiradores más comprometidos de la región oriental estaban impacientes, y en otras juntas se acordó anticipar la fecha del alzamiento fijándola para diciembre. Finalmente, el 5 de octubre reunidos los revolucionarios más fogosos en el ingenio «Rosario», resolvieron iniciar la lucha el 14 de octubre y nombraron a Céspedes jefe superior de la Revolución. Aguilera, a quien se notificó el acuerdo, que alteraba sus planes y le privaba de la jefatura del movimiento, se dispuso, sin embargo, a secundarlo inmediatamente. Mientras tanto, las decisiones adoptadas habían llegado a noticia de las autoridades españolas, las cuales enseguida empezaron a tomar medidas para detener a todos los conspiradores. Enterado Céspedes de lo que ocurría, reunió varios de sus amigos en el ingenio «La Demajagua», que era de su propiedad, y en la madrugada del 10 de octubre de 1868, proclamó la Independencia de Cuba e inició la lucha contra España.

171. *Tentativas de paz de los reformistas.* Su fracaso. Un mes antes de que Céspedes iniciara en Yara la lucha por la Independencia, o sea en septiembre de 1868; en España había ocurrido una revolución de carácter liberal.

La reina doña Isabel II, hija de Fernando VII había sido destronada y se había constituido un Gobierno provisional, dirigido por el general Serrano.

Estos sucesos produjeron gran satisfacción entre los reformistas cubanos, quienes creyeron llegado el momento de que Cuba también habría de alcanzar libertades políticas. Sin embargo, la continuación del general Lersundi al frente del Gobierno de Cuba comenzó a causarles gran inquietud, la cual se aumentó al estallar pocos días después la revolución de Yara.

Los reformistas veían, por una parte desvanecerse sus esperanzas de obtener reformas, y por otra, a Cuba lanzarse a una guerra horrible y desesperada. En tal virtud, realizaron grandes esfuerzos para lograr concesiones de España que evitasen la guerra, pero el general Lersundi hizo fracasar todos sus propósitos. Lersundi desaprobó y paralizó las gestiones que realizaban los reformistas, excitó contra ellos los ánimos de los españoles, y armó más de 35.000 voluntarios en las poblaciones para combatir a sangre y fuego a los cubanos.

Mientras tanto, la Revolución tomaba cada vez mayor incremento. En los primeros días de noviembre, se sublevaron los camagüeyanos, y los revolucionarios de Las Villas ultimaban sus preparativos para comenzar también la lucha. En vista de estos acontecimientos, el Gobierno español trató al fin de prestar oídos a las reclamaciones de los reformistas cubanos, relevando a Lersundi y nombrando capitán general de Cuba al general Dulce.

Al principio, el general Dulce, de acuerdo con las personas más influyentes y respetables de los reformistas, trató de llegar a un acuerdo con los revolucionarios, y envió comisiones a Camagüey y Oriente, con promesas de reformas. Las comisiones fueron bien recibidas al principio, pero pronto ocurrieron sucesos que impidieron todo arreglo. Uno de los jefes principales de la revolución en Camagüey, el general Augusto Arango, se presentó desarmado en Puerto Príncipe con un salvoconducto de las autoridades españolas para tratar de las condiciones de paz, y fue asesinado alevosamente por varios voluntarios españoles intransigentes. Este hecho produjo una gran indignación en el campo revolucionario, y con motivo del mismo, se suspendieron en el acto las negociaciones con los comisionados de Dulce, quienes se hallaban en el campamento de Céspedes al recibir éste la noticia del asesinato de Arango. En Camagüey, los revolucionarios más exaltados habían decidido ya con anterioridad continuar la guerra y atacar al general español Valmaseda, que había ido a dicha región con proposiciones de paz.

En La Habana, mientras tanto, el partido español intransigente, enemigo de todo lo que significara concesiones a los cubanos, se oponía también violentamente a las negociaciones de paz. El 22 de enero de 1869, grupos de voluntarios armados asaltaron a tiros un teatro llamado Villanueva, donde una compañía de bufos cubanos celebraba funciones que desagradaban a los voluntarios. Después, dueños ya de la ciudad, siguieron tres días de terror, durante los cuales atropellaron y dieron muerte a numerosas personas, sin que el general Dulce pudiera contenerlos, porque no tenía tropas en La Habana.

A partir de estos hechos, fue creciendo sin cesar la audacia y la exaltación del partido intransigente español, a cuyas exigencias no tardó en allanarse el general Dulce. Entonces, fracasadas ya las gestiones de paz, se comenzó a perseguir, encarcelar y deportar a numerosos cubanos. Tanto en La Habana como en el interior, se cometían violencias de todo género contra la población cubana, y se daba muerte sin motivo o por simples sospechas, sin formación de causa, a multitud de personas.

No satisfechos aún con el apoyo que el Gobierno les prestaba, y entendiendo que las medidas de éste contra los cubanos no eran bastante severas, los elementos intransigentes tramaron un plan contra el general Dulce, de acuerdo con las principales autoridades. Los voluntarios se amotinaron en los primeros, días de junio de 1869, y penetrando tumultuosamente en el palacio del capitán general, le exigieron su dimisión y lo obligaron a embarcarse para España al siguiente día (5 de junio de 1869).

A mediados de 1869, el grupo reformista se hallaba totalmente disuelto, y los revolucionarios de Las Villas se habían sublevado ya (febrero de 1869). De manera que vinieron a quedar frente a frente, con las armas en la mano, el partido intransigente y el Gobierno, de una parte, y los revolucionarios orientales, camagüeyanos y villareños, acaudillados por Céspedes, de la otra.

Así desapareció entonces toda posibilidad de un acuerdo entre Cuba y España. La guerra debía de resolver si la Isla había de gozar o no de libertades y derechos políticos.

172. *Primeros pasos de la Revolución.* La revolución iniciada por Céspedes en la Demajagua, el día 10 de octubre, se extendió con rapidez. En Tunas y todos los pueblos dé la región del Cauto, se sublevaron numerosos patriotas, dirigidos por Vicente García, Pedro Figueredo, Donato Mármol, Francisco Maceo Osorio, Esteban Estrada, Luis Marcano, Jesús Calvar, Tomás Estrada Palma y varios más. Bartolomé Masó se había sublevado junto con Céspedes, y don Francisco Vicente Aguilera se sublevó también en sus haciendas, el 16 de octubre, asegurando el éxito inicial de la Revolución.

Los sublevados de Céspedes entraron en el pueblo de Yara, que suponían no ocupado por los españoles, pero fueron sorprendidos y rechazados por tropas que acababan de llegar a la población, muriendo allí los primeros combatientes. Engrosadas sus fuerzas, el 18 de octubre se presentó Céspedes frente a Bayamo. El mismo día se apoderaron los cubanos de la ciudad, después de recios combates en las calles, quedando el gobernador con las tropas de su mando encerrado en el cuartel de la población, hasta rendirse el día 20. La toma de Bayamo, cuyas calles recorrieron los patriotas cantando por vez primera el «Himno de Bayamo», compuesto por Pedro Figueredo, produjo gran regocijo entre los cubanos y dio gran impulso a la Revolución. Céspedes fue reconocido jefe superior de los cubanos en armas en la región de Oriente, y Bayamo vino a ser el centro del movimiento revolucionario, Céspedes nombró jefes oficiales para el ejército revolucionario y adoptó otras disposiciones para organizar la guerra.

173. *Incendio de Bayamo.* Las fuerzas españolas de Manzanillo y de Santiago de Cuba, mandadas por los coroneles Campillo y Quirós respectivamente, trataron de recuperar a Bayamo para quebrantar la Revolución en sus comienzos, pero fueron obligados a retroceder las primeras por Aguilera y el general Modesto Díaz, a orillas del río Babatuaba, las segundas por los generales Donato Mármol y Máximo Gómez, junto al

río Contramaestre y en Baire. Persistiendo en esos propósitos el 22 de diciembre, el general español Valmaseda, jefe del ejército español en campaña, salió de Nuevitas con una columna de 2.000 hombres con rumbo a Bayamo.

Los cubanos, mal armados con escopetas y machetes, le hostilizaron durante la marcha y trataron de cerrarle el paso a orillas del río Salado, pero Valmaseda logró vencerlos y seguir adelante.

Bayamo no podía ser defendida contra un enemigo poderoso, armado de artillería, y Céspedes decidió abandonarla. Pero antes de entregarla al enemigo, sus habitantes resolvieron destruirla, incendiando sus propios hogares, medida que llevaron a efecto el 12 de enero de 1869. Cuando Valmaseda llegó a Bayamo, el 15 de dicho mes, la antigua ciudad había sido reducida a un montón de cenizas.

174. *Constitución del Gobierno revolucionario.* Ya se ha dicho que los camagüeyanos se sublevaron en los primeros días de noviembre (Sección 171).

Sus jefes principales eran los hermanos Augusto y Napoleón Arango, Salvador Cisneros Betancourt, Ignacio Agramonte y varios patriotas más.

Los villareños, al lanzarse francamente a la Revolución, en febrero de 1869, llevaban a su frente a Carlos Roloff, Miguel Gerónimo Gutiérrez, Federico Cavada, Antonio Lorda y otros jefes de menos renombre. Los revolucionarios de las tres regiones en armas se organizaron independientemente, pero todos comprendieron que debían unir sus fuerzas y proceder de común acuerdo. En tal virtud, designaron delegados que se reunieron en el pueblo de Guáimaro, con el fin de organizar un Gobierno revolucionario para toda la Isla.

En una asamblea celebrada en dicho pueblo, del cual se habían apoderado los cubanos en noviembre de 1868, se acordó que la región occidental de Cuba estuviera representada también, aunque ésta no se había lanzado a la guerra.

La Asamblea de Guáimaro redactó una Constitución que se conoce con el nombre de Constitución de Guáimaro, adoptó como bandera nacional la enarbolada por Narciso López, declaró abolida la esclavitud, eligió a Céspedes presidente de la República cubana y designó a Manuel de Quesada general en jefe. La Constitución creaba una Cámara de Representantes y estaba redactada en tal forma que casi todo el poder legal de la Revolución vino a residir en dicha Cámara.

Los revolucionarios no estaban de completo acuerdo sobre la manera de conducir la guerra. Desde el principio de ésta, se habían manifestado diferencias de criterio entre Céspedes y los jefes camagüeyanos, las cuales se discutieron en Guáimaro. Los acuerdos de la asamblea representaron casi en su totalidad el triunfo de las ideas de los últimos. La Constitución se adoptó el 10 de abril de 1869.

175. *Marcha de la guerra hasta la destitución de Céspedes.* El 10 de abril de 1869 quedó constituido el Gobierno revolucionario en Guáimaro. Dos meses después, los voluntarios de La Habana, obligaban al general Dulce a renunciar el mando y exigían que se declarase una guerra sin cuartel contra la Revolución. Las tentativas de paz se dieron totalmente por terminadas, y la guerra, por consiguiente, se desencadenó con furor en Oriente, Camagüey y Las Villas (Sección 171).

Los combates que se libraban diariamente eran numerosos, sobre todo en las dos últimas provincias.

En Oriente, comenzaron a destacarse desde el principio tres grandes jefes de la Revolución: Máximo Gómez, Calixto García y Antonio Maceo.

El general Máximo Gómez había nacido en Baní, Santo Domingo, el 18 de noviembre de 1836. Emigró de su país natal y se estableció cerca de Bayamo. Tomó parte en la conspiración desde 1867, y se sublevó en el Dátil, el 16 de octubre de 1868.

Libró muchos combates a las órdenes de Donato Mármol, y después fue nombrado jefe de la zona de Holguín. Al morir Mármol, en 1870, se le designó para el mando que aquél ejercía en la parte oriental de la provincia; y entonces, teniendo como segundo al coronel Antonio Maceo, invadió las zonas de Guantánamo y de Sagua de Tánamo, llevando la guerra casi al extremo de la Isla.

En junio de 1872, fue separado del mando por Céspedes; pero en mayo del siguiente año, el presidente lo nombró para suceder a Ignacio

Agramonte en Camagüey, región en la cual el general Gómez libró terribles y victoriosos combates, en los lugares conocidos por la Sacra y Palo Seco.

El general Calixto García Iñiguez había nacido en Holguín, el 4 de agosto de 1839. Se sublevó en Jiguaní, con Donato Mármol y ascendió rápidamente. Al ser separado del mando el general Máximo Gómez, en 1872, Calixto García fue designado para sucederle. Sus más famosos combates fueron librados entonces en la zona de Holguín.

Antonio Maceo había nacido en Santiago de Cuba, el 14 de junio de 1845. Ingresó en la Revolución desde el comienzo de ésta, y se distinguió extraordinariamente a las órdenes de Calixto García y de Máximo Gómez, de quien fue nombrado segundo, cuando el general Gómez sucedió a Donato Mármol. En 1873, Maceo era coronel.

En Camagüey, el jefe más distinguido fue Ignacio Agramonte y Loinaz. Agramonte nació en la ciudad de Camagüey, el 23 de diciembre de 1841 y murió en un combate librado en Jimaguayú, el 11 de mayo de 1873. Fue uno de los primeros jefes de la Revolución en la provincia de su nacimiento, y como jefe superior de dicha región, alcanzó gran renombre, siendo el organizador de la famosa caballería camagüeyana.

Un episodio célebre de su vida, fue el rescate de su compañero de armas general Julio Sanguily, a quien los españoles habían sorprendido y hecho prisionero. El rescate se efectuó el 8 de octubre de 1871, luchando Agramonte contra fuerzas muy superiores.

Durante los años de 1870, 1872 los combates sostenidos en todo el territorio revolucionario fueron numerosísimos. El año peor fue el de 1871, en el transcurso del cual la Revolución fue casi vencida en Las Villas y Camagüey. Los capitanes generales españoles durante todos esos años, fueron don Antonio Fernández y Caballero de Rodas, don Blas Villate, conde de Valmaseda, don Francisco Ceballos, don Cándido Pieltaín y don Joaquín Jovellar. Valmaseda empleó los procedimientos de guerra más crueles, llegando hasta ordenar el fusilamiento inmediato de todos los prisioneros.

La presidencia de Céspedes duró hasta octubre de 1873. En la citada fecha, la Cámara de Representantes, que nunca había estado de completo acuerdo con Céspedes, destituyó a éste de su cargo de presidente.

Céspedes se retiró a una finca llamada San Lorenzo, en la Sierra Maestra, lugar donde fue sorprendido y muerto por fuerzas españolas, el 27 de febrero de 1874. Céspedes, viudo de su primera esposa, había contraído matrimonio durante la Revolución con la señorita Ana de Ouesada. Sus servicios a la causa de la independencia fueron inmensos.

176. *Otros sucesos ocurridos en Cuba desde 1869 hasta 1873.* Durante los cinco años que median de 1869 a 1873, inclusive, los sucesos de mayor importancia, aparte de los incontables combates librados en el territorio sublevado, fueron el fusilamiento de los estudiantes de Medicina, en La Habana, en 1871, y el de los expedicionarios del vapor *Virginius*, en 1873.

El 25 de noviembre, cuarenta y cuatro estudiantes del primer curso de Medicina de la Universidad de La Habana fueron detenidos en clase y conducidos a la cárcel. Se les acusaba por el gobernador político, don Dionisio López Roberts, de haber profanado la tumba de don Gonzalo Castañón, periodista español que había sido muerto en un tiroteo con varios cubanos en Cayo Hueso,[4] y sepultado en el antiguo Cementerio de Espada, en La Habana, cerca del lugar donde hacían sus prácticas de disección los estudiantes.

En la noche del día siguiente al de la detención de los estudiantes, los voluntarios de La Habana se amotinaron, exigiendo al general don Romualdo Crespo, segundo cabo, autoridad militar y civil superior en ausencia del capitán general Valmaseda, que se condenase a muerte y se ejecutase inmediatamente a los cuarenta y cuatro jóvenes acusados. El general Crespo, después de varias entrevistas y conferencias con los jefes de los amotinados, que en número de varios millares ocupaban la plaza de armas y los alrededores de la cárcel, pidiendo a gritos el fusilamiento de los presos, ordenó la formación de un Consejo de Guerra sumarísimo para juzgar a los jóvenes. El consejo quedó formado por capitanes del ejército y presidido por un coronel; defensor de los estudiantes fue designado el capitán don Federico R. y Capdevila. Celebrado el consejo inmediatamente, en una sala invadida por los voluntarios amotinados, el capitán Capdevila

---

4   Este es el nombre español de Key West, localidad al sur de la Florida, en los Estados Unidos. (N. del E.)

mantuvo la inocencia de los acusados; afirmó que el fiscal acusaba compelido por los voluntarios amotinados, sin pruebas ni convicción; que se quería asesinar a los estudiantes, y que todos los miembros del consejo deberían preferir que se les asesinase también a ellos, antes de condenar, por cobardía, a unos jóvenes inocentes. Terminada la defensa del capitán Capdevila, en medio del vocerío de los voluntarios que pedían su muerte, el consejo de guerra condenó a los estudiantes a la pena de arresto mayor, fijada por la ley para quienes cometiesen el delito de que se les acusaba.

Los voluntarios se negaron a acatar como bueno el fallo del consejo y exigieron al general Crespo que nombrase en el acto otro Tribunal. El general Crespo, accedió a la imposición, y designó otro consejo, presidido por un coronel y formado por quince vocales, seis del Ejército y nueve de los voluntarios, ya muy adelantada la noche del día 26. Reunido el nuevo consejo, en las primeras horas de la mañana del 27, en una sala ocupada por los voluntarios, condenó a ocho estudiantes, cinco con diversos pretextos y tres elegidos a la suerte, a ser fusilados; a doce jóvenes, a seis años de presidio; a diecinueve, a cuatro años, y a cuatro estudiantes más, a seis meses de reclusión, absolviendo a dos. La sentencia fue firmada por el consejo a la una de la tarde y remitida al general Crespo para su conocimiento. El general Crespo la aprobó y ordenó que se ejecutase enseguida. Los jóvenes estuvieron en capilla media hora. A las cuatro y veinte de la tarde, del mismo día 27, fueron fusilados en la explanada de la Punta, cerca de la cárcel.

Los demás ingresaron en presidio y estuvieron cumpliendo la condena impuesta, hasta el 10 de mayo del siguiente año, fecha en la cual fueron indultados por el rey de España.

El fusilamiento de los estudiantes produjo un inmenso horror en Cuba. La inocencia de los estudiantes, quienes no habían cometido ninguno de los delitos que les imputaron, no tardó en quedar completamente reconocida varios años después, hasta por los mismos españoles.

En el empeño de vindicar la justicia, se distinguió mucho el doctor Fermín Valdés Domínguez, uno de los estudiantes condenados a seis años de presidio, quien reunió en un libro todas las pruebas de la inocencia de sus infortunados compañeros.

Los expedicionarios del *Virginius* fueron fusilados en Santiago de, Cuba, en noviembre de 1873. Muchos cubanos de los antiguos reformistas, y otros, partidarios de la independencia, habían emigrado a los Estados Unidos y desde allí enviaban expediciones de armas y municiones a los cubanos en armas. Varias de estas expediciones lograron desembarcar felizmente, prestando gran auxilio a la Revolución, pero el 31 de octubre de 1873, una de dichas expediciones, conducida por el vapor *Virginius*, fue apresada y conducida a Santiago de Cuba. Los 165 tripulantes y expedicionarios fueron condenados a muerte en consejo de guerra, y el 4 de noviembre comenzaron a ser fusilados. Cincuenta y tres expedicionarios habían sido fusilados ya, cuando el capitán de un buque de guerra inglés fondeaba en Santiago de Cuba, Sir Lambdon Lorraine, que había pedido la suspensión de los fusilamientos, amenazó con bombardear la población si dichos fusilamientos continuaban. Algún tiempo después, España se vio obligada a devolver a los Estados Unidos el vapor apresado, junto con los expedicionarios que habían sobrevivido a la matanza.

177. *La guerra desde la destitución de Céspedes hasta la Paz del Zanjón.* Desde el cese del presidente Céspedes hasta la terminación de la guerra, los cubanos en armas tuvieron cuatro presidentes más: don Salvador Cisneros y Betancourt, marqués de Santa Lucía, don Juan Bautista Spotorno, don Tomás Estrada Palma y el general Vicente García.

Cisneros Betancourt ocupó la presidencia dos años, desde octubre de 1873 hasta junio de 1875.

Renunció el cargo porque el general Vicente García, jefe de la División de Las Tunas, se negó a obedecer las órdenes del Gobierno y se declaró en rebeldía contra éste, en un lugar llamado Lagunas de Varona.

Al cesar Cisneros, le sucedió interinamente Juan Bautista Spotorno, presidente de la Cámara. Spotorno había nacido en Trinidad, el 13 de septiembre de 1832, y fue uno de los primeros sublevados en Las Villas. En Camagüey se había distinguido a las órdenes de Agramonte. La Presidencia de Spotorno duró poco; se hizo notar por la publicación de un Decreto ordenando que se condenase a muerte a los que entrasen en negociaciones de paz con los enemigos.

A Spotorno sucedió don Tomás Estrada Palma, bayamés como Aguilera y Céspedes, que había tomado parte en la Revolución desde su inicio. Estrada Palma siendo todavía presidente, fue hecho prisionero por los españoles cerca de Holguín, en octubre de 1877.

Poco después, la Cámara eligió presidente al general Vicente García, el último de los que estuvo al frente del Gobierno revolucionario.

Los combates más notables de los últimos cuatro años de la guerra fueron librados por los generales Calixto García y Máximo Gómez. El general García derrotó, en un lugar llamado Santa María, al teniente coronel español Gómez Diéguez, destruyéndole su columna y haciéndolo prisionero. En Ojo de Agua de los Melones, derrotó al general Esponda. Además, asaltó a Manzanillo, lugar muy bien defendido. Otro hecho de armas muy importante en Oriente, fue la toma de Victoria de Las Tunas, por el general Vicente García. El general Calixto García, después de sus victoriosos combates, tuvo la desgracia de caer prisionero de los españoles, en septiembre de 1874.

Los combates sostenidos por Máximo Gómez en Camagüey fueron más importantes aún. El general Gómez tenía el propósito de invadir Las Villas, pero hasta principios de 1874, el Gobierno revolucionario no aprobó su plan de invasión. En dicha fecha, junto con la aprobación solicitada, recibió un refuerzo de trescientos orientales, mandados por el brigadier Antonio Maceo. El enemigo se había enterado de los planes del general Gómez, y envió contra él varias columnas, librándose los combates de Naranjo, Mojacasabe y las Guásimas. Estos combates fueron de los más grandes y sangrientos de la guerra, y aunque los cubanos quedaron victoriosos, se hizo difícil la invasión de Las Villas.

Después de los hechos de armas citados, el general Gómez atacó a Nuevitas y a Cascorro, y uno de los jefes a sus órdenes se apoderó del poblado de San Gerónimo. Finalmente, el general Gómez, en persona, cruzó la trocha o camino militar de Júcaro a Morón, asaltó el pueblo de Jíbaro, en Sancti Spíritus, y llevó la guerra hasta la zona de Cienfuegos.

El general Gómez no pudo continuar la invasión, porque las fuerzas que el Gobierno revolucionario iba a enviar en su apoyo tomaron parte en la sedición ya mencionada del general Vicente García, contra el presidente Cisneros Betancourt, negándose a marchar a Las Villas.

Más tarde el general Gómez se vio obligado a renunciar el mando en Las Villas. En su lugar fue designado el general Vicente García, quien se negó a marchar con sus fuerzas a la región citada, produciendo una nueva sedición, en el campamento de Santa Rita.

Esto ocurría en el año de 1877, y quebrantó mucho la Revolución. Esta se hallaba entonces en decadencia. Céspedes, Agramonte, Mármol, Aguilera y muchos jefes más habían muerto. El general Calixto García y el presidente Estrada Palma, habían sido hechos prisioneros. El general Gómez no tenía mando militar, después que le habían hecho renunciar al de Las Villas, y el brigadier Maceo, el jefe más reputado de Oriente, se encontraba gravemente herido. Por otra parte, los cubanos en el extranjero estaban desalentados y empobrecidos, así es que la Revolución no recibía ya casi ningún auxilio de ellos.

178. *La Paz del Zanjón.* Al mismo tiempo que la Revolución decaía de la manera que acaba de indicarse, el Gobierno español cambiaba de método de guerra. El capitán general conservó el Gobierno total de la Isla, pero se nombró un general en jefe para dirigir las operaciones militares, designación que recayó en el general don Arsenio Martínez Campos, muy reputado en España y conocedor de la clase de guerra que se hacía en Cuba (noviembre, 1876).

Martínez Campos imprimió gran actividad a las operaciones militares, y, al mismo tiempo, trató de terminar la guerra por medio de negociaciones. Ordenó que no se fusilase a los prisioneros, como se había venido haciendo, que se tratase bien a las familias que se encontrasen en el campo y ofreció indultar a los que depusiesen las armas. Además, prometió establecer grandes reformas políticas en la Isla, suprimiendo el régimen despótico que existía.

A principios de 1878, el Gobierno revolucionario se hallaba disuelto, de hecho. Algunos jefes revolucionarios entraron en negociaciones con el general Martínez Campos, y nombraron un comité que representaba a todos los jefes de Camagüey para tratar de la paz. El comité, llamado

«Comité del Centro», llegó a un acuerdo con Martínez Campos, firmándose, el 10 de febrero de 1878, un pacto conocido con el nombre de «Pacto del Zanjón».

Por ese «pacto», los cubanos deponían las armas, comprometiéndose el Gobierno español a establecer ciertas reformas políticas en Cuba, a promulgar una amnistía general, a declarar libres todos los esclavos que habían tomado parte en la Revolución y a facilitar los medios de trasladarse al extranjero, a los cubanos que quisiesen abandonar la Isla. De conformidad con lo estipulado en el Pacto, la mayoría de los jefes revolucionarios depusieron las armas en Las Villas, Camagüey y Oriente, marchándose muchos de ellos al extranjero.

El general Antonio Maceo, al frente de varios jefes orientales, protestó contra el pacto en un lugar llamado «Mangos de Baraguá», y se dispuso continuar la guerra en la zona de su mando. La lucha se prolongó dos o tres meses más. Maceo marchó a Jamaica, en busca de recursos, pero convencidos él y los patriotas que lo seguían de que del exterior no se obtendrían auxilios y de que sus fuerzas no podrían sostenerse por más tiempo, éstas capitularon, a fines de mayo.

El Gobierno español, a fin de lograr y asegurar la paz, se apresuró a reconocer a Cuba el derecho de tener representantes en el Senado y el Congreso de España, e implantó en la Isla varias de las mismas leyes que regían en la península española, sobre las provincias, los municipios y otros extremos más.

Con la capitulación de las fuerzas de Maceo, terminó la primera gran lucha de los cubanos por la independencia. Los partidarios de ésta quedaban vencidos, pero también lo estaba el partido absolutista intransigente, que había provocado la guerra.

Miles de cubanos y españoles habían muerto en la sangrienta, larga y enconada lucha. La riqueza de más de la mitad de la Isla había sido destruida y España había gastado centenares de millones de pesos en sostener la guerra.

179. **Resumen.** El 10 de octubre de 1868, después del fracaso del movimiento reformista, estalló la revolución de Yara a favor de la inde-

pendencia, proclamándose jefe superior de la misma al licenciado Carlos Manuel de Céspedes. La lucha armada se extendió a las provincias de Oriente, Camagüey y parte de Santa Clara. La guerra duró diez años y terminó por el pacto o convenio del Zanjón, en virtud del cual España se comprometió a terminar el régimen absoluto y conceder libertades a Cuba.

180. **Temas para estudio.**
Los encabezamientos de las secciones numeradas, y, además, los siguientes:

1. Biografía de don Francisco Vicente Aguilera.
2. Biografía de Carlos Manuel de Céspedes.
3. Biografía de Ignacio Agramonte.
4. Relación de los cubanos de mayor renombre, mencionados en el texto, que tomaron parte en la Guerra de los Diez Años.
5. La política del general Martínez Campos.
6. Los resultados de la Guerra de los Diez Años. Fin del régimen absoluto y de la esclavitud.

Capítulo XX. Lucha pacífica por la libertad, de 1878 a 1895

181. *Organización de los partidos Liberal y de Unión Constitucional, después del Zanjón.* La Paz del Zanjón creó una situación nueva en Cuba, al cesar, en parte, el régimen de Gobierno absoluto vigente desde 1825. Después del pacto, Cuba tuvo leyes provinciales, municipales y electorales, semejantes a las que regían en España, y pudo estar representada en el Senado y en el Congreso españoles. En la Isla se crearon unas instituciones nuevas, llamadas diputaciones provinciales, y se multiplicaron los ayuntamientos, suprimiéndose los antiguos capitanes de partido.

Las ventajas obtenidas en el Pacto del Zanjón no fueron tan importantes como deseaban los cubanos. Sin embargo, muchos de los antiguos reformistas de 1865, unidos a otros patriotas deseosos del adelanto de Cuba, se dispusieron inmediatamente a organizarse, con el fin de tomar en el Gobierno del país, la parte que las nuevas leyes permitían, y gestionar otras mejoras para la Isla, en las Cortes de España,

Los primeros actos que realizaron fueron constituir un Comité Provincial Cubano y ofrecerle un banquete al general Martínez Campos, en La Habana, por haber hecho la paz entre cubanos y españoles. Un cubano de gran talento, don Pedro González Llorente, pronunció un discurso en el banquete, en nombre del «Comité», expresando la satisfacción de Cuba por la paz, y la confianza que los cubanos abrigaban de que España cumpliría el pacto y les concedería las mismas libertades y los mismos derechos de que gozaban los españoles peninsulares.

El general Martínez Campos contestó que los derechos de Cuba estaban garantizados por la palabra empeñada de España, y que en lo sucesivo, España y Cuba marcharían de acuerdo. Agregó que las leyes promulgadas hasta entonces eran provisionales, y que pronto se redactarían otras definitivas, con el concurso de los senadores y diputados que Cuba enviaría a las Cortes.

Pocos días después del banquete, el Comité Provincial se disolvió, y en su lugar quedó organizado un partido que recibió el nombre de Partido Liberal. Este partido tuvo como presidente a un distinguido cubano llamado don José María Gálvez, y como órgano oficial un periódico titulado

El Triunfo, el cual más tarde tuvo que cambiar su nombre y llamarse *El País*. Dicho periódico había sido fundado por un peninsular nombrado don Manuel Pérez de Molina, quien tomó también una participación muy importante en la fundación del Partido Liberal.

Este partido, tenía como programa la abolición de la esclavitud; la implantación en Cuba de la Constitución española, haciendo extensivos a los cubanos todos los derechos que ésta garantizaba; la separación del poder civil del militar, y la aplicación a la Isla de las leyes vigentes en España, relativas a la administración de justicia, la propiedad, el comercio y demás cuestiones sociales. El Partido Liberal pedía también que se suprimieran los derechos de aduanas que pagaban los productos de Cuba al salir de la Isla, que se rebajasen los que pagaban al entrar en España, que se mejoraran los aranceles y que se hicieran tratados de comercio con otras naciones, beneficiosos para Cuba. Entonces se creía que todo esto era muy fácil de obtenerse, y que Cuba entraría en un período de paz, de libertad y de progreso.

Tres meses después de constituido el Partido Liberal, se organizó otro, que se llamó de «Unión Constitucional», aunque se le conoció más comúnmente con el nombre de Conservador. El programa de este partido se parecía mucho, teóricamente, al del Partido Liberal, pero, en la realidad, sus fines eran muy distintos y aun enteramente opuestos.

El Partido Liberal se componía en su mayoría de cubanos y de un número de españoles partidarios de que se mejorase el Gobierno de la Isla; en cambio, el Partido Conservador se componía en su mayoría de españoles y de un número de cubanos partidarios de la esclavitud. En la práctica, el Partido Liberal quería que Cuba gozara de más libertad e independencia en sus propios asuntos, bajo la soberanía española, y el Partido Conservador deseaba que no se cambiaran los procedimientos de Gobierno imperantes. El triunfo del Partido Liberal habría de significar que el pueblo de Cuba tendría una participación mayor en el Gobierno de la Isla, y el del Partido Conservador, que la administración de los asuntos de Cuba seguiría en manos de los peninsulares casi exclusivamente.

182. *La lucha política de 1878 a 1885.* La lucha política entre los dos partidos comenzó en condiciones muy desfavorables para los liberales. La Ley Electoral que se había aprobado en España, establecía que para tener derecho a votar en las elecciones de diputados era menester pagar no menos de 25 pesos de contribución, y para poder hacerlo en las elecciones provinciales y municipales, 5 pesos. Durante los diez años de guerra, los cubanos habían perdido sus bienes, confiscados casi todos por el Gobierno español, y los españoles se habían enriquecido, adquiriendo dichos bienes a bajo precio y explotando los negocios del Gobierno; de modo que con la Ley Electoral citada, los cubanos del Partido Liberal que tenían voto eran muy pocos, y los del Partido Conservador, muchos. Además, la ley confería el voto a los empleados, que eran españoles y conservadores en su inmensa mayoría.

Había otras causas que perjudicaban a los liberales. El Partido Liberal tenía como razón de su existencia el Pacto del Zanjón, y lo invocaba a cada momento, exigiendo que se cumpliese. En realidad el partido era una consecuencia de la Revolución, y en él figuraban antiguos reformistas, emigrados y algunos revolucionarios. Mientras estuvo al frente del Gobierno de Cuba el general Martínez Campos, que había firmado el Pacto del Zanjón, estaba interesado en cumplirlo y en obtener reformas para Cuba, como medio de afianzar definitivamente la paz, el hecho de que el partido se presentase como el heredero de la Revolución, exigiendo el cumplimiento del pacto hecho con ésta, no fue un grave inconveniente.

Pero Martínez Campos fue llamado a España, y entonces las cosas cambiaron. Muchos españoles intransigentes eran contrarios al «Pacto», y consideraban como una vergüenza que España hubiera transigido con la Revolución, en vez de exterminarla a sangre y fuego. Estos individuos se indignaban con los liberales cuando los oían hablar del pacto y reclamar que se cumpliera, considerándolos como partidarios de la Revolución y enemigos de España.

Un movimiento revolucionario que estalló en Oriente y Las Villas, el año 1879, dirigido por el general Calixto García, vino a dar la razón, aparentemente, a los intransigentes que acusaban a los cubanos de continuar tramando revoluciones en secreto.

En agosto de 1879, muchos patriotas se sublevaron en Santiago de Cuba, Jiguaní, Holguín y Bayamo, y algunos otros en Las Villas, principalmente en Sagua y Remedios. Este movimiento, conocido con el nombre de «Guerra Chiquita», del cual se tratará más adelante, fue dominado por el Gobierno de la Isla; pero volvió a revivir los antagonismos entre cubanos y españoles, un tanto apaciguados por la Paz del Zanjón y dio armas a los enemigos recalcitrantes de que se concediesen libertades a Cuba. En efecto, el Partido Conservador se aprovechó de la oportunidad para hacer sospechosos a todos los que no apoyaron ciegamente el régimen establecido en la Isla, sostuvo que los que pedían cambios y reformas eran enemigos secretos de España y partidarios de la Independencia, a la cual pretendían llegar mediante las reformas que solicitaban. En opinión de los conservadores, el Gobierno de la Isla era excelente y los que le señalaban defectos lo hacían de mala fe, solo con la mira de atacar el prestigio de España y acabar con su dominación en Cuba.

El Partido Liberal, tildado de sospechoso ante los españoles de buena fe, se halló en una mala situación.

Casi todos los peninsulares que estaban afiliados a él, lo abandonaron, y el partido estuvo a punto de disolverse. Las autoridades se pusieron de parte de los conservadores, a quienes se consideraba como los únicos buenos españoles, y en las elecciones de diputados de 1879, a pesar de representar en realidad la mayoría de la población del país, el Partido Liberal solo obtuvo cinco diputados, mientras los conservadores eligieron diecisiete.

No obstante, los liberales cubanos no se desanimaron, y al año siguiente sus diputados, invocando el Pacto del Zanjón, pidieron a las Cortes de España, que se cumpliese el compromiso de redactar las leyes definitivas ofrecidas a Cuba y que se hiciesen reformas económicas. El partido que gobernaba en España les contestó que el Pacto del Zanjón, había sido un gran favor que España le había querido hacer a Cuba, que ya estaba cumplido con exceso y que Cuba no tenía nada más que pedir.

El desencanto que sufrieron los cubanos fue inmenso y muchos quedaron desalentados para siempre, porque lo que acababa de ocurrir era muy semejante al fracaso de los reformistas en 1867.

A pesar de todo, el Partido Liberal continuó su propaganda y sus trabajos. En 1880 y 1881, obtuvo algún éxito, contribuyendo a que se aboliese casi totalmente la esclavitud y a que se implantase en la Isla la Constitución española, aunque con ciertas limitaciones.

En lo demás, sus quejas y sus protestas contra la mala administración de Cuba fueron inútiles, y a pesar de sus pruebas de adhesión a España, continuó siendo combatido rudamente de antiespañol. En 1881, el Partido Liberal se declaró a favor de que Cuba tuviera un Gobierno autónomo, por lo cual se le llamó en lo adelante Autonomista; eso dio motivo a que se arreciaran los ataques contra él. La doctrina autonomista fue denunciada ante los Tribunales como ilegal y revolucionaria, y el partido estuvo a punto de morir otra vez; pero los tribunales fallaron que la autonomía no era una teoría subversiva y el partido pudo seguir subsistiendo legalmente.

Mientras tanto, los conservadores, apoyados por los gobiernos de España, los capitanes generales y las autoridades de la Isla, fueron ganando terreno de día en día.

En 1884, el Partido Autonomista fue atropellado en las elecciones por sus adversarios, en complicidad con las autoridades, resolviendo entonces no concurrir a las elecciones provinciales y municipales. Los autonomistas se consideraban sin garantías legales para la lucha política, y creían que ésta, en semejantes condiciones, era inútil. La determinación adoptada era muy grave, porque equivalía a declarar, a los seis años de la Paz del Zanjón, que bajo el Gobierno de España los cubanos no podían obtener justicia por medios pacíficos.

183. *La situación de Cuba en 1885.* En el año de 1885 se produjeron grandes cambios en España. El rey don Alfonso XII murió y le sucedió en el trono su esposa, como reina regente, en nombre de su heredero, que aún no había nacido. El partido que estaba en el poder, salió de éste, sucediéndole al primer ministro don Antonio Cánovas, el jefe del Partido Liberal español, don Práxedes Mateo Sagasta.

El nuevo Gobierno español prometió atender las necesidades de Cuba. Teniendo en cuenta esta oferta y llevados del deseo de mostrar su respeto y adhesión a España, en momentos difíciles para ella, los autonomistas resolvieron salir de su retraimiento y volver a las elecciones. Hasta entonces, los autonomistas habían elegido diputados cubanos residentes en España casi siempre, pero esta vez los eligieron en Cuba, resultando nombrados don Miguel Figueroa, don Rafael Montoro y don Rafael Fernández de Castro. Los tres eran personalidades muy distinguidas del partido y oradores de los más notables de Cuba.

El estado de la Isla era desastroso entonces. Desde el año de 1883, había una crisis económica a causa de los bajos precios del azúcar y la pobreza era general. La inmoralidad de la administración había llegado a ser tan escandalosa, que resultaba intolerable, y la recaudación de las aduanas había bajado al mínimo. Los campos estaban infestados de bandoleros; las poblaciones, de ñáñigos y gentes de mal vivir. No había garantías ni seguridad para nadie, sobre todo en el campo, donde las fuerzas encargadas de perseguir a los bandoleros, aplicaban un castigo llamado «componte» a los campesinos, los acusaban de cómplices de los bandidos y los deportaban o los desterraban de los lugares donde vivían, sin formarles causa, y en plazos brevísimos. El estado sanitario era pésimo y la ignorancia general, porque el Gobierno destinaba a instrucción pública sumas irrisorias y no había sino pocas escuelas. Los impuestos abrumaban la población y el presupuesto era crecidísimo, gastándose casi todo en el Ejército, la Marina y la Deuda, pues las obras públicas estaban abandonadas y desde hacía muchos años no se realizaba ninguna. El disgusto en el país era muy grande, lo mismo entre los cubanos que entre los peninsulares, excepto los que se aprovechaban del desorden reinante y se hacían ricos con los fraudes.

La situación era tan grave, que tanto en Cuba como en España se convenía en que era indispensable cambiar de sistema, aunque los partidarios más recalcitrantes del régimen que imperaba, seguían sosteniendo que las críticas del Gobierno eran para desacreditar a España y quebrantar su autoridad. Sin embargo, entre los mismos afiliados al Partido Conservador, los españoles que no vivían del Gobierno o de los fraudes se hallaban disgustados, y empezaban a producir un movimiento llamado *izquierdista*, cuyo propósito era recabar mejoras en la administración del país, alejándose de los que invocaban el patriotismo para amparar los abusos.

184. *Progreso de los autonomistas.* En el año de 1886, los diputados auto-nomistas hicieron una fuerte campaña en las Cortes. El señor Montoro, en un gran discurso, pintó fielmente la mala situación de Cuba, produciendo sus palabras mucho efecto. Poco después, el señor Fernández de Castro describió la inmoralidad de la administración de la Isla en términos muy enérgicos. Al año siguiente, otro nuevo diputado, el señor Eliseo Giberga, demostró lo mal que se hacían los presupuestos coloniales.

Tres ministros de Ultramar que se sucedieron de 1885 a 1889, empren-dieron la obra de mejorar la situación de Cuba, y las esperanzas de los cubanos revivieron. Los capitanes generales recibieron órdenes de com-batir con energía las inmoralidades de la administración, se realizaron reformas importantes de carácter económico y social, se promulgaron nuevas disposiciones y leyes sobre el comercio, los derechos de aduanas, la administración de justicia, la libertad de imprenta, y se aprobó la extin-ción total de la esclavitud (año 1886), alcanzada gracias, en gran parte, a los constantes esfuerzos de los diputados autonomistas don Rafael María de Labra y don Miguel Figueroa.

Aunque los resultados obtenidos fueron pocos en lo tocante a la mejo-ra de la administración y a la represión del bandolerismo, y las mejoras políticas casi nulas, la confianza en obtener justicia y libertades de España revivió entre los cubanos. El Partido Autonomista cobró mucha fuerza y se extendió hasta Oriente, donde aun no había llegado a establecerse (año 1888). Muchos antiguos revolucionarios del 68 ingresaron en él. Además, el Partido Conservador se dividió definitivamente, formándose un grupo dentro de dicho partido, inclinado también a las reformas, cuyo órgano fue el antiguo periódico llamado *Diario de la Marina.*

185. *La reacción de los conservadores.* En 1890, la situación cambió de nuevo bruscamente. En España se había aprobado una Ley Electoral estableciendo el derecho del voto para todos los súbditos españoles, lo cual era un gran progreso. Los autonomistas reclamaron que se cumpliera el compromiso contraído con Cuba desde la Paz del Zanjón, de una Ley Electoral justa, pero el Gobierno español, lejos de atender a su solicitud,

presentó un proyecto de ley que privaba el voto a gran parte de la población cubana, al propio tiempo que se le concedía a los voluntarios y a los empleados de menor categoría, peninsulares casi todos.

La Isla entera se indignó y los autonomistas protestaron, pero todas las quejas fueron inútiles; lo único que se obtuvo fue que la ley no se aprobara por el momento.

El partido decayó mucho entonces, porque multitud de sus afiliados pensaron que la lucha pacífica no producía ningún resultado.

En ese mismo año de 1890, Cuba se vio amenazada de ruina por una ley de aduanas presentada en el Congreso de los Estados Unidos, la cual imponía fuertes derechos a los productos cubanos. Entonces se produjo un movimiento llamado «Económico», que acercó a los españoles que tenían intereses en Cuba y a los cubanos; pero desaparecido el peligro al año siguiente, las Cortes aprobaron la Ley Electoral ya mencionada, con la única modificación de suprimir el voto a los voluntarios. Además, el Gobierno nombró capitán general de Cuba al general don Camilo Polavieja, enemigo de los cubanos, que había dejado malísimos recuerdos en la Guerra de los Diez Años y en la Guerra Chiquita, de 1879.

El Partido Autonomista consideró estos hechos como una ofensa intolerable, y en mayo de 1891 acordó no concurrir a las elecciones mientras se reparasen los agravios inferidos al país.

Lejos de dar oídos a sus quejas, los conservadores continuaron extremando su política. En noviembre del mismo año fue nombrado ministro de Ultramar un político español llamado don Francisco Romero Robledo, enemigo de los cubanos desde 1878, acérrimo partidario de los conservadores de Cuba más recalcitrantes, y el personaje que amparaba principalmente en España todas las inmoralidades del Gobierno de la Isla.

Como era de temer, Romero Robledo dictó una serie de disposiciones muy perjudiciales para Cuba. Aumentó los impuestos; centralizó todas las funciones del Gobierno, reforzando las facultades y los poderes del gobernador general; suprimió varias Audiencias e Institutos de Segunda Enseñanza; suprimió también algunos estudios de los que se cursaban en la Universidad de La Habana y el grado de doctor que ésta confería, a fin de que hubiese que ir a obtenerlo a España; y finalmente, agravó y aumentó todos los males de la administración, sin remediar ninguno.

Los autonomistas dirigieron un manifiesto de protesta al país, mantuvieron su abstención de las elecciones, iniciaron una activa campaña por toda la Isla contra Romero Robledo y anunciaron, en febrero de 1892, su propósito de disolver el partido si no eran atendidos por España.

Por esta época, las esperanzas que los cubanos habían abrigado en el buen éxito de los esfuerzos de los autonomistas estaban totalmente desvanecidas. Ya en Cuba se comenzaba a pensar de nuevo en la necesidad de acudir otra vez a las armas, para alcanzar definitivamente la completa libertad y la independencia de la Isla. En efecto, poco antes de que los autonomistas publicaran su manifiesto de protesta anunciando la probable disolución del partido, se había fundado en la población de Cayo Hueso, el 6 de enero de 1892, el «Partido Revolucionario Cubano», bajo la dirección del gran patriota José Martí, cuyo programa era alcanzar la absoluta independencia de la Isla.

El disgusto que existía entre los cubanos por la larga espera desde el Zanjón, era muy grande, y tanto entre los emigrados residentes en los Estados Unidos como en la Isla, la propaganda revolucionaria encontró eco favorable y se extendió con rapidez.

186. *Las reformas de Maura y de Abarzuza.* Gran parte de la opinión, en Cuba y en España, se llenó de alarma con los progresos de la propaganda separatista, y el Partido Liberal español, que había sucedido en el poder al Conservador, se decidió a introducir reformas en el Gobierno de Cuba. El ministro de Ultramar, que se nombró entonces, llamado don Antonio Maura, reformó la Ley Electoral, para lograr que los autonomistas saliesen de su retraimiento, y preparó un plan de reformas, a mediados de 1893.

Dos o tres meses antes, ya se había producido el primer chispazo revolucionario en un lugar llamado Purnio, en Oriente.

Todos los antiguos izquierdistas del partido de Unión Constitucional, y muchos españoles y cubanos que veían aproximarse la guerra, apoyaron calurosamente las reformas de don Antonio Maura, formándose un tercer partido que se llamó «Reformista». Los autonomistas aceptaron el plan de reformas y el señor Maura llegó a ser muy popular en la Isla.

El partido de Unión Constitucional, no obstante la inminencia de la guerra, combatió implacablemente las reformas de Maura, las cuales eran defendidas a su vez con gran calor por los españoles reformistas, quienes pensaban que si el plan de reformas fracasaba, sobrevendría inmediatamente otra larga y sangrienta lucha entre españoles y cubanos.

Las reformas del señor Maura fueron muy combatidas también dentro de su propio partido, y entonces el señor Maura dimitió su cargo de ministro de Ultramar, en marzo de 1894.

Este hecho hizo que en Cuba se perdieran las últimas esperanzas de obtener nada de España, porque un político llamado don Manuel Becerra, el mismo que le hacía oposición dentro de su partido al señor Maura, fue nombrado para suceder a éste.

El Partido Autonomista estaba totalmente desalentado y casi disuelto; muchas personas de significación se habían alejado ya de él, y casi todos sus afiliados de la clase popular, se convirtieron en revolucionarios, A fines de 1894, Cuba se consideraba obligada a lanzarse a la guerra.

Alarmado el Gobierno español con los preparativos de guerra de los cubanos, de los cuales tenía conocimiento, se decidió a cambiar la actitud. En noviembre de 1894, abandonó el ministerio de Ultramar el señor Becerra, y lo ocupó don Buenaventura Abarzuza, quien inmediatamente presentó un nuevo plan de reformas. Esta vez no se trataba de conceder tal o cual cosa, sino de impedir apresuradamente la Revolución, y hasta el antiguo enemigo de los cubanos, señor Romero Robledo, apoyó el plan y contribuyó a aprobarlo. La participación del señor Romero Robledo, lejos de ser beneficiosa, fue perjudicial para España, porque en Cuba se consideró como una prueba de que las reformas no eran sinceras y de que solo se trataba de un ardid para dividir a los cubanos, prestos a lanzarse a la lucha.

Las reformas del señor Abarzuza se publicaron el 17 de enero de 1895, pero ya era tarde. El pueblo cubano, después de diecisiete años de lucha pacífica, había decidido acudir nuevamente a las armas para alcanzar su libertad, y el 24 de febrero se dio el grito de independencia en Baire y en otros lugares de la Isla.

187. **Resumen.** A partir del 1878, los partidos Liberal o Autonomista y de Unión Constitucional o Conservador, trataron de dominar en Cuba. El primero, formado en su mayoría por cubanos, procuraba obtener amplias libertades para Cuba, de conformidad con la Paz del Zanjón; el segundo se oponía a ello. Los capitanes generales y los Gobiernos de España apoyaron constantemente a los conservadores contra los auto-nomistas, por lo cual se fue perdiendo la esperanza en las gestiones de éstos, llegándose a pensar por mucha gente, que España nunca conce-dería a Cuba las libertades que los autonomistas solicitaban.

188. **Temas para estudio.**
Los encabezamientos de las secciones numeradas, y, además, los siguien-tes:

1. Paralelo entre los Autonomistas y los reformistas de la época anterior a la Guerra de los Diez Años.

2. Paralelo entre las mejoras políticas recomendadas por la Junta de Información y las reformas de don Antonio Maura.

3. La tendencia liberal española de Serrano, Martínez Campos y Maura. Compárese con la absolutista de Lersundi y Romero Robledo.

4. Enumeración de las principales figuras del autonomismo.

Capítulo XXI. La Guerra de independencia

189. *La Guerra Chiquita.* El Pacto del Zanjón no abatió por completo a los cubanos partidarios de la independencia. Muchos de los patriotas que capitularon entonces, emigraron a Santo Domingo, Jamaica, Estados Unidos, México, la América Central y la del Sur, y unidos a otros que ya se hallaban establecidos en dichos países, fundaron clubes y sociedades de diversas clases, dispuestos a aprovechar cualquiera circunstancia favorable, para renovar la lucha por la independencia.

El primer movimiento provocado por estos emigrados se produjo en 1879, y se conoce con el nombre de la Guerra Chiquita. Su jefe principal fue el general Calixto García: Calixto García se hallaba prisionero en España al firmarse el Pacto del Zanjón, y aunque fue puesto en libertad en virtud de dicho pacto, nunca estuvo de acuerdo con la capitulación de los cubanos. Al quedar libre se trasladó a los Estados Unidos, y con el concurso de los emigrados, preparó una nueva guerra, que estalló en la Isla en agosto de 1879.

La sublevación se produjo solamente en dos provincias. En diversos lugares de Oriente, se sublevaron José Maceo, Guillermo Moncada, Quintín Banderas y varios más, jefes distinguidos todos ellos de la Guerra de los Diez Años. En Las Villas se lanzaron a la guerra Serafín Sánchez, Emilio Núñez, Francisco Carrillo, Cecilio González y otros jefes menos conocidos. Al propio tiempo, el general Calixto García y varios aguerridos veteranos que se hallaban en la emigración, se disponían a desembarcar en la Isla, al frente de grupos expedicionarios, conduciendo armas y pertrechos.

Al estallar la nueva revolución, el gobernador general de la Isla era el general don Ramón Blanco, sucesor de Martínez Campos y continuador de la política de éste. Blanco trató de terminar rápidamente la guerra, empleando las negociaciones y la fuerza, a la vez. El Partido Liberal le ayudó mucho, enviando comisiones a Las Villas y a Oriente, para disuadir a los sublevados de continuar la lucha, a fin de que pudiesen establecerse sin demora las reformas políticas ofrecidas a la Isla al firmarse el Pacto del Zanjón. Por otra parte, el jefe de los españoles en Oriente era el general Camilo Polavieja, partidario de la guerra a sangre y fuego, quien aprovechó la oportunidad para perseguir a los revolucionarios con gran energía, lanzando contra ellos numerosas fuerzas.

El general Calixto García, cuyo propósito era dirigir personalmente la lucha, no pudo trasladarse inmediatamente a la Isla. Hasta mayo de 1880, no logró desembarcar, venciendo muchas dificultades, en un lugar llamado El Aserradero, cerca de Santiago de Cuba; pero ya la nueva revolución estaba casi terminada.

Algunos jefes habían accedido al ruego de las comisiones del Partido Liberal y a las ofertas de paz del general Blanco, y habían depuesto las armas. Otros habían sido muertos o habían visto dispersas y aisladas sus fuerzas, cayendo ellos prisioneros o hallándose en la necesidad de rendirse o entregarse a las tropas españolas.

El mismo general García se encontró aislado con muy pocos compañeros, y fue tenazmente perseguido por numerosas tropas desde el momento de su desembarco. Después de inútiles esfuerzos por prolongar una lucha infructuosa, se vio en la necesidad de capitular también, comprometiéndose a trasladarse a España (agosto del año 1880).

A los pocos patriotas que aun continuaban alzados en Las Villas y que se negaban a rendirse, se les permitió trasladarse al extranjero. El último en deponer las armas fue el coronel Emilio Núñez, en diciembre, con treinta y ocho compañeros. La guerra había durado algo más de un año. Tomaron parte en ella unos 6.000 cubanos, de los cuales 160 fueron muertos y más de cien heridos.

190. *Quince años de paz.* La pronta terminación de la Guerra Chiquita, convenció a los revolucionarios de que por el momento era inútil intentar ningún nuevo esfuerzo a favor de la independencia.

Sin embargo, en 1883, el coronel Ramón Leocadio Bonachea, con ocho compañeros trató de desembarcar en la Isla cerca de Manzanillo, para promover un movimiento armado. Tuvieron la desgracia de ser apresados antes de desembarcar y fueron condenados a muerte. Bonachea y tres de sus compañeros fueron fusilados en Santiago de Cuba. A los otros cuatro se les conmutó la pena.

Dos años después se realizó un nuevo esfuerzo para encender la guerra, dirigido por un brigadier de la de los Diez Años, llamado Limbano Sánchez y un valiente joven nombrado Francisco Varona. En unión de catorce compañeros, desembarcaron cerca de Baracoa (mayo de 1885), y como no encontraron apoyo en el país, fueron muertos en el campo uno tras otro, o cayeron prisioneros y fueron fusilados o condenados a prisión perpetua.

El general Máximo Gómez, de acuerdo con Antonio Maceo y otros patriotas, trató de organizar también un vasto movimiento revolucionario en los años de 1883 a 1885. Reunieron dinero y adquirieron armas y municiones; pero las expediciones preparadas fueron confiscadas en los Estados Unidos y Santo Domingo, y nada pudo llevarse a efecto. Después de este fracaso, hasta los más animosos revolucionarios se llenaron de desaliento y, durante varios años, nadie pensó en nuevas tentativas de revolución.

191. *Fundación del Partido Revolucionario.* El año de 1891, la situación económica y política de Cuba era muy mala. En todo el país se experimentaba un gran malestar, y ya se habían perdido casi por completo las esperanzas en el buen éxito de las gestiones del Partido Autonomista.

Los autonomistas habían reunido en sus filas a la inmensa mayoría de los cubanos de más capacidad, pero no a todos absolutamente. Aparte de los que se hallaban en la emigración, en Cuba existían algunos cubanos que no consideraban la autonomía como una solución favorable, y alentaba el ideal de la independencia. Entre los cubanos de primera fila por su capacidad intelectual, se distinguían tres que eran decididos partidarios de la independencia, a saber: Enrique José Varona, Manuel Sanguily y Juan Gualberto Gómez. Los tres eran escritores muy afamados, oradores elocuentes y propagandistas incansables de los derechos del pueblo cubano. Sanguily había tomado parte en la Guerra de los Diez Años, en la cual alcanzó el grado de coronel; Varona había figurado en el Partido Liberal del cual se separó en el año de 1884, y Gómez había permanecido algunos años en Europa, tomando una parte activa en los trabajos para la abolición de la esclavitud. El prestigio personal de los tres y la gran reputación que gozaban, contribuyeron mucho a la propaganda de los ideales revolucionarios en la Isla, sobre todo, después que se fue perdiendo la fe en el resultado de la labor de los autonomistas.

Entre los emigrados, los partidarios de la Independencia eran numerosísimos, distinguiéndose por su entusiasmo, su ardor incansable y su devoción a la causa de la Independencia, el gran patriota José Martí.

José Martí nació en La Habana, el 28 de enero de 1853. Era hijo de don Mariano Martí, militar español de origen valenciano, y de doña Leonor Pérez, natural de las Islas Canarias. Estudió la primera enseñanza en La Habana, y durante las grandes agitaciones del año de 1869 (Sección 171), cuando solo contaba dieciséis años de edad, fue procesado por haber publicado algunos escritos que se consideraban francamente revolucionarios. A fines del mismo año se le acusó, junto con otros jóvenes compañeros suyos, de burlarse de un grupo de voluntarios, y como reincidente, fue condenado a seis años de presidio. Estuvo algún tiempo en prisión en La Habana, y en septiembre de 1870, fue deportado a la Isla de Pinos y después a España. En España se hizo abogado, dirigiéndose después a México y Guatemala, donde fue profesor de literatura y periodista. Su reputación como orador, escritor y poeta llegó a ser muy notable en toda la América.

Cuando se firmó la Paz del Zanjón, Martí volvió a Cuba y continuó su propaganda por la Independencia. Por este motivo fue perseguido y tuvo que dejar nuevamente la Isla, saliendo desterrado para España.

En 1881, se hallaba establecido en los Estados Unidos. En dicho país y en toda la América Central y del Sur, prosiguió sus trabajos revolucionarios con infatigable tenacidad. Como resultado final de toda su propaganda, el 6 de enero de 1892 quedó fundado por los emigrados cubanos establecidos en Cayo Hueso, Tampa y otros lugares de los Estados Unidos, el Partido Revolucionario Cubano. El programa de este partido consistía esencialmente, en realizar la Independencia de Cuba.

Martí fue nombrado delegado del Partido y quedó al frente de éste, siendo el alma y casi el único director del mismo.

192. *Comienza la Guerra de Independencia.* Los trabajos del Partido Revolucionario progresaron con rapidez. En septiembre de 1892, Martí

obtuvo el apoyo del general Máximo Gómez, que se hallaba en Santo Domingo, y debía ser el general en jefe de los revolucionarios. En Cuba, la labor revolucionaria se extendió secretamente por toda la Isla, dirigida por Juan Gualberto Gómez, a quien secundaban numerosos patriotas.

Antonio Maceo y otros jefes que residían en Costa Rica, se encontraron muy pronto dispuestos a tomar las armas, y en la misma actitud se hallaban Carlos Roloff, Serafín Sánchez y numerosos veteranos de la guerra del 68, establecidos en Cayo Hueso. A los tres años de fundado el partido, en enero de 1895, ya se habían terminado casi por completo los preparativos de la lucha.

Maceo y sus compañeros debían salir de Costa Rica para desembarcar en la provincia de Santiago de Cuba; Máximo Gómez y los suyos tratarían de hacerlo al sur de Camagüey; y Roloff, Serafín Sánchez y los patriotas que les acompañarían, procurarían tomar tierra al sur de Sancti Spíritus. Martí había adquirido armas y pertrechos con los fondos aportados por los obreros cubanos emigrados en los Estados Unidos, y había reunido dicho material de guerra en el puerto de Fernandina, en la Florida. Tres yates, llamados Lagonda, Amadís y Baracoa, fletados por él, debían tomar a su bordo las armas y los pertrechos, y conducir después los grupos de expedicionarios de Máximo Gómez, Antonio Maceo y Carlos Roloff a sus destinos respectivos. El desembarque de las expediciones debía coincidir con el estallido de la Revolución en toda la Isla.

Pero el Gobierno español estaba sobre aviso, y sus agentes secretos vigilaban a los patriotas en los Estados Unidos. El embarque de las armas fue denunciado al Gobierno norteamericano, como un ataque a una nación amiga, y en el momento en que el Lagonda, cargado ya, se disponía hacerse a la mar, las autoridades marítimas de Fernandina lo detuvieron. El mismo Martí fue detenido también, y los tres yates y todo el armamento fueron embargados.

El desastre de la expedición de Fernandina fue muy grave, pero no paralizó los trabajos revolucionarios.

Las autoridades españolas de Cuba estaban también sobre la pista de la conspiración en la Isla; y en tal virtud, en una reunión celebrada en La Habana por los directores del movimiento en Cuba, se fijó la fecha del 24 de febrero de 1895 para iniciar la lucha, temiendo ser detenidos si la aplazaban para más adelante.

En cumplimiento del citado acuerdo, la Revolución estalló en varias partes de Cuba en el mencionado día 24. En Manzanillo, se sublevó Bartolomé Masó, al frente de un grupo de patriotas; en Santiago de Cuba, Guillermo Moncada, con varios más; en Guantánamo, el general Pedro Agustín Pérez en la finca La Confianza, con Emilio Giró, su principal auxiliar, comisionado especial del general Antonio Maceo; en Holguín, unos hermanos de apellido Sartorius; en Ibarra, Juan Gualberto Gómez y el patriota Antonio López Coloma, siendo detenido el doctor Pedro Estanislao Betancourt, jefe del movimiento en Matanzas; en Jiguaní, José Reyes Arencibia; y en Baire, los hermanos Lora y Florencio Salcedo, con un grupo como jefe superior del cual quedó dos días más tarde Jesús Rabí.

193. Desembarque de los principales jefes de la Revolución y muerte de Martí. Tan pronto como estalló la revolución, los antiguos jefes de la Guerra de los Diez Años que se hallaban en el extranjero se apresuraron a desembarcar en la Isla, para tomar parte en la lucha.

El general Antonio Maceo, su hermano José, y los generales Flor Crombet, Agustín Cebreco y varios compañeros más, desembarcaron cerca de Baracoa, el 1.º de abril, y el 11 del mismo mes lo efectuaron Máximo Gómez, Martí, Ángel Guerra y otros expedicionarios, en el lugar conocido por las Playitas, al este de Guantánamo.

Carlos Roloff, Serafín Sánchez y José Mayía Rodríguez, aunque no pudieron hacerlo inmediatamente lograron desembarcar también cerca de Las Tunas de Zaza, tres meses más tarde, conduciendo una fuerte expedición.

Máximo Gómez, Maceo y Martí se reunieron en un lugar llamado «La Mejorana», para trazar el plan de campaña. Martí fue reconocido como jefe supremo de la Revolución, en su carácter de delegado del Partido Revolucionario; Máximo Gómez, general en jefe, y Maceo, lugarteniente general y jefe de Oriente. Trazado el plan de guerra, Maceo se dirigió a Guantánamo, donde libró un sangriento combate en un sitio llamado Jobito, y Máximo Gómez y Martí marcharon a un lugar llamado Dos Ríos, a entrevistarse con Masó (12 de mayo).

En Dos Ríos, Gómez y Martí lanzaron al mundo un manifiesto conocido con el nombre de «Manifiesto de Montecristi», por haber sido firmado en dicho lugar (Santo Domingo). En el Manifiesto, escrito por Martí, se explicaban los fines de la Revolución y las causas que la justificaban. Después aguardaron a Masó, que no tardó en reunírseles.

Aun se hallaban los jefes revolucionarios en Dos Ríos, cuando fueron atacados por una columna de tropas españolas, al mando del coronel Jiménez de Sandoval.

El general Gómez se adelantó a combatir al enemigo, recomendándole a Martí que se retirase. Al frente de la caballería, cargó contra la infantería española, la cual formó el cuadro y rechazó a los cubanos. Cuando el general Gómez se disponía a cargar sobre los españoles por segunda vez, le avisaron que Martí había sido herido. El general Gómez acudió rápidamente en auxilio del jefe de la Revolución, pero éste no había sido herido sino muerto. Los españoles se habían apoderado del cadáver del gran patriota; recibieron al general Gómez a descargas cerradas y emprendieron la marcha a Santiago de Cuba. Todos los esfuerzos del general Gómez para rescatar los despojos de Martí fueron inútiles. Los restos del gran cubano fueron conducidos a Santiago de Cuba y sepultados en el cementerio de dicha ciudad. El coronel Jiménez de Sandoval en el momento de descender el cadáver a la fosa, pronunció breves y respetuosas palabras alusivas al acto. El infausto combate de Dos Ríos se efectuó el 19 de mayo de 1895. La Revolución, organizada por el genio de Martí, continuó su obra sin desmayar.

194. *Marcha de la guerra desde la muerte de Martí, hasta el comienzo de la Invasión.* Después de la muerte de Martí, Maceo quedó en Oriente y el general Gómez se dirigió a Camagüey, que aun no había tomado parte en la lucha.

Maceo marchó a la zona de Manzanillo, y en una sabana llamada Peralejo, entre Veguitas y Bayamo, libró un tremendo combate con una columna española que conducía un convoy para el último lugar mencionado. La columna iba al mando de un brigadier español muy conocido llamado Fidel Santocildes, y en ella marchaban también el general Martínez

Campos, general en jefe de las tropas españolas. La lucha fue rudísima y sangrienta, muriendo en ella el brigadier Santocildes y el brigadier cubano Alfonso Goulet. Las bajas de una y otra parte fueron numerosas. El combate se consideró como una gran victoria de Maceo, y tuvo mucha resonancia, demostrando la pujanza de la Revolución.

Desde la zona de Manzanillo, Maceo se trasladó rápidamente a la de Santiago de Cuba, y unido a su hermano José, sostuvo con una columna española mandada por un coronel de apellido Cañella, un empeñadísimo combate, en el lugar llamado Sao del Indio. La lucha fue larga, sangrienta e indecisa, pero, como la de Peralejo, aumentó el renombre de Maceo y el prestigio de la Revolución.

Mientras tanto, el general Gómez, al frente de una pequeña escolta de veinticinco orientales, penetró en Camagüey, el día 5 de junio. Don Salvador Cisneros Betancourt se sublevó el mismo día, uniéndose poco después al general Gómez con numerosos jóvenes camagüeyanos.

El general Gómez, procediendo con gran celeridad asaltó los poblados de Altagracia, El Mulato y San Gerónimo, quedando asegurado el éxito de la Revolución en la provincia.

En Las Villas, desde el mes de abril, se habían sublevado grupos de patriotas, capitaneados por Juan Bruno Zayas, Justo Sánchez, Pedro Díaz y otros. El desembarque de la expedición de Roloff (Sección 192) dio gran impulso a la guerra en esta región.

En el plan de campaña combinado por los generales Gómez y Maceo, en la Mejorana, entraba la invasión de las provincias occidentales, para lo cual reunían fuerzas y pertrechos; pero antes de iniciar dicha invasión, se resolvió constituir el Gobierno revolucionario.

Los representantes de las diversas regiones en armas, se reunieron en el histórico lugar de Jimaguayú. Redactaron una Constitución, conocida con el nombre del lugar mencionado, y eligieron presidente a Salvador Cisneros Betancourt, vicepresidente a Bartolomé Masó, general en jefe a Máximo Gómez, lugarteniente general a Antonio Maceo y Delegado en el extranjero a don Tomás Estrada Palma (19 de septiembre de 1895). El Gobierno aprobó el plan de invasión de Gómez y Maceo, y ambos jefes se dispusieron a llevarla a cabo, sin demora.

195. *La invasión.* La Campaña de la Invasión se inició el 22 de octubre de 1895. El citado día el general Maceo, al frente de 1.053 hombres de infantería y caballería, partió del histórico lugar de Baraguá para unirse con el general Gómez en Camagüey. Maceo iba acompañado del Gobierno revolucionario, que fiaba mucho en el éxito de la Invasión para sublevar todo el pueblo de la Isla.

La columna invasora fue reforzada cerca de Holguín con 500 jinetes, y sostuvo, antes de penetrar en Camagüey, combates en Guaramanao»y Lavado, con las columnas españolas que trataron de cerrarle el paso. El día 8 de noviembre, Maceo cruzó el río Johabo, atravesó después el Camagüey sin combatir, pasó la trocha de Júcaro a Morón, y el 28 de noviembre se unió al general Gómez, cerca del límite de Las Villas.

Unidas las fuerzas de los dos generales, sumaban 2.700 hombres, al frente de los cuales cruzaron el río Jatibonico. El 3 de diciembre, libraron con una columna española mandada por el coronel Segura un reñido y sangriento combate en Iguará, y siguieron avanzando en dirección a Manicaragua. Las columnas españolas trataron de cerrar el paso a los invasores, y se peleó obstinadamente en las montañas los días 11, 12 y 13 del mismo mes.

El día 15, los cubanos, a quienes las tropas españolas no habían logrado detener, habían atravesado la zona montañosa del sur de Santa Clara, y se encontraban en la región llamada de Cienfuegos. Una columna española, realizando un último esfuerzo, les salió al encuentro, en un lugar llamado Maltiempo, cerca de Cruces; pero fue derrotada en una furiosa carga al machete. Este sangriento combate fue decisivo para el éxito de la campaña invasora en Las Villas.

Después de Maltiempo, los invasores avanzaron rápidamente, y el día 20 penetraban en la provincia de Matanzas. El 23 Gómez y Maceo libraron un combate en Coliseo, contra tropas dirigidas por el general Martínez Campos en persona, logrando abrirse paso y seguir adelante.

El 27, la columna invasora retrocedió hacia la zona de Cienfuegos, y dos días después, emprendió de nuevo la marcha al Occidente, librándose un sangriento combate en Calimete, después del cual el triunfo de la Invasión quedó asegurado.

El 1.º de enero de 1896, penetraba la invasión en la provincia de La Habana, por la zona de Nueva Paz, continuando su marcha por el sur, hasta Güira de Melena y Alquízar. Desde este punto los invasores se dirigieron a Hoyo Colorado. En este lugar, Gómez y Maceo se separaron, quedando Gómez en la provincia de La Habana y continuando Maceo la invasión, hasta Mantua (23 de enero de 1896). El plan concebido por los jefes de la revolución había sido totalmente realizado. La guerra ardía de un extremo a otro de la Isla, todo el país se había sublevado al paso de los revolucionarios y las tropas españolas se hallaban desorganizadas y maltrechas.

196. *La guerra, desde la terminación de la Invasión, hasta el comienzo de la Guerra Hispanoamericana.* Terminada la Invasión, Maceo volvió a la provincia de La Habana y se reunió con el general Gómez, en un lugar llamado Moralitos, donde se libró un sangriento combate (18 de febrero).

Todo el resto del mes de febrero y los primeros días de marzo, los pasaron ambos jefes, unas veces juntos y otras separados, en las provincias de La Habana y Matanzas, luchando sin cesar, en espera de la infantería oriental, que debía conducir desde Las Villas el general Quintín Banderas.

El día 10 de marzo, Maceo y Gómez se reunieron por última vez en un lugar de Matanzas. Al siguiente día Maceo se dirigió a Pinar del Río y Gómez a Camagüey; los dos grandes jefes no volvieron a verse jamás.

Durante todo el resto del año de 1896, los combates en toda la Isla fueron numerosísimos. El general Martínez Campos había sido sustituido en el mando de las fuerzas españolas de la Isla por el general Valeriano Weyler, desde principios del año, y de España se habían enviado grandes refuerzos de tropas y material de guerra.

El general Weyler ordenó la construcción de una trocha militar de Mariel a Majana para aislar a Maceo en Vuelta Abajo, y lanzó contra él numerosas fuerzas. Los combates en la región pinareña fueron constantes, enconados y terribles, en Ceja del Negro, Rubí, Cacarajicara y otros lugares.

Maceo se vio acosado por fuerzas muy superiores, pero tuvo la buena suerte de recibir del exterior una expedición al mando del general Juan Rius Rivera, la que le permitió sostener la lucha con fiereza. En los primeros días de diciembre, Maceo, a quien Weyler no había logrado combatir, decidió trasladarse a La Habana para activar la guerra en la provincia. Dejó las fuerzas de Pinar del Río al mando de Rius Rivera, y cruzó la trocha por la bahía del Mariel, en un bote, burlando todos los planes del general Weyler. El día 7 del mismo mes, hallándose en San Pedro, cerca de Hoyo Colorado, fue atacado por una columna española al mando del coronel Cirujeda, y aun cuando se hallaba algo enfermo, se lanzó con su habitual impetuosidad contra el enemigo, muriendo en el combate junto con su heroico ayudante Francisco Gómez Toro, hijo del general en jefe. Cirujeda ignoraba que Maceo había cruzado la trocha y no tuvo noticias de la muerte del gran jefe oriental sino varias horas después. El cadáver del más famoso de los generales cubanos, junto con el de su valeroso ayudante, fue recogido por sus compañeros de armas y sepultado en un sitio llamado Cacahual, donde se ha elevado un monumento a su memoria. La muerte del lugarteniente produjo un dolor profundo en el campo revolucionario, pero no paralizó la guerra ni un instante. El Ejército Libertador perdió «el primero de los generales», según opinión del generalísimo Máximo Gómez, quien recibió la noticia del combate de San Pedro, hallándose en Camagüey, cerca de Morón, pero no cejó en su empeño de luchar por la patria.

En Oriente, la guerra seguía con vigor. El general Calixto García, con una fuerte expedición, había desembarcado, en marzo de 1896, cerca de Baracoa, y uno de sus primeros hechos de armas en la nueva contienda, había sido la toma de Guáimaro.

El general Weyler, al borde del fracaso, extremó sus medidas de guerra.

Antes de terminar el año, dictó un Decreto ordenando la reconcentración de los campesinos en las poblaciones, a fin, decía, de que no proporcionasen alimentos, ni noticias a las tropas revolucionarias. Los campesinos tuvieron que abandonar cuanto poseían, y hacinados en los pueblos, sin medios de ganar la subsistencia de ellos y de sus familias, y sin recibir alimentos del Gobierno murieron de enfermedades y de hambre más de

100.000 personas en pocos meses principalmente ancianos, mujeres y niños.

Durante el siguiente año de 1897, la guerra continuó en todas las provincias vigorosamente, a pesar de las grandes dificultades que se presentaban en las tres provincias occidentales, especialmente en Matanzas y La Habana, donde las distancias entre los pueblos eran cortas y donde los españoles disponían de fáciles medios de comunicación.

Dichas tres provincias, que el general Weyler dio falsamente por pacificadas varias veces, reconocían por jefe superior al general José María Rodríguez, designado por el general Gómez para suceder a Maceo, correspondiendo los mandos de las mismas, al general Pedro Díaz, sucesor del general Rius Rivera, que había sido hecho prisionero en Río Hondo; al general Alejandro Rodríguez, que contaba en La Habana con valiosos jefes a sus órdenes y al general Pedro Estanislao Betancourt, sucesor en Matanzas, la provincia donde la guerra era más dura y difícil, de los generales José Lacret y Avelino Rosas. No hubo, pues, ninguna provincia pacificada.

Las otras tres provincias constituían cuatro Cuerpos de Ejército, uno en Santa Clara, otro en Camagüey y dos en Oriente, estos últimos bajo la dirección superior del general Calixto García. Había una Inspección general a cargo del general José Braulio Alemán, autor de las principales leyes con arreglo a las cuales estaban organizadas las fuerzas revolucionarias.

El general Gómez, cuya acción se hacía sentir en todo el teatro de la guerra, permaneció la mayor parte del tiempo en un lugar llamado La Reforma, situado en la zona de Sancti Spíritus, no lejos de Camagüey. En Oriente, el general Calixto García alcanzó importantes triunfos, apoderándose de Victoria de Las Tunas y de Guisa. En cuanto al Gobierno Revolucionario se renovó el 10 de octubre del citado año en un lugar llamado La Yaya. En dicho punto se adoptó una nueva Constitución y se eligió presidente al general Bartolomé Masó, por los representantes, designados al efecto, de las tropas cubanas.

Antes de terminar el año, el Gobierno español, apremiado por los Estados Unidos, decidió cambiar el sistema de guerra de exterminio que seguía en Cuba el general Weyler. Este fue relevado el 9 de octubre de 1897, y se nombró en su lugar al general Blanco.

El general Blanco puso término a la Reconcentración, y al mismo tiempo recibió el encargo de implantar la Autonomía en la Isla, y de tratar de obtener por ese medio que los revolucionarios depusieran las armas. Estos, que veían cercana la conquista de la independencia, se negaron a entrar en tratos con las autoridades españolas, y la lucha continuó durante los primeros meses del año de 1898. Mientras tanto, la tirantez entre España y los Estados Unidos a causa de la guerra de Cuba, se había extremado hasta sus últimos límites, y el 21 de abril del citado año, estalló el conflicto entre ambos países. Esta nueva guerra venía a asegurar el triunfo de la Revolución cubana.

197. **Resumen.** El desaliento y la falta de éxito de los autonomistas facilitó la fundación del Partido Revolucionario Cubano, en 1892, por emigrados cubanos en los Estados Unidos, bajo la dirección de José Martí, con el propósito de alcanzar la independencia de la Isla. El 24 de febrero de 1895, estalló en Cuba la guerra, enviando España cientos de miles de soldados y a sus más famosos generales, sin lograr vencer la Revolución, extendida por la Invasión a toda la Isla. Martí y Maceo, que como otros muchos viejos revolucionarios habían acudido a tomar parte en la lucha, murieron en el primero y segundo año de la guerra, pero ésta continuó, dirigida siempre por el generalísimo Máximo Gómez. El 21 de abril de 1898, continuando aún la lucha en todas las provincias, estalló la Guerra Hispanoamericana.

198. **Temas para estudio.**

Los encabezamientos de las secciones numeradas, y, además, los siguientes:

1. Biografía de José Martí.
2. Biografía de Antonio Maceo.
3. El generalísimo Máximo Gómez en la Guerra de Independencia.
4. Los emigrados cubanos en relación con la Guerra de Independencia.
5. La reconcentración: sus horrores.

6. La política de España. Las dos viejas tendencias de represión y conciliación: Weyler y Blanco.

7. Compárense los mandos de Dulce en 1868 y 69, y de Blanco en 1897 y 98.

8. Alternativas entre la lucha pacífica por la libertad y la acción revolucionaria, desde 1838 a 1898.

Capítulo XXII. La Guerra Hispanoamericana

199. *Origen de las relaciones comerciales de Cuba con los Estados Unidos.* La proximidad de Cuba a los estados Unidos y lo distinto de las producciones de los dos países, contribuyó a que, desde muy antiguo, se mantuvieran estrechas relaciones de comercio entre los dos pueblos. Cuba necesitaba muchos artículos de Norteamérica, y ésta, a su vez, necesitaba muchos productos de Cuba.

Las primeras relaciones comerciales entre los puertos cubanos y norteamericanos comenzaron hace más de un siglo, cuando las antiguas colonias inglesas de la América del Norte luchaban por su independencia.

En efecto, en los años de 1780 a 1783, La Habana fue visitada por los primeros barcos de los Estados Unidos, dedicados, tanto al comercio como a combatir a los buques de la marina inglesa, nación con la cual se hallaba en guerra España por entonces. El tráfico mercantil iniciado por los citados años duró poco, pues cesó tan pronto como España hizo la paz con Inglaterra. Sin embargo, renació de nuevo durante la guerra de España con Francia, de 1793 a 1795, y en el curso de la lucha de España con Inglaterra, de 1796 a 1801.

El comercio norteamericano llegó a ser tan importante para Cuba en poco tiempo, que ya no pudo volver a suspenderse más. España lo prohibió nuevamente durante el mando del conde de Santa Clara, pero la medida produjo tan grandes trastornos, que hubo necesidad de permitirlo otra vez, so pena de arruinar la Isla.

Los comerciantes de España y de las colonias españolas no tardaron en quejarse amargamente de la competencia que les hacían en Cuba los norteamericanos, y en tal virtud, el Gobierno español dio repetidas órdenes a partir de 1801, prohibiendo el tráfico entre los Estados Unidos y Cuba. Los vecinos de Cuba protestaron contra dichas órdenes cada vez que fueron recibidas, y los gobernadores Someruelos y Apodaca se resistieron a cumplirlas, demostrando al Gobierno español que eran ruinosas para Cuba y perjudiciales para España.

Poco a poco las ideas acerca del comercio libre se abrieron paso, y en 1818, gobernando Cienfuegos, se autorizó definitivamente el tráfico mercantil entre Cuba y los Estados Unidos (Secciones 145 y 150).

A partir de esa lejana fecha, el comercio de Cuba con los norteamericanos, aunque sujeto a muchas trabas hasta 1898, ha ido aumentando sin cesar hasta nuestros días, en los cuales representa más del 70 % del comercio total de la Isla.

200. *Primeras ideas políticas de los Estados Unidos tocante a Cuba.* Los Estados Unidos tuvieron también que ver con Cuba, desde principios del siglo pasado, en otro orden de hechos. Ciertos hombres de Gobierno norteamericanos, pensaban por entonces que el territorio de los Estados Unidos no quedaría completo hacia el sur hasta que comprendiera dentro de sus límites a Cuba, y en tal virtud, eran partidarios de que su país tratara de adquirir la Isla. Las primeras ideas en ese sentido, se expresaron en 1809, pero quienes las manifestaron con mayor claridad fueron los miembros del Gobierno del presidente James Monroe, en 1823.

Por esa época los norteamericanos temían que España perdiese a Cuba y que la Isla pasara a manos de Inglaterra o de Francia. Esto se vio claro en 1826. Los países de la América que se habían hecho independientes de España, celebraron ese año un congreso en Panamá, en el cual se debía tratar, entre otras cosas, de la manera de poner fin a la dominación española en Cuba, enviando una expedición a la Isla. Los Estados Unidos, que también formaban parte del Congreso, se opusieron al envío de la expedición citada, fundándose en que la Isla no tenía por sí sola posibilidad de conservar su independencia, y se hallaba en peligro de convertirse en un nuevo Haití, o de caer en manos de otra nación, lo cual no le convenía a los Estados Unidos.

Después de 1826, el interés de los Estados Unidos por Cuba aumentó más todavía, debido a diversas razones, entre otras, a que los Estados del sur deseaban que hubiera más estados esclavistas. Por este motivo los anexionistas de Cuba encontraron mucho apoyo en aquel país, a partir de 1847 (Sección 162).

El deseo de adquirir a Cuba fue tan poderoso entonces, que el Gobierno de los Estados Unidos hizo esfuerzos por comprarle la Isla a España, en 1848 y 1853. Estos esfuerzos no obtuvieron ningún resultado, pues el Gobierno español se negó siempre a entrar en negociaciones sobre el asunto.

A partir de 1861, la manera de pensar de los norteamericanos respecto de Cuba cambió por completo. En los Estados Unidos se abolió la esclavitud el citado año, y desde esa fecha, el interés de los Estados del sur por la anexión de Cuba ya no tuvo razón de ser. En tal virtud, el Gobierno norteamericano no volvió a manifestar deseos de anexarse o de adquirir la Isla.

Al comenzar la Guerra de los Diez Años, los cubanos separatistas trataron de obtener el apoyo de los Estados Unidos a favor de la causa que defendían, y de conseguir que dicha nación reconociera la existencia y la legalidad del Gobierno revolucionario. Al principio, el Gobierno norteamericano pareció inclinado a favor de los cubanos, y hasta entabló negociaciones con España, para lograr que ésta concediera la independencia a la Isla mediante una indemnización; pero muy pronto cambió de actitud, y los revolucionarios no pudieron obtener ninguna decisión a su favor. Lejos de ello, en 1870, el presidente Ulises Grant dictó una proclama en la cual declaró su propósito de perseguir y castigar severamente a quienes preparasen expediciones en el territorio norteamericano contra España.

Sin embargo, como la prolongación de la lucha causaba perjuicios a algunos norteamericanos, éstos comenzaron a quejarse, y algún tiempo antes de firmarse el Pacto del Zanjón, los Estados Unidos se dirigieron a España, apremiándola para que terminara la guerra.

En algunas comunicaciones llegaron a declarar que si la paz no se hacía pronto entre cubanos y españoles, ellos se verían obligados a intervenir.

La Paz del Zanjón hizo desaparecer la posibilidad de la citada intervención, y los norteamericanos se limitaron a continuar sus relaciones comerciales con Cuba, las cuales fueron más estrechas e importantes cada año. Los Estados Unidos eran el país que más le compraba y vendía a Cuba, por lo cual España, atendiendo a las reclamaciones de la Isla, firmó un tratado de comercio con Norteamérica, ventajoso para los cubanos. Este tratado duró poco, pues solo estuvo en vigor hasta 1894.

En esa fecha, los Estados Unidos adoptaron medidas que anularon todas las ventajas que el tratado concedía a la Isla. El daño que Cuba recibió fue muy grande, y el malestar que se produjo contribuyó a arrastrar a los cubanos a la Guerra de Independencia.

201. *Los Estados Unidos y la cuestión de Cuba durante la Guerra de Independencia.* Al estallar la Guerra de Independencia, en 1895, tanto los cubanos como los españoles estaban ansiosos de saber qué actitud adoptarían los Estados Unidos.

El presidente de la vecina República era míster Grover Cleveland, quien se limitó a manifestar desde el principio, que el Gobierno norteamericano permanecería apartado del conflicto, y haría respetar las leyes de neutralidad, decisión que era, desde luego, favorable a España. Sin embargo, el pueblo y los periódicos, influidos por los emigrados cubanos, comenzaron a manifestar vivas simpatías por los revolucionarios, simpatías que se hacían más intensas a medida que la guerra se prolongaba. Por tal motivo, y teniendo en cuenta, además, los daños que sufrían las propiedades y el comercio norteamericanos en la Isla, con la prolongación de la lucha, en abril de 1896, el presidente Cleveland ofreció su mediación a España para terminar el conflicto, la cual fue rechazada por el Gobierno español.

La actitud neutral de míster Cleveland no era muy del agrado del pueblo de los Estados Unidos, y apremiado por la opinión pública, a fines del mismo año, míster Cleveland volvió a tratar de la cuestión de Cuba, en un mensaje, en el que indicaba la conveniencia de que España procurara terminar la guerra concediendo un Gobierno autonómico a Cuba, y señalaba la posibilidad de que al fin y al cabo los Estados Unidos se viesen obligados a intervenir en el conflicto para defender sus intereses, si la lucha se prolongaba. Esta vez tampoco España aceptó las indicaciones de míster Cleveland, pero contestó indirectamente, anunciando que haría ciertas reformas, cuando los revolucionarios depusieran las armas.

míster Cleveland cesó en la presidencia en marzo de 1897. Le sucedió míster William McKinley y la actitud de los Estados Unidos cambió muy pronto. En su época, la agitación del pueblo de los Estados Unidos a favor de los revolucionarios cubanos había aumentado extraordinariamente, con motivo de las noticias que publicaba la prensa acerca de la crueldad con que el general Weyler dirigía la guerra, y de la mortandad horrible de ancianos, mujeres y niños a causa del Decreto de reconcentración. El Congreso norteamericano, arrastrado por la opinión popular, se inclinaba cada vez más a adoptar medidas favorables a la intervención de los Estados Unidos en la lucha para asegurar la independencia de la Isla.

En septiembre de 1897, el presidente McKinley se manifestó abiertamente dispuesto a intervenir, y se dirigió al Gobierno español expresándole la necesidad de que se suprimiera, por razones de humanidad, el Decreto de reconcentración, de que modificaran los métodos de guerra que se seguían en Cuba, y de que procurara terminar la lucha en un plazo breve. Los Estados Unidos declaraban a España que esperarían un mes más, para adoptar resoluciones, definitivas.

Muy poco tiempo antes de recibir estas indicaciones, España había cambiado de gobernantes, debido a que el primer ministro, don Antonio Cánovas, había sido muerto por un anarquista. El señor Sagasta, que le sucedió, comprendió que su país se veía expuesto a una guerra con los Estados Unidos y trató de evitarla. En tal virtud, decidió suspender la reconcentración e implantar la autonomía en la Isla, para lo cual relevó al general Weyler y designó en su lugar al general don Ramón Blanco.

El Gobierno norteamericano consideró satisfactorias estas disposiciones y resolvió aguardar, a ver qué efecto producirían en Cuba. A pesar de las dificultades que creaba la guerra, la autonomía, tanto tiempo solicitada en vano por los cubanos, fue implantada el 1.º de enero de 1898, aunque no sin protestas de ciertos elementos intransigentes del partido español, que preferían la guerra con los Estados Unidos. El 12 de enero de 1898, las calles de La Habana fueron recorridas por grupos armados, que asaltaron los talleres de un periódico que combatía a Weyler con dureza, y amenazaron las redacciones de los diarios *La Discusión* y el *Diario de la Marina*, que defendían el Gobierno autonómico dando ¡mueras! al general Blanco y a la autonomía. La fuerza pública tuvo que intervenir para aplacar a los alborotadores. Los revolucionarios, por su parte, manifestaron que era tarde para aceptar la autonomía. De manera que la solución ideada para obtener la paz, resultaba rechazada al mismo tiempo por los revolucionarios y por una parte de los españoles. Esto complicaba mucho la situación y alejaba la posibilidad de que se terminara la guerra por un acuerdo entre España y Cuba.

Los disturbios ya mencionados fueron causa de que el Gobierno de los Estados Unidos enviase a La Habana un barco de guerra llamado *Maine*. Esto se consideró por una parte de la opinión como una amenaza, que irritó a los españoles y alentó a los cubanos partidarios de la independencia. Pocos días después, ocurría un suceso que aumentó la tirantez entre españoles y norteamericanos. En efecto, los periódicos publicaron una carta del ministro de España en los Estados Unidos, en la cual se expresaba en malos términos del presidente MacKinley. La carta había caído en manos de un cubano en La Habana, quien la envió al Delegado de la Revolución en los Estados Unidos.

La excitación del pueblo norteamericano, que ya era muy grande, se aumentó enormemente, y otro suceso ocurrido el 15 de febrero del mismo año (1898), vino a llevarla hasta los últimos límites y a hacer inevitable la guerra. En la noche del citado día, cerca de las diez, el crucero *Maine*, estacionado en el puerto de La Habana, según ya se ha dicho, voló espantosamente.

Casi todos los tripulantes perecieron y otros quedaron heridos. Las opiniones se dividieron sobre la causa de la catástrofe, y se nombraron dos comisiones para investigarlo, una norteamericana y otra española.

La voladura del acorazado fue atribuida por la comisión norteamericana a una causa exterior, lo que indicaba la posibilidad de que alguien hubiese hecho explotar debajo del barco una mina submarina.

La comisión investigadora española, sostuvo que el buque había volado por una causa de origen interno pero el Gobierno y el Congreso de los Estados Unidos aceptaron como bueno el informe de su comisión, a pesar de las protestas del Gobierno de España, que proponía sostener el asunto a un arbitraje.

La situación llegó a ser extrema, cuando el 11 de abril el presidente McKinley se dirigió al Congreso de los Estados Unidos, indicándole la necesidad de imponer por la fuerza la pacificación de Cuba. En el mensaje, míster McKinley recomendaba, en contra de la esperanza de los cubanos, que al intervenir no se reconociera el Gobierno revolucionario existente en la Isla, por diversas razones.

El Congreso discutió el asunto varios días, porque el Senado estaba inclinado a reconocer la existencia de la República de Cuba y la Cámara de Representantes opinaba en contra.

Por fin, el 19 de abril, se aprobó una resolución de las dos ramas del Congreso, en la cual no se hacía el reconocimiento del Gobierno revolucionario, pero se declaraba «que el pueblo de Cuba es, y de derecho debe ser libre e independiente», que España debía renunciar inmediatamente su soberanía en la Isla, que el presidente podía usar las fuerzas de los Estados Unidos para llevar a efecto dicha resolución, y «que los Estados Unidos no tenían intención ni deseo de ejercitar en Cuba soberanía, jurisdicción o dominio, excepto para la pacificación de la Isla», y afirmaban su determinación, cuando ésta se hubiera conseguido, de «dejar el Gobierno y dominio de Cuba a su propio pueblo».

El presidente firmó esa resolución el 20 de abril, y al siguiente día los Estados Unidos se consideraban en guerra con España.

202. *La Guerra Hispanoamericana.* Al declararse la guerra, los norteamericanos atacaron a los españoles en Cuba, Puerto Rico y las Filipinas. El 22 de abril, los barcos de guerra de los Estados Unidos aparecieron frente a La Habana, y quedó establecido el bloqueo de la Isla. Al mismo tiempo, el Ejército norteamericano se preparaba para desembarcar en Oriente y atacar a Santiago de Cuba.

España envió una escuadra en socorro del ejército español de la Isla, mandada por don Pascual Cervera, la cual logró penetrar en el puerto de Santiago de Cuba el 19 de mayo, pero quedó bloqueada inmediatamente en el citado puerto, por fuerzas navales norteamericanas muy superiores.

Aunque los Estados Unidos no reconocieron el Gobierno revolucionario, como ya se ha dicho, se pusieron en comunicación, no obstante, con el general Calixto García, jefe del Departamento de Oriente, para que los cubanos auxiliasen a los norteamericanos en sus operaciones contra los españoles. El general Calixto García, cumpliendo instrucciones del Gobierno de la Revolución, se prestó a ello, y al frente de 5.000 soldados cubanos, ayudó eficazmente a los norteamericanos, que desembarcaron en un lugar llamado Daiquirí, en número de 15.000 hombres, el 21 de junio, con el propósito de avanzar sobre Santiago de Cuba.

El día 24, se libró la primera acción de la nueva guerra en un lugar llamado Las Guásimas, y dos días después las tropas norteamericanas estaban a la vista de Santiago de Cuba. El ataque a las defensas de la ciudad comenzó inmediatamente.

El día 1.º de julio, el general Lawton, al frente de 6.000 soldados atacó el pueblo del Caney, defendido por el brigadier español Vara del Rey, el cual luchó con heroico valor durante nueve horas, y murió en el combate con casi todos sus soldados.

Al mismo tiempo, el grueso de las fuerzas norteamericanas atacaban la Loma de San Juan, principal defensa de Santiago de Cuba. La lucha fue terrible y sangrienta también, distinguiéndose mucho en ella el teniente coronel Theodore Roosevelt, que años más tarde fue presidente de los Estados Unidos. En todos estos combates, los cubanos ayudaron eficazmente a los norteamericanos junto a ellos.

Después de los combates del Caney y de la Loma de San Juan, Santiago de Cuba estaba expuesta a caer en manos del Ejército de los Estados Unidos en cualquier momento. En vista de tal peligro, el gobernador general de la Isla, don Ramón Blanco, dio orden a la escuadra de Cervera, que estaba anclada en el puerto, de que se hiciera a la mar, a fin de que los norteamericanos no se apoderasen de ella. El 3 de julio salió del puerto la escuadra española, y en el acto fue atacada por la norteamericana al mando del almirante Sampson.

Los buques norteamericanos eran mucho más poderosos, y la escuadra española fue destruida en un combate de corta duración. Los marinos españoles que no fueron muertos, quedaron prisioneros de los norteamericanos o de los cubanos que ocupaban la costa.

203. *Terminación de la dominación española en Cuba.* La destrucción de su escuadra hizo perder a España todas las esperanzas de ganar la guerra. Santiago de Cuba se rindió el 16 de julio, y cinco días después el Gobierno

español pidió la paz. El 12 de agosto se firmaron los preliminares de ésta, y al día siguiente se suspendieron las hostilidades.

En lo que a Cuba se refiere, España se obligaba, al cesar la lucha, a renunciar a su soberanía en la Isla y a evacuarla totalmente para el 1.º de enero de 1899. Este acuerdo comenzó a cumplirse inmediatamente, y las tropas españolas fueron abandonando los pueblos, los cuales iban siendo ocupados en su mayoría por tropas cubanas, en medio del regocijo popular.

El 1.º de enero, a las doce del día, según lo convenido, el general español don Adolfo Jiménez Castellanos hizo entrega del mando de la Isla al general norteamericano John Brooke, y la bandera española fue arriada del Castillo del Morro. La dominación de España había durado en Cuba 388 años.

España sufrió, además, otras pérdidas en las islas Filipinas y en Puerto Rico. Cuando comenzó la guerra con los norteamericanos, casi todos los recursos en hombres y en dinero, habían sido consumidos en la lucha que sostenía con los cubanos y los filipinos desde el año de 1895.

204. **Resumen.** Los Estados Unidos desde su Guerra de Independencia, tuvieron un interés creciente en los asuntos de Cuba. Durante la Revolución Cubana de 1895, apremiaron a España para que hiciera la paz, concediéndoles libertades a Cuba, y al fin le declararon la guerra obligándola a retirarse de la Isla. Los norteamericanos desembarcaron cerca de Santiago de Cuba y tomaron la ciudad, ayudados eficazmente por los cubanos. Después de derrotar a los españoles por mar, lograron que España pidiese la paz y se retirase de Cuba.

204-A. **Temas para estudio.**
Los encabezamientos de las secciones numeradas, y, además, los siguientes:

1. Diversas clases de interés que los Estados Unidos manifestaron respecto de Cuba, desde que se hicieron independientes hasta 1862: interés comercial, interés militar, interés esclavista.

2. La actitud de los Estados Unidos respecto a las aspiraciones de los cubanos a la libertad e independencia. El refugio de los emigrados.

3. Theodore Roosevelt: su participación en la Guerra Hispanoamericana.

4. Cooperación de los cubanos con el ejército de los Estados Unidos. El general Calixto García y las operaciones del sitio de Santiago de Cuba.

5. Estado de debilidad en que se hallaba España al comenzar la Guerra Hispanoamericana. Escasa resistencia a los norteamericanos.

Capítulo XXIII. La administración de Cuba de 1838 a 1898

205. *Gobernadores de 1838 a 1850.* De 1838 a 1850 Cuba tuvo cinco gobernadores, que fueron Joaquín Ezpeleta, don Pablo Téllez Girón, príncipe de Anglona, Gerónimo Valdés, don Leopoldo O'Donnell y don Federico de Roncali, conde de Alcoy. El período de esos gobernadores es uno de los peores que pasó Cuba en toda su historia, por la mala administración y el despotismo que imperaron en la Isla.

Durante el mando del gobernador Ezpeleta, se impuso a la Isla una contribución extraordinaria de dos y medio millones de pesos, para cubrir los gastos que una guerra civil ocasionaba en España. A fin de recaudarlos, se aumentó en un séptimo el importe de todos los derechos de importación y exportación, medida que produjo gran disgusto a los cubanos.

Las facultades del capitán general fueron ampliadas, concediéndosele la jefatura de la Superintendencia de Hacienda, disposición que se adoptó para privar del cargo a don Claudio Martínez de Pinillos, que lo desempeñaba desde hacía trece años y era cubano. La Audiencia establecida en Puerto Príncipe, protestó contra la continuación de las comisiones militares, pero no se le prestó oído, y con el propósito de castigarla indirectamente, se creó otra Audiencia en La Habana, el 16 de junio de 1838.

Ezpeleta fue sustituido (1840) por el príncipe de Anglona. Este gobernador trató de dar algún impulso a la agricultura. En su tiempo se adelantaron las obras del ferrocarril de Batabanó y se comenzó a mejorar la primera maquinaria de los ingenios. En esta época se organizó la primera compañía de seguros marítimos y se fundó una Caja de Ahorros. El contrabando de esclavos se hacía sin rebozo, en enormes cantidades, con la tolerancia del gobernador. Los ingleses protestaron tan enérgicamente contra la conducta del capitán general, que éste tuvo que ser relevado.

Don Gerónimo Valdés sucedió al príncipe de Anglona, en 1841. Con este gobernador vino a Cuba el general Narciso López. Valdés fue un gobernador activo y honrado, aunque muy ordenancista y algo prevenido contra los cubanos. Durante los dos años de su mando, se efectuaron importantes mejoras en el país.

Se realizaron diversas obras públicas en La Habana y en otros lugares; se terminó el ferrocarril de Batabanó y se construyeron los de Cárdenas y Júcaro, y de Matanzas a la Isabela. Entonces comenzó el desarrollo rápido de la ciudad de Cárdenas.

En 1841 se tomó un censo de la Isla, se reorganizó y mejoró la Universidad, cesando de estar la enseñanza a cargo de los dominicos, y se promulgaron las primeras leyes sobre la instrucción primaria, la cual quedó bajo la dirección de una junta llamada Inspección de Estudios. Con tal motivo, cesaron las funciones oficiales que respecto de la instrucción pública desempeñaba la Sociedad Económica.

Valdés dictó un bando llamado de Buen Gobierno, en el que se reglamentaba minuciosamente hasta la manera de vivir de los habitantes, con un espíritu muy restrictivo; también redactó un Reglamento para los esclavos.

En 1843, gobernando Valdés, ocurrieron sublevaciones de esclavos en Matanzas. Estas sublevaciones se atribuyeron a diversas causas. Hubo quienes pensaron que habían sido promovidas por los carreteros que conducían las cajas de azúcar de los ingenios a los puertos, los que creían que la construcción de los ferrocarriles habría de privarles de su trabajo. También se pensó que se debían a propagandas ocultas del cónsul inglés en La Habana, llamado David Turnbull.

Turnbull era muy conocido como abolicionista y enemigo acérrimo del contrabando de esclavos. Valdés persiguió el contrabando, pero a pesar de ello tuvo muchos disgustos con Turnbull. Durante el mando de Valdés, el Gobierno español acordó con el de Inglaterra dar libertad a todos los esclavos que hubieran sido introducidos en la Isla de contrabando, desde 1821. Con ese objeto, vino una escuadra inglesa a La Habana, pero Valdés se opuso a la libertad de dichos esclavos, alegando que Cuba se arruinaría. La medida no se llevó a efecto.

España cambió de ministros en 1843, y Valdés fue relevado inmediatamente. También se ha dicho que su relevo se debió a que Inglaterra estaba preparando un plan para sublevar a los esclavos de Cuba y apoderarse después de la Isla, y a que Valdés, conociéndolo, no había tomado medidas eficaces para evitarlo.

Valdés fue sustituido en octubre de 1843 por el general don Leopoldo O'Donnell, cuyo Gobierno duró hasta 1848. Durante el mando de O'Donnell ocurrió la llamada Conspiración de la Escalera, por la forma en que se aplicaban los azotes a los esclavos para obligarlos a declarar, y se efectuó el fusilamiento de Plácido. Las comisiones militares cometieron grandes abusos con los esclavos y con los amos de éstos. A muchos propietarios les exigieron fuertes cantidades de dinero, para no arruinarlos condenándoles sus esclavos.

Entonces se extremaron las persecuciones contra los cubanos de ideas liberales; muchos de ellos tuvieron que emigrar a Europa y a los Estados Unidos.

El Gobierno de don Federico Roncali, que sustituyó a O'Donnell, fue tan tiránico o más que el de éste. A fines de su mando, ocurrió la invasión de Cárdenas por Narciso López.

O'Donnell y Roncali protegieron el contrabando de esclavos y se hicieron ricos con las sumas que recibían de los negreros, en pago de la protección que les dispensaron durante sus mandos respectivos.

206. *Gobernadores de 1850 a 1886.* Los gobernadores de Cuba de 1850 a 1886, fueron siete, pero dos de ellos estuvieron muy poco tiempo al frente de la Isla. En cambio, otros ejercieron el mando dos veces, durante el período a que nos referimos. Estos gobernadores marcan un período de transición entre el régimen absolutista extremado y la Guerra de los Diez Años.

Los cinco gobernadores más notables fueron don José Gutiérrez de la Concha, don Valentín Cañedo, don Juan de la Pezuela, don Francisco Serrano, don Domingo Dulce y don Fernando Lersundi.

Concha sucedió a Roncali en 1850, y hasta 1852, en que cesó en el mando, toda su atención tuvo que dedicarla a la represión de los movimientos revolucionarios del interior de la Isla y a la lucha con Narciso López.

Sus medidas contra los cubanos que consideraba desafectos a España, fueron arbitrarias y violentas. El ayuntamiento de Camagüey le dirigió una solicitud pidiéndole que gestionase en España que la Audiencia de dicha ciudad no fuese trasladada, y porque consideró altanera la forma de la petición, destituyó el ayuntamiento en pleno y al gobernador que había dado curso a la solicitud, sustituyéndolo por otro, encargado de hacer sentir a los vecinos el peso de la autoridad militar. Con motivo de las invasiones de Narciso López y de la sublevación de Agüero (Sección 164), deportó a numerosas personas sin formación de causa, por la sola presunción de que eran separatistas o anexionistas. También persiguió a la prensa, suprimiendo uno de los pocos periódicos que existían en la Isla.

En otro orden de cosas, Concha procedió en mejor forma. Persiguió el juego y trató de reprimir la inmoralidad de la administración; mejoró la policía, introduciendo en Cuba el cuerpo llamado de la «Guardia civil» y le prestó atención a la enseñanza, fundando una escuela de maquinaria, obligando a los ayuntamientos a que dedicasen una parte de sus recursos a crear Escuelas Primarias, y tratando de crear una Escuela Normal para formar maestros.

El general Concha fue sustituido en 1852 por el general Valentín Cañedo. El mando de este gobernador se distinguió por varios procesos contra los separatistas, con motivo de los cuales fue ejecutado Eduardo Facciolo, acusado de imprimir un periódico revolucionario, y desterradas y condenadas a presidio multitud de personas. Cañedo protegió el contrabando de esclavos en grande escala, por lo cual fue relevado a fin de evitar choques con Inglaterra.

Pezuela, el sucesor de Cañedo, gobernó muy poco tiempo. Era un militar pundonoroso, honrado y de bondadosa condición. Trató con justicia al pueblo de la Isla suprimió las persecuciones políticas y persiguió con severidad el contrabando de esclavos y la inmoralidad administrativa. Los negreros y las gentes que medraban, con la corrupción del Gobierno, movieron tantas influencias contra él, que fue relevado al poco tiempo.

Al cesar Pezuela, fue nombrado Concha por segunda vez, durante su Gobierno de 1854 a 1859.

Concha demostró gran actividad y deseos de reformar toda la administración. Continuó prestando atención a la creación de Escuelas Primarias, de las cuales se establecieron bajo su mando, y fundó la primera Escuela Normal de la Isla, mejoró mucho la administración de justicia; se dictaron nuevos preceptos para la elección de los ayuntamientos; continuó sus reformas en la policía, y dedicó atención a las obras públicas.

En el orden político persistió también en sus mismos procedimientos. Hizo ejecutar a don Ramón Pintó, desterró y redujo a prisión a multitud de personas, trató de organizar un partido español, marcando más la división entre cubanos y españoles, y armó a una parte de la población contra la otra, creando unos cuerpos armados que se llamaron de «voluntarios», de triste memoria.

Los generales don Francisco Serrano y don Domingo Dulce, que gobernaron de 1859 a 1866, siguieron una política distinta. Serrano era un militar muy instruido, caballeroso, honrado y justo. Muy pronto se captó las simpatías de los cubanos, a quienes trató con mucha cortesía y consideración. En su época se suprimieron las persecuciones políticas, se concedió alguna libertad a la prensa, y se inició el movimiento reformista. Dulce continuó la misma política de Serrano. El cambio de Gobierno ocurrido en España el año de 1866, hizo fracasar todo lo que se había adelantado durante el mando de estos dos gobernadores, en el empeño de conceder libertades políticas a Cuba y de borrar los motivos de división entre peninsulares y cubanos.

207. *Gobernadores de 1866 a 1879.* Los gobernadores de este período fueron muy numerosos. Corresponden a la Guerra de los Diez Años, al tratar de la cual han sido mencionados casi todos.

El primero fue el general Lersundi, de tendencias tan absolutistas como las de Tacón y O'Donnell. Lersundi vejó y persiguió a los cubanos de ideas liberales; hizo perder totalmente la esperanza de obtener justicia de España por entonces; fomentó los recelos y los antagonismos entre cubanos y españoles, y finalmente, contribuyó a lanzarlos a la guerra unos contra otros.

El último gobernador de esta serie fue el general Arsenio Martínez Campos, cuya política de cordialidad, de justicia y de paz, puso término a la Guerra de los Diez Años. Martínez Campos trabajó mucho por la reconciliación de cubanos y españoles, y llegó a ser muy popular en Cuba.

Durante la guerra, la administración estuvo abandonada, y se cometieron inmensos fraudes e inmoralidades. El general Valmaseda se destacó entre todos los de la época por su crueldad, y por las acusaciones de inmoralidad de que fue objeto, en virtud de las cuales fue separado del mando.

208. *Gobernadores de 1879 a 1895.* De 1879 a 1895 hubo once gobernadores en propiedad y varios interinos.

El primero fue el general don Ramón Blanco, continuador de la política de Martínez Campos. Blanco gobernó dos años. Los tres gobernadores que le sucedieron, hasta él año 1886, no hicieron nada de importancia. El último de ellos, don Ramón Fajardo, fue muy despótico y autoritario, y empleó procedimientos muy sanguinarios para reprimir las intentonas revolucionarias de José Ramón Leocadio Bonachea y Limbano Sánchez. Muchos cubanos fueron deportados entonces.

El estado de la administración era pésimo en aquellos años. El Gobierno tenía desatendidos todos los servicios, y no pagaba nada de lo que debía. Desde la terminación de la guerra, se habían dado dos «cortes de cuentas». Este era un procedimiento de liquidar las deudas sin pagarlas.

Los gobernadores de 1886 a 1890 fueron los generales don Emilio Calleja, don Sabas Marín y don Manuel Salamanca. Sus mandos respectivos marcan un período en el cual se intentó combatir la inmoralidad administrativa y reprimir el bandolerismo. Estos fueron los años, además, en los cuales se introdujeron mayores reformas en las leyes y la organización del Gobierno de la Isla.

El general Calleja trajo instrucciones del ministro de Ultramar de desarrollar una política de concordia. Durante su mando, se indultaron los deportados cubanos y se extinguió totalmente la esclavitud.

Calleja trató de mejorar la administración, que estaba muy corrompida. En su época se descubrieron fraudes enormes de millones de pesos, y se procesó a los autores, pero ninguno fue castigado. En las aduanas y en todas las oficinas públicas se defraudaba al Estado por millones. Los defraudadores obraban en concierto con los personajes más influyentes de Cuba y de España, de manera que el gobernador no podía nada contra ellos. Los funcionarios honrados, que aplicaban la ley, eran declarados cesantes desde España, y los que Calleja declaraba cesantes por su falta de honradez y enviaba para la Península, volvían poco tiempo después con un ascenso. Por todos los puertos se introducían enormes cantidades de mercancías, y se trasladaban después a La Habana para venderlas sin pagar derechos.

Otra plaga con la que tuvo que luchar Calleja fue el bandolerismo, que llegó a hacer casi imposible la vida de las personas acomodadas fuera de las poblaciones. Los «secuestros» eran muy frecuentes en esta época.

Calleja dimitió en 1887, en virtud, entre otras causas, de no obtener el apoyo que estimaba necesario del Gobierno de España para separar a los empleados sospechosos de falta de honradez.

El mando de don Sabas Marín, que sucedió a Calleja, fue muy semejante al de aquél. La corrupción de las aduanas y de las demás oficinas del Gobierno, continuó en mayor escala. Según los informes del general Marín al ministro de Ultramar, en Cuba se falsificaba todo: «los bonos de la deuda, las nóminas, los libramientos, los efectos timbrados, los billetes de banco, los expedientes de actas, las certificaciones, los títulos universitarios, las relaciones, las firmas, los billetes de la Lotería...».

Los falsificadores, según el gobernador, eran de la administración o procedían de acuerdo con los funcionarios de ésta. En las aduanas, para evitar la vigilancia del gobernador, ciertas mercancías se transportaban inmediatamente a los almacenes importadores, sin pagar ningún derecho. En una ocasión, Marín rodeó con tropas la Aduana de La Habana y los muelles, para impedir la extracción de mercancías.

Marín tropezó con las mismas dificultades que Calleja al querer impedir los fraudes. En su época, los funcionarios honrados continuaban quedando cesantes desde España, mientras se brindaba protección por los personajes influyentes a los más tachados de defraudadores.

El bandolerismo de los campos era casi tan escandaloso como la inmoralidad de las oficinas públicas. Marín llegó a declarar en estado de guerra tres provincias, para perseguir más eficazmente a los bandoleros, a pesar de lo cual en el campo no había la menor seguridad. Durante su mando, cincuenta bandoleros fueron muertos y más de 200 encausados. La persecución del bandolerismo dio motivo a muchos fraudes y a infinitos abusos con la población campesina.

Marín renunció en 1889 y fue sustituido por don Manuel Salamanca.

El general Salamanca, desde que tomó posesión, manifestó un vivo empeño de acabar con las inmoralidades y los fraudes. Quiso conocer por sí mismo las necesidades de la Isla, y viajó mucho por ésta, recorriendo diversas regiones y viéndolo todo. Salamanca llegó a ser popular en poco tiempo. En su época se trató de la construcción del ferrocarril central de la Isla, a la cual se opuso por diversos motivos.

Salamanca trató de fomentar la inmigración blanca por familias, y llegó a establecer algunas colonias con inmigrantes, atendiéndolas personalmente.

Las mayores dificultades con que tropezó se debieron a sus empeños por moralizar la administración, los cuales le produjeron muchos disgustos, contrariedades y, al fin, la muerte.

En efecto, la noticia de que los interesados en las inmoralidades de Cuba habían obtenido del Gobierno de España que lo relevaran del mando, le produjo una fiebre cerebral, a consecuencia de la cual murió. Entre el pueblo, que lo admiraba por su rectitud, se difundió la creencia de que había sido envenenado.

Desde la muerte de Salamanca hasta el comienzo de la Guerra de Independencia, hubo cuatro gobernadores más en propiedad y dos interinos. Los gobernadores en propiedad fueron don José Chinchilla, don Camilo Polavieja, don Alejandro Rodríguez Arias y don Emilio Calleja.

Los sucesos de estos cinco años fueron principalmente de carácter político, y ya se han mencionado en otra parte de este libro.

209. *Los últimos gobernadores de Cuba.* Finalmente, durante la Guerra de Independencia hubo tres gobernadores en propiedad, que fueron los generales Martínez Campos, Weyler y Blanco. Cuando cesó la guerra, para hacer entrega de la Isla a los norteamericanos, fue designado el general don Adolfo Jiménez Castellanos. Este fue el último de los sucesores de don Diego Velázquez.

210. **Resumen.** Desde 1838 a 1898, la administración y Gobierno de la Isla fueron muy deficientes. Todos los servicios públicos estuvieron casi

abandonados y hubo mucha corrupción en todas las oficinas y dependencias oficiales. El estado sanitario del país era pésimo y había muy poca seguridad personal en los campos y en las poblaciones. Algunos capitanes generales trataron de reformar la administración o moralizarla, distinguiéndose en esos empeños los generales don José Gutiérrez de la Concha y don Manuel Salamanca, respectivamente.

211. **Temas para estudio.**

Los encabezamientos de las secciones numeradas, y, además, los siguientes:

1. Relación de los capitanes generales que trataron de mejorar la administración de 1838 a 1898.

2. Paralelo entre los capitanes generales de 1838 a 1850, con los de 1850 a 1866.

3. Dificultades con que tropezaron algunos capitanes generales que quisieron mejorar la administración.

4. Compárese el alejamiento de los cubanos de toda participación en el Gobierno durante esta época, con la que tomaron de 1790 a 1838.

Capítulo XXIV. Desarrollo economico, aumento de la población, estado social, cultura y desarrollo literario de Cuba, de 1838 a 1898

212. *Dificultades para el desarrollo económico.* Desde 1838 hasta 1895, el desarrollo económico de Cuba tropezó con muchos inconvenientes. Los principales estuvieron representados por ciertas leyes vigentes sobre las aduanas y el tráfico marítimo, encaminadas a proteger el comercio y la marina de España, las cuales dificultaban las relaciones comerciales de Cuba con otros países; por falta de caminos y otros medios de comunicación, los trastornos revolucionarios y la Guerra de los Diez Años, la falta de seguridad en los campos, y, finalmente, por la competencia que otros países hacían a los productos de Cuba.

Las condiciones de la producción sufrieron grandes cambios. Los trabajadores esclavos fueron sustituidos por trabajadores libres, y hubo que transformar la maquinaria de los ingenios, cambiar los procedimientos seguidos para la fabricación del azúcar por otros más adelantados, y variar la organización de la industria, siendo unos los que sembraban la caña y otros los que la molían y producían el azúcar.

A pesar de todos estos obstáculos, la producción continuó desarrollándose, debido a la laboriosidad de la población cubana.

213. *Desaparición del cultivo del café.* El cultivo del café había comenzado a decaer desde el año de 1833. En 1838, según ya se ha visto, la exportación de café era de 1.550.000 arrobas y los cafetales pasaban de 2.000. Veinte años después, en 1858, la exportación de café fue solo de 181.000 arrobas. Algunos años más tarde no alcanzaba para el consumo.

Los cafetales fueron destruidos y los terrenos que ocupaban quedaron abandonados o se dedicaron al cultivo de la caña. Miles de familias perdieron la posición acomodada de que disfrutaban, al arruinarse los cafetales.

214. Producción de azúcar. La producción de azúcar tuvo alternativas de alta y baja, pero, en general, aumentó considerablemente.

En 1838 se fabricaron 130.000 toneladas, y en 1895, la producción llegaba a 1.054.000 toneladas.

Los métodos de fabricación variaron y hubo que emplear maquinarias muy costosas. Desde entonces, los dueños de ingenios o hacendados, solo podían ser personas de mucho capital. Esto trajo la ruina de millares de ingenios pequeños y la creación de un número reducido de ingenios muy grandes. En 1841, el número de ingenios era 1.238; y en 1899, había 207.

Este cambio también fue muy perjudicial para la población cubana. Más de mil familias perdieron la buena posición de que disfrutaban, y millares de personas con buenos empleos en los ingenios pequeños, tuvieron que buscar otros trabajos en que ganarse la vida.

Los antiguos ingenios chicos molían la caña que sembraban sus mismos propietarios, pero los nuevos ingenios grandes compraban casi toda la caña que molían a agricultores dedicados a sembrarla, para venderla al «central». Estos agricultores se llamaron «colonos».

215. *Producción de tabaco.* El cultivo del tabaco se desarrolló mucho de 1838 a 1895.

En 1841, la producción fue de unos 225.000 «tercios» y en 1894 se elevó a 560.000. Además, la industria del torcido del tabaco y de la fabricación de cigarros aumentó también.

Por diversas causas, una gran parte del tabaco se vendió en rama a los Estados Unidos y se elaboraba allí. Esto fue motivo de que muchos tabaqueros cubanos emigraran a la Florida y otros lugares de Norteamérica. Estos emigrados constituyeron en su mayoría el Partido Revolucionario Cubano, y con sus cuotas reunieron fondos para la Guerra de Independencia.

216. *Otros produccios.* Además de las producciones mencionadas, en la Isla se criaba ganado en gran cantidad y se fabricaba alcohol con la «miel de purga» de los ingenios. También se exportaban maderas y se cultivaban frutos menores.

217. *Actividad del comercio.* Como la producción de Cuba se reducía a los pocos artículos mencionados, todas las demás cosas necesarias para la

vida —alimentos, ropa, maquinaria, útiles domésticos, medicinas, etc.— se importaban del extranjero.

El comercio, por consiguiente, era muy activo. Antes de la Guerra de los Diez Años, casi todas las fincas pertenecían a los cubanos, de quienes dependía la producción agrícola. En cambio, el comercio se hallaba en manos de los peninsulares y así continuó después.

218. *Aumento de la población de 1847 a 1887.* De 1838 a 1895, la población creció, pero poco, en comparación al periodo anterior.

En 1841 había 1.007.624 habitantes, y en 1887 había 1.613.687. En 1895, al estallar la Guerra de Independencia, se cree que en Cuba había 1.800.000 personas.

La composición de la población varió mucho, comparada con la del período precedente. La introducción de esclavos africanos de contrabando, fue disminuyendo poco a poco, hasta desaparecer por completo al cesar la esclavitud. En cambio, desde comienzos del período histórico, hubo mayor inmigración española que en épocas anteriores, porque los españoles no se dirigían ya al Continente. Además, comenzaron a establecerse en la Isla extranjeros de otras procedencias. Esto fue causa de que la población blanca aumentara en mayor proporción que la de color.

Desde el año 1847, se empezaron a importar chinos, para los trabajos agrícolas, además de africanos. Los chinos venían contratados en unas condiciones que los convertían casi en esclavos. En 1871, los chinos que había en la Isla pasaban de 40.000.

219. *Clases o elementos sociales.* La población de Cuba, en la primera mitad del período histórico que comenzó en 1838, podía considerarse dividida en cuatro clases o elementos sociales distintos.

Un elemento social que estaba representado por los españoles que vivían en la Isla, ocupando casi todos los puestos del Gobierno, el Ejército, la Marina y el Clero, o dedicándose al comercio en las poblaciones.

Otro elemento social lo componían los cubanos de elevada representación por su cultura o por su riqueza: profesionales y hombres de letras, profesores, hacendados, dueños de cafetales o de grandes haciendas de crianza. Casi todos eran amos de esclavos y, en conjunto, constituían una clase distinguida y un tanto aristocrática.

El tercer elemento social lo formaban los cubanos blancos de posición modesta, sin instrucción (o con instrucción muy escasa) ni bienes de fortuna, y la gente libre de color. Los primeros vivían en el campo en su mayoría. Eran estancieros o sitieros, vegueros, peones de ganado, mayorales, boyeros, mayordomos, maestros de azúcar o empleados de menor categoría en los ingenios; los segundos se dedicaban principalmente a los oficios manuales en las poblaciones.

El cuarto elemento social estaba constituido por los centenares de miles de esclavos distribuidos en los ingenios y los cafetales o empleados en el servicio doméstico en las poblaciones.

220. *Opiniones políticas de la población.* Los dos primeros elementos sociales eran los únicos que tenían opiniones políticas antes de la guerra de 1868, y aunque entonces no había partidos, podían distinguirse tres tendencias entre los habitantes: los partidarios del sistema de Gobierno absoluto tal como se hallaba establecido, los que deseaban reformas políticas y mejoras en el Gobierno, y los que aspiraban a la independencia de la Isla.

La primera tendencia estaba representada por las personas que ocupaban cargos en el Gobierno, los *negreros* o comerciantes de esclavos, los absolutistas por convicción y la mayoría de los peninsulares establecidos en la Isla. Los negreros y la mayoría de los funcionarios públicos, eran absolutistas por conveniencia. El contrabando de esclavos, y los fraudes en las aduanas, la administración de justicia, y los contratos de suministros al Ejército y a la Marina, les producían enormes ganancias; y ellos pensaban que si se establecía un Gobierno constitucional con libertad de imprenta y otras garantías, no podrían continuar libremente sus malos manejos. Junto con ellos abogaban por el régimen absoluto los enemigos por sistema, por tradición o por hábito, de las novedades políticas, una gran mayoría de españoles de escasa ilustración o totalmente incultos, a quienes los interesados en mantener el absolutismo hacían creer que las reformas políticas conducirían a la independencia de la Isla y al exterminio de los españoles.

Estos últimos formaron en su mayor parte los cuerpos de «voluntarios», cuando se establecieron en la Isla, de 1857 en adelante.

La tendencia reformista estaba representada por la inmensa mayoría de los cubanos de la clase ilustrada y rica, y por los españoles de ideas liberales. Estos individuos querían tener en el Gobierno una participación que estuviera en proporción con su posición social y sus riquezas. Eran los amos en el orden económico y querían serlo también políticamente, por cuestión de dignidad personal, y para defender mejor sus intereses. Ellos no querían separar la Isla de España. Muchos tenían títulos de nobleza y distinciones honoríficas concedidas por los monarcas españoles, y deseaban conservarlos. En su mayoría eran personas acomodadas y temían las revoluciones, que habrían de destruir la riqueza del país. A todos les imponía el peligro de que los esclavos se sublevasen y produjesen en Cuba una catástrofe social terrible, por lo cual deseaban contar con la protección de una nación fuerte, y preferían que fuese España, con la cual estaban ligados por muchos vínculos. Otros tenían miras más desinteresadas; pensaban que si Cuba se separaba de España, no tardaría en caer en manos de otra nación, lo cual habría de traer la destrucción de la nacionalidad cubana. Por todas estas razones, la clase cubana rica era partidaria de la supresión de la trata, aunque no de la abolición de la esclavitud; de la implantación de reformas políticas, sin separar la Isla de España, y de evitar revoluciones y guerras interiores. A los cubanos que pensaban de esta manera, se sumaban los españoles de ideas liberales, que entendían que debía hacerse justicia a Cuba, y los que pensaban que ésta no podría conservarse indefinidamente para España, sin contar con la simpatía y la adhesión de los cubanos.

La tercera tendencia, o sea la de los partidarios de la Independencia, estaba representada por una minoría de hombres irreductibles y tenaces, de principios democráticos, enemigos declarados de la esclavitud, de la forma monárquica de Gobierno y de la dominación de España en América. Su ideal era ver a Cuba independiente y constituida en una República, a semejanza de los Estados Unidos. En su mayor número, eran hombres de letras o grandes propietarios rurales de la región central u oriental de la Isla. Entre ellos habían no pocos anexionistas antes de 1868.

Después de 1878, los elementos sociales fueron distintos. La decadencia del cultivo del café, la emigración a causa de las persecuciones políticas, la Guerra de los Diez Años y la transformación de los pequeños ingenios en grandes centrales, produjo el empobrecimiento y la casi total destrucción de la clase cubana superior; y, a su vez, la abolición de la esclavitud hizo desaparecer la cuarta clase o sea la esclava. Por consiguiente, después del año citado, puede decirse que los elementos sociales fueron tres: el elemento español, el elemento cubano de alguna instrucción y el elemento cubano inculto. El primer elemento cubano formó la base del Partido Autonomista. Era un elemento menos conservador que la antigua clase rica cubana, y generalmente, de posición más modesta.

Los directores del autonomismo difundieron dentro de esta clase las aspiraciones políticas. Cuando estalló la Guerra de Independencia, una gran parte de los cubanos de alguna instrucción eran separatistas por sentimiento. El elemento inculto no tenía opiniones propias; seguía la impulsión que le daban los otros elementos sociales. Como es natural, su afinidad era mayor con el elemento cubano instruido que con el español.

221. *Instrucción.* La Inspección de Estudios, creada durante el mando del gobernador don Gerónimo Valdés, contribuyó muy poco al adelanto de la enseñanza, la cual estuvo casi totalmente abandonada hasta el Gobierno del general Concha (Sección 155).

De 1840 al comienzo de la Guerra de los Diez Años, hubo en cambio, muy notables colegios privados en la Isla, distinguiéndose entre todos ellos una célebre institución de enseñanza llamada «El Salvador», dirigida durante muchos años por don José de la Luz y Caballero. Don José de la Luz había nacido en La Habana, en 1800. Fue discípulo del Padre Várela y, desde muy joven gozó de extraordinaria reputación por su saber, la austeridad de su carácter y su patriotismo. Su vida entera la consagró con una devoción ejemplar a instruir y educar a sus compatriotas. Su colegio fue considerado como la más notable institución de enseñanza en Cuba. Luz y Caballero murió en 1862, amado y reverenciado por los cubanos.

Después de 1854, la enseñanza primaria mejoró algo, debido a las gestiones del general Concha, quien obligó a los ayuntamientos a incluir en sus presupuestos cantidades para sostener escuelas, que se llamaron, por tal razón, «escuelas municipales». Concha creó, en 1859, la primera Escuela Normal, a cargo de los padres Escolapios, en Guanabacoa.

En 1863, siendo ministro de Ultramar el citado general Concha y capitán general de Cuba el general Dulce, se implantó en la Isla la Ley escolar vigente en España. La enseñanza debía ser obligatoria, de seis a nueve años y estar a cargo de los ayuntamientos. Podían haber enseñanza privada, en la cual tenía derecho a intervenir el Gobierno. Esta ley de 1863, creó propiamente la Segunda Enseñanza y la Enseñanza Profesional en la Isla. El Gobierno general de la Isla contribuía con una pequeña suma, para ayudar a los ayuntamientos más pobres a sostener sus escuelas.

Aunque la ley se cumplió muy mal, adelantó algo la instrucción. En 1867 había 418 escuelas públicas y 294 privadas, con 1.284 maestros y ayudantes, las cuales contaban con 27.780 alumnos. El costo de todas las escuelas subía a 1.137.000 $.

En 1880, se promulgó otra Ley escolar, que rigió hasta el cese de la dominación española, ampliada por varias disposiciones de 1884, dando mayores libertades para el establecimiento de escuelas privadas. La nueva ley disponía que en cada pueblo de 500 habitantes debía haber, por lo menos, una escuela pública elemental para niños, y otra, aunque fuese incompleta, para niñas. Aunque la ley se cumplió mal, la enseñanza continuó progresando. En 1893, las escuelas llegaban a 1.686, de las cuales 898 eran públicas y 788 privadas, con un total de 62.355 alumnos. El costo de las escuelas públicas era de 730.000 $. En esta época existían dos Escuelas Normales en La Habana. La Segunda Enseñanza estaba a cargo de seis Institutos Provinciales, y la Superior, confiada a la Universidad, la cual estaba muy pobremente atendida.

Las escuelas privadas eran establecimientos de propiedad particular, o sostenidas por las corporaciones religiosas y por las numerosas sociedades de «instrucción y recreo» que había en casi todos los pueblos de la Isla.

En 1861, las personas que sabían leer y escribir representaban el 19.2 % de la población total; en 1887, el 27.7 %, y en 1899, el 36 %. En la actualidad, el 70 % de la población sabe leer y escribir. El período en que hubo un adelanto más rápido fue de 1887 a 1899.

222. *Desarrollo científico y literario.* El desarrollo literario y científico de Cuba fue muy considerable de 1838 a 1898.

En la poesía se distinguieron Gabriel de la Concepción Valdés (Plácido), fusilado en 1844; Gertrudis Gómez de Avellaneda, Francisco Orgaz, Ramón de Palma, José Jacinto Milanés, Felipe López de Briñas, Miguel Teurbe Tolón, Pedro Santacilia, Luisa Pérez de Zambrana, Joaquín Lorenzo Luaces, Juan Cristóbal Nápoles Fajardo, José Agustín Quintero, Leopoldo Turla, Rafael María de Mendive, Juan Clemente Zenea, José Fornaris, Úrsula Céspedes de Escanaverino, Julia Pérez y Montes de Oca, Antonio y Francisco Sellén, Diego Vicente Tejera, José Joaquín Palma, Ricardo del Monte, Esteban Borrero Echeverría, Enrique José Varona, Aurelia Castillo de González, Nieves Xenes, Manuel Serafín Pichardo, Enrique Hernández Miyares, José Martí, Julián del Casal, Mercedes Matamoros, Bonifacio Byrne, Carlos Pío, Federico Urbach y Juana Borrero.

Como escritores de obras teatrales se distinguieron Gertrudis Gómez de Avellaneda, José Jacinto Milanés, José Victoriano Betancourt, José María de Cárdenas, Joaquín Lorenzo Luaces y José Martí.

En la novela y la descripción de las costumbres los escritores más notables fueron: Cirilo Villaverde, José Ramón Betancourt, Gertrudis Gómez de Avellaneda, José María de Cárdenas, José Victoriano Betancourt, Nicolás Heredia, José Martí, Esteban Borrero Echeverría, Ramón Meza, Martín Morúa Delgado, José de Armas y Céspedes, Álvaro de la Iglesia y Raimundo Cabrera.

En la oratoria sobresalieron José de la Luz y Caballero, Francisco Zayas, Antonio Zambrana, Manuel Sanguily, Enrique Piñeyro, José Manuel Mestre, José Antonio Cortina, Bernardo Portuondo, José María Gálvez, Antonio Govín, Miguel Figueroa, Rafael Montoro, Eliseo Giberga, Rafael Fernández de Castro, Pedro González Llórente, Enrique José Varona y José Martí.

En la historia y estudios sociales fueron notables José Antonio Saco, Gaspar Betancourt Cisneros, José María de la Torre, Manuel Dionisio González, José Silverio Jorrín, Antonio Bachiller y Morales, Pedro Santacilia,

Pedro José Guiteras, Francisco de Armas y Céspedes, Pedro de Agüero, José Martí, Enrique Piñeyro, Rafael María Merchán, Antonio Zambrana, Eusebio Valdés Domínguez, Manuel Sanguily, Juan Gualberto Gómez, Rafael Pérez Luna, Raimundo Cabrera, Ramón Roa, José María Céspedes, Carlos Manuel de Céspedes y Ouesada y Eliseo Giberga.

En los estudios filosóficos se destacaron José de la Luz y Caballero, Manuel y Zacarías González del Valle, José Manuel Mestre y Enrique José Varona.

En la crítica y la biografía los escritores más distinguidos fueron: José Ignacio Rodríguez, Francisco Calcagno, Ricardo del Monte, Enrique Piñeyro, Enrique José Varona, José Martí, José de Armas y Cárdenas, Rafael María Merchán, Aurelio Mitjans, Manuel Sanguily, Manuel de la Cruz, Nicolás Heredia, Emilio Bobadilla y Mariano Aramburo y Machado.

Finalmente, entre los escritores de obras científicas y de otro carácter no incluidos en párrafos anteriores, se mencionan como los más importantes. Tranquilino Sandalio de Noda, Felipe Poey, Esteban Pichardo, Francisco de Frías, Álvaro Reynoso, Calixto Bernal, Francisco Javier Balmaseda, Juan Bautista Jiménez, Carlos Finlay, Juan Ignacio de Armas, Néstor Ponce de León, Juan Vilaró y Carlos de la Torre.

El periodismo se desarrolló con brillantez, siendo numerosos y notables los periodistas y publicistas de la época. Entre los primeros, sobresalieron don Francisco de Frías, conde de Pozos Dulces, don Ricardo del Monte, y don José de Armas y Cárdenas. Las revistas más afamadas fueron la *Revista de Cuba*, la *Revista Cubana* y las *Hojas Literarias*, dirigidas respectivamente por José Antonio Cortina, Enrique José Varona y Manuel Sanguily. También fueron muy importantes la *Revista de Agricultura* (1879-1895) y *El Fígaro*, fundado en 1885. Los periódicos cubanos más notables fueron, *El Siglo*, *El Triunfo*, *El País*, *Las Avispas*, *El Porvenir* y *Patria*. Estos dos últimos se publicaron en Nueva York. En el campo revolucionario se publicó *El Cubano Libre*, a fines del período. *La Discusión* y *La Lucha* fueron periódicos importantes. El *Diario de la Marina*, fue durante todo el período, una publicación más española que cubana.

Después de la Guerra de los Diez Años, se produjo una abundante literatura, de carácter patriótico y revolucionario. Entre los libros más notables de este género se cuentan *Cuba y sus Jueces*, de don Raimundo Cabrera, y *Cromitos Cubanos* y *Episodios de la Revolución Cubana*, de don Manuel de la Cruz.

La música, la pintura y la escultura tuvieron cultivadores notables. En la música se distinguieron como compositores, Ignacio Cervantes, Nicolás Espadero, José White y José Manuel Jiménez; en la pintura sobresalieron Armando Menocal, Aurelio Melero y Leopoldo Romanach; y en la escultura, José Vilalta de Saavedra.

En resumen, puede decirse que el desarrollo de la cultura en Cuba fue muy considerable, especialmente después de 1880.

223. **Resumen.** De 1836 a 1898, el desarrollo económico de Cuba tropezó con muchas dificultades. La producción del café desapareció y la industria azucarera, aunque continuó aumentando, dejaba pocas utilidades. La población aumentó, pero con mucha menor rapidez que en el período de 1790 a 1838, lográndose la abolición total de la esclavitud. La instrucción realizó algunos proyectos, distinguiéndose muchos cubanos en las ciencias, las artes y la literatura.

224. **Temas para estudio.**
Los encabezamientos de las secciones numeradas, y, además, los siguientes:
1. Biografía de don José de la Luz y Caballero.
2. Ídem de don José Antonio Saco.
3. Ídem de doña Gertrudis Gómez de Avellaneda.
4. El sentimiento patriótico y revolucionario en la poesía de la época.
5. El sentimiento patriótico y revolucionario en los escritos en prosa.

Resumen general del periodo

En los sesenta años que median de 1838 a 1898, la situación económica de Cuba es mala por lo general, resultando inadecuadas las leyes y la administración. La Isla no se resigna al régimen absoluto y despótico a que quedó sometida después del mando de Tacón, en inferioridad a las demás provincias españolas, al cual atribuye sus males. Lucha sin cesar para modificarlo, tratando de conseguir libertades políticas, económicas y mejoras en la Administración. Unas veces se solicitan reformas de España, pacíficamente, y cuando estas gestiones fracasan, se trata de conquistar la independencia de la Isla con las armas en la mano, en las dos grandes guerras de 1868 y 1895. Algunas veces el Gobierno español parece inclinado a conceder libertades a la Isla, pero encuentra fuerte oposición de parte de los que se aprovechan del régimen existente en Cuba. La Guerra Hispanoamericana precipitó la solución de este conflicto, obligando a España a renunciar a su soberanía sobre Cuba, retirándose de la Isla y dejando el Gobierno en manos de un gobernador militar, designado por el presidente de los Estados Unidos.

Hechos fundamentales

La hostilidad entre cubanos y españoles, originada y mantenida por el régimen colonial.

El triunfo del ideal de Independencia.

La abolición de la esclavitud.

El estancamiento del desarrollo de la Isla.

Libro VII. El Gobierno Militar de los Estados Unidos. La República. Gestión de los primeros presidentes. Progresos de Cuba independiente

Capítulo XXV. Cuba durante el Gobierno militar de los Estados Unidos

225. *Gobierno del general John Ruther Brooke.* El 1.º de enero de 1899, el general español don Adolfo Jiménez Castellanos, entregó en La Habana, a las doce del día, en el antiguo palacio de los capitanes generales, el mando de la Isla al general norteamericano míster John Ruther Brooke, designado por el presidente McKinley para asumir el Gobierno de Cuba. Pocos momentos después, las últimas tropas españolas se retiraron rumbo a su país en varios barcos de guerra.

El general Brooke se ocupó inmediatamente en organizar el Gobierno militar y civil de la Isla. Esta quedó dividida en siete departamentos militares, y se crearon cuatro Secretarías del Despacho. Poco después, el general Brooke nombró gobernadores civiles para las provincias, y en el mes de abril se creó el Tribunal Supremo de la Isla. La policía de La Habana y la Guardia Rural para la vigilancia de los campos, se comenzaron a organizar desde los primeros momentos. Entonces se estableció también el primer juzgado correccional.

En el mes de agosto, se empezaron los primeros trabajos para levantar un censo en la Isla, terminándose la enumeración de los habitantes a fines del año. Los ayuntamientos fueron organizados por los gobernadores civiles de las provincias respectivas. En noviembre, el general Brooke nombró a míster Alexis Everett Frye, superintendente general de Escuelas, iniciándose enseguida los trabajos para la organización de la enseñanza primaria.

226. *Disolución del Gobierno Revolucionario y licenciamiento del Ejército Libertador.* La Constitución aprobada en la Yaya (Sección 196) disponía que si España evacuaba la Isla, el Consejo de Gobierno de la Revolución debía convocar la Asamblea de Representantes para que ésta proveyese lo necesario hasta la constitución definitiva del Gobierno de Cuba. En cumplimiento de esta disposición, el general Bartolomé Masó, último presidente de los cubanos en armas, convocó la citada Asamblea, la cual se reunió en Santa Cruz del Sur, resignando en ella sus poderes.

La Asamblea, que vino a ser la representación legal de la Revolución, se constituyó el 24 de octubre de 1898. Más tarde se trasladó al barrio del Cerro, en La Habana. La Asamblea designó una comisión presidida por el general Calixto García, para que se trasladara a Washington y conferenciase con el presidente MacKinley, sobre el licenciamiento del Ejército Libertador; y otra comisión ejecutiva, encargada de dirigir todo lo relativo a los asuntos del Ejército, hasta que éste quedase disuelto. Estas decisiones se tomaron en vista de que el Gobierno de los Estados Unidos procedía sin tomar en cuenta a las autoridades revolucionarias.

El general Calixto García falleció en Washington, y la comisión tuvo poco éxito en sus gestiones, obteniendo solamente una oferta de 3 millones de pesos para licenciar el Ejército. Mientras tanto, éste continuaba ocupando sus campamentos, sostenido por la población de la Isla.

La Asamblea y el general en jefe, Máximo Gómez, llegaron a estar en desacuerdo, produciéndose una viva agitación en el país. Una segunda comisión enviada a Washington, no tuvo más éxito que la primera, y en tal virtud, la Asamblea acordó disolverse, el 4 de abril de 1899. Con ella desapareció el último organismo legal de la Revolución, y la Isla quedó confiada a la buena fe del Gobierno de los Estados Unidos. El 11 de abril, se proclamó el Tratado de París, firmado el 10 de diciembre de 1898, que puso término definitivo a la guerra entre España y los Estados Unidos.

El general Gómez había hecho su entrada en La Habana, el 24 de febrero del mismo año. El Ejército Libertador se licenció, por fin, durante el mes de mayo. Una gran parte de sus miembros se había retirado ya a sus casas, a iniciar los trabajos propios de la paz.

227. *Estado general del país durante el primer año de la paz.* El país había salido de la guerra totalmente arrasado. En los campos no había una sola casa en pie. Todos los cultivos habían desaparecido y el ganado y los animales domésticos eran escasísimos. La miseria era general y el estado sanitario verdaderamente horrible.

A pesar de la falta de animales de trabajo y de aperos de labranza, la población campesina se dedicó con extraordinario ardor a levantar sus hogares destruidos y a cultivar la tierra.

La filantropía norteamericana ayudó mucho al pueblo empobrecido, distribuyendo medicinas y alimentos en todo el país. Una benefactora norteamericana, llamada Miss Clara Barton, realizó una admirable obra de caridad, dirigiendo los trabajos de la Cruz Roja.

En todos los pueblos de la Isla se inició la obra piadosa y patriótica de recoger los restos de los cubanos muertos en la guerra, diseminados en los campos, depositándolos en sencillos monumentos funerarios. Al propio tiempo, se fundaron algunos asilos para atender a los numerosos huérfanos de la patria.

A pesar de lo enconado de la guerra, la paz y la concordia entre cubanos y españoles comenzó a establecerse rápidamente, contribuyendo mucho a ello el general Máximo Gómez con una proclama, y los principales jefes de la Revolución con su ejemplo, así como un Decreto dictado el 23 de marzo de 1899, por el doctor José Antonio González Lanuza, secretario de justicia del general Brooke. Por dicho Decreto, se excluía de toda responsabilidad penal y de todo procedimiento judicial, a cuantos habían combatido al servicio de España, por los hechos delictuosos que hubieren realizado durante la guerra.

A los pocos meses, la paz y la seguridad se habían establecido con firmeza en las ciudades y los campos. El pueblo cubano se aplicaba con toda su energía a reconstruir el país, sin odios ni rencores, y solo ansiaba el momento de ver la patria enteramente libre.

228. *Gobierno del general Leonard Wood.* El general Brooke fue sustituido en el Gobierno de Cuba por el general Wood, quien tomó posesión el 20 de diciembre de 1899. Wood se había distinguido durante la Guerra Hispanoamericana en la toma de Santiago de Cuba, como coronel de un regimiento de voluntarios norteamericanos de caballería, y, posteriormente, como gobernador del departamento militar de Oriente.

El general Wood aumentó a seis el número de los secretarios del Despacho e inmediatamente emprendió grandes reformas en la administración.

Durante el mando del general Wood, éste continuó las mejoras iniciadas por Brooke, ampliándolas con gran éxito en todos los ramos. Se reformó la administración de justicia, se creó el Departamento de Sanidad, base de la actual Secretaría, y se ampliaron las facultades de los ayuntamientos.

El servicio de comunicaciones se reorganizó y amplió considerablemente. También se realizaron numerosas obras públicas en toda la Isla, construyéndose carreteras, puentes, oficinas públicas, hospitales y escuelas, adaptándose para establecimientos de enseñanza multitud de cuarteles de la época de la Colonia.

A mediados del año, se produjeron cambios en los secretarios del Gobierno. El doctor Enrique José Varona, que ocupaba la Secretaría de Hacienda, pasó a la de Instrucción Pública, e inmediatamente inició la reorganización de la Enseñanza Secundaria, Universitaria y de Artes y Oficios. La enseñanza primaria continuó realizando grandes adelantos. El teniente míster Matthew E. Hanna, fue nombrado comisionado de escuelas y se redactó una nueva Ley escolar, eligiéndose numerosas juntas de educación en toda la Isla.

Se crearon entonces como 3.000 aulas, se las proveyó de pupitres modernos, de material de enseñanza, libros de texto y demás cosas necesarias. Al propio tiempo, se organizó una excursión de 1.300 maestros a la Universidad de Harvard, para estudiar, durante el verano de 1900; se crearon Escuelas Normales de Verano en la Isla, y se establecieron exámenes de maestros para seleccionar el personal más competente. En poco tiempo se realizaron adelantos inmensos. El doctor Varona dirigió personalmente todos los trabajos de reorganización de la Enseñanza Secundaria y superior; en los de la enseñanza primaria tuvo la supervisión solamente.

En el verano de 1900, se realizaron grandes trabajos sanitarios en virtud de un brote epidémico de fiebre amarilla, y se efectuaron investigaciones encaminadas a comprobar el origen de la enfermedad. El médico cubano, doctor Carlos J. Finlay, sostenía desde 1881 que el agente transmisor era un mosquito de cierta clase especial. Una comisión de tres médicos norteamericanos y el médico cubano doctor Arístides Agramonte, sometieron a prueba la teoría de Finlay, y quedó demostrada la verdad de la misma. La enfermedad pudo desde entonces ser combatida con éxito y exterminada, prestándosele así un inmenso servicio a la humanidad. Uno de los médicos norteamericanos, el doctor Jesse William Lazear, se dejó picar por un mosquito, para comprobar en sí mismo la teoría de Finlay, adquirió la enfermedad y murió. Fue un mártir de la ciencia.

229. *La Convención Constituyente.* En medio de los grandes adelantos que realizaba el país, los cubanos estaban ansiosos, en espera del momento en que se estableciese la República y la Isla quedase independiente. La fecha en que se verían satisfechos sus anhelos comenzaba a acercarse. El 25 de julio de 1900, se publicó un Decreto convocando a elecciones para elegir delegados a una Convención Constituyente, encargada de redactar una Constitución para la República, y acordar las relaciones que habrían de existir entre Cuba y los Estados Unidos. Las elecciones se efectuaron y la Convención se abrió el 5 de noviembre de 1900, designándose presidente de la misma al doctor Domingo Méndez Capote. El 21 de febrero de 1901 quedó redactada la Constitución, firmándose los dos ejemplares de la misma.

La convención inició el estudio de las relaciones que debían, existir entre Cuba y los Estados Unidos, recibiéndose entonces una indicación del Gobierno norteamericano, sobre cuáles debían ser —a su juicio— las relaciones citadas. La Convención discutió y vaciló mucho antes de aceptar las condiciones del Gobierno de Norteamérica, que, en opinión de algunos de los delegados, restringían la soberanía del pueblo cubano, en contra de lo acordado en la Resolución Conjunta del Congreso de los Estados Unidos, de 19 de abril de 1898. Se enviaron comisiones a Washington, y cuando los convencionales se convencieron de que la aceptación de las condiciones indicadas era indispensable para el establecimiento de la República, las aceptaron por mayoría de dieciséis votos contra once, el 12 de junio de 1901, agregándose a la Constitución en forma de Apéndice.

230. *Las elecciones municipales y presidenciales.* La Convención —después de aprobada la Constitución y aceptado el Apéndice— redactó también una Ley Electoral. Con arreglo a la misma, se efectuaron nuevas elecciones municipales y el 31 de diciembre de 1901, las de representantes, senadores, gobernadores provinciales y presidente y vicepresidente de la República.

Los candidatos presidenciales fueron dos: el general Bartolomé Masó y don Tomás Estrada Palma. El general Masó era uno de los grandes patriotas sublevados con Céspedes en La Demajagua. Luchó durante toda la Guerra de los Diez Años, se sublevó nuevamente en Manzanillo el 24 de febrero de 1895 y había sido el último presidente del Gobierno Revolucionario. Don Tomás Estrada Palma también era de los revolucionarios del comienzo de 1868. Fue presidente de la República en aquella guerra, y en la emigración laboró siempre por la independencia. Tenía un colegio muy reputado en un lugar llamado «Central Valley», en los Estados Unidos, y había sucedido a Martí como delegado del Partido Revolucionario. Por su austeridad y su honradez, gozaba de gran prestigio entre los emigrados.

La candidatura de Estrada Palma, con don Luis Estévez Romero de vicepresidente, fue apoyada por el general Máximo Gómez y quedó triunfante.

231. *Fin del Gobierno Militar de los Estados Unidos.* Don Tomás Estrada Palma se hallaba aún en los Estados Unidos cuando fue electo presidente. Se embarcó en abril para Cuba, visitó la provincia de Oriente, estuvo en algunos lugares de Las Villas y de Matanzas y llegó a La Habana el 10 de mayo de 1902.

En La Habana se realizaron grandes fiestas con motivo de la llegada del presidente. El regocijo popular era extraordinario. El día 16 se obsequió con un banquete de despedida al Ejército norteamericano, en el Teatro Nacional, y el 20 de mayo, a las doce del día, el general Wood hizo entrega del Gobierno de la Isla al presidente izándose la bandera cubana en el Morro y en el Palacio de Gobierno, en medio de grandes ¡vivas! y aclamaciones de la inmensa muchedumbre que llenaba las calles, las plazas, las azoteas y hasta los techos de las casas. Cuba iniciaba su vida independiente, conquistada a costa de mucha sangre y muchas lágrimas, llena de grandes, alentadoras y risueñas esperanzas.

Al general Wood y a las tropas norteamericanas se les despidió con grandes muestras de agradecimiento, de todo el país. El presidente de los Estados Unidos era entonces Theodore Roosevelt, sucesor de míster McKinley, a quien había asesinado un individuo de apellido Czolgost.

232. **Resumen.** Del 1.º de enero de 1899 al 20 de mayo de 1902, Cuba estuvo ocupada y gobernada militarmente por los Estados Unidos. El general Brooke primero, y el general Wood después, como jefes superiores de la Isla, realizaron grandes reformas en el país, reorganizando toda la administración y los servicios públicos. La situación de la Isla mejoró extraordinariamente en todos los órdenes, se licenció al Ejército Libertador y se eligió una Convención Constituyente, la cual redactó la Constitución de la República inaugurándose ésta el 20 de mayo de 1902, con la retirada de los norteamericanos.

233. Temas para estudio.

Los encabezamientos de las secciones numeradas, y, además, los siguientes:

1. La obra caritativa de la Cruz Roja americana. Miss Clara Barbón.

2. La obra educativa de míster Frye y míster Hanna.

3. La gran campaña contra la fiebre amarilla. El famoso descubrimiento del doctor Carlos J. Finlay.

4. Carácter transitorio del Gobierno militar de los Estados Unidos y participación que tomaron los cubanos en él.

Capítulo XXVI. Breve resumen histórico de Cuba desde la constitución de la República

234. *Administración de don Tomás Estrada Palma.* El 20 de mayo de 1902 quedó constituida la República y tomó posesión su primer presidente, don Tomás Estrada Palma. El país se había repuesto con gran rapidez de los quebrantos de la guerra, imperaban el orden y la paz y comenzaba a desarrollarse la agricultura, la industria y el comercio en grande escala. El vicepresidente era, como ya se ha dicho, don Luis Estévez y Romero.

Estrada Palma constituyó un Consejo de secretarios de personas distinguidas. Jefe de la Guardia Rural fue el general Alejandro Rodríguez, valiente y honradísimo general del Ejército Libertador. Los gobernadores provinciales al constituirse la República, eran el coronel Luis Pérez, el general Emilio Núñez, el coronel Domingo Lecuona y los generales José Miguel Gómez, Lope Recio Loinaz y Urbano Sánchez Hechavarría, para las provincias de Pinar del Río, Habana, Matanzas, Santa Clara, Camagüey y Oriente respectivamente.

El Congreso estaba formado por senadores y representantes bien reputados. El presidente del Senado era el doctor Domingo Méndez Capote y el de la Cámara, el licenciado Pelayo García.

El Gobierno de Estrada Palma tuvo que atender a importantes cuestiones de orden exterior e interno.

Las más graves, de carácter exterior, fueron la concertación de tres Tratados con los Estados Unidos: uno de arrendamiento de estaciones carboneras, otro de Relaciones Permanentes, ambos de acuerdo con las estipulaciones del apéndice constitucional, conocido con el nombre de Enmienda Platt, y un tercer convenio, de Reciprocidad Comercial. Los dos primeros Tratados, negociados por los gobiernos de Cuba y de los Estados Unidos, fueron, aprobados por el Senado cubano, el 16 de julio de 1903. El Tratado de Reciprocidad había sido aprobado por el Senado, el 28 de marzo del mismo año.

Las cuestiones de mayor trascendencia, de orden interior, a que el Gobierno hubo de atender, fueron una grave huelga ocurrida en La Habana, en noviembre de 1902, y la paga de los haberes del Ejército

Libertador. Para efectuar ésta, se contrató un empréstito de 35 millones $ en los Estados Unidos. El Congreso, por su parte, discutió y aprobó varias leyes importantes, entre otras, la de Secretarías, la Consular y la de Relaciones entre las Cámaras.

Estrada Palma prestó mucha atención a las obras públicas, a las cuestiones sanitarias y al desarrollo de las vías de comunicación. La enseñanza continuó en la misma forma que durante el Gobierno del general Wood, pero se redujeron primero, y se suprimieron después, las sumas destinadas a la construcción de escuelas. El Gobierno administraba con economía y los presupuestos nacionales fueron bajos. En general, la vida independiente de la nación cubana comenzó a desarrollarse bajo los mejores auspicios, en un ambiente de modestia, sencillez y virtud. No obstante, don Tomás Estrada Palma tuvo una fuerte oposición en el Congreso y en la opinión pública. El presidente hizo uso varias veces del derecho del veto, que la Constitución le otorgaba. El 6 de enero de 1904, vetó una ley estableciendo la Lotería, lo cual le creó muchos opositores.

A fines de 1903, se reorganizaron los partidos políticos, constituyéndose el Partido Republicano Conservador y el Partido Liberal Nacional. A principios de 1904, se efectuaron elecciones en toda la República, las primeras que se celebraban, después de la Independencia. Hubo mucha agitación, quejas y protestas.

Durante todo el año de 1904, las luchas políticas fueron muy fuertes. El Congreso funcionó con mucha irregularidad. Próximo a terminar el año, hubo un nuevo cambio en los partidos, disolviéndose el Partido Republicano Conservador y constituyéndose el Partido Moderado. Don Tomás Estrada Palma, abandonando la neutralidad política en que hasta entonces se había mantenido, se afilió al Partido Moderado. Poco tiempo después, ya en 1905, aceptó ser candidato de dicho Partido para la reelección presidencial. La agitación política era mucha, vino a complicarla la muerte del generalísimo Máximo Gómez, ocurrida el 17 de julio de 1905. El gran guerrero enfermó en Oriente y murió en El Vedado, rodeado del cariño y la admiración del pueblo cubano.

Antes de las elecciones de 1905, don Tomás Estrada Palma designó un nuevo Consejo de secretarios, al cual se le llamó por los adversarios políticos, «Gabinete de Combate». Las elecciones se efectuaron, cometiéndose grandes fraudes. Estrada Palma fue reelecto, pero el Partido Liberal, cuyos candidatos eran el general José Miguel Gómez para presidente y el licenciado Alfredo Zayas para la vicepresidencia, protestó contra la ilegitimidad del nuevo Gobierno. Las luchas políticas continuaron con gran violencia, y el 16 de agosto de 1906, estalló una revolución contra don Tomás Estrada Palma.

El Gobierno tenía pocos medios de defensa, porque no había ejército organizado ni material de guerra. Además, no contaba con mucho apoyo en la opinión pública. Después de haber estallado la revolución, la intervención de los Estados Unidos parecía inminente. Los veteranos de la Independencia realizaron esfuerzos para lograr que se llegara a un acuerdo entre el Gobierno y los revolucionarios, pero no tuvieron éxito. La Habana se hallaba en peligro de ser atacada por los revolucionarios, y convencido el presidente Estrada Palma de que no podía vencer a éstos, solicitó el auxilio del Gobierno de los Estados Unidos.

El presidente Roosevelt envió algunos barcos de guerra y tropas, y una comisión formada por dos miembros de su Gobierno. Esta comisión celebró conferencias con los revolucionarios y con don Tomás Estrada Palma, tratando de llegar a una avenencia, pero no pudo lograr su propósito. Estrada Palma renunció la Presidencia y lo mismo el vicepresidente, doctor Domingo Méndez Capote. El Congreso, a quien competía designar un nuevo presidente, no se reunió para hacerlo, y la Isla quedó sin Gobierno, asumiéndolo al día siguiente los comisionados norteamericanos.

Estrada Palma, pobre y abatido por los sucesos que acababan de ocurrir, se retiró a una pequeña finca de Bayamo, lugar donde enfermó, muriendo poco después en Santiago de Cuba, el 4 de noviembre de 1908.

235. *Gobierno Provisional de los Estados Unidos.* El secretario de la guerra de los Estados Unidos, míster William Howard Taft, que era el presidente de la comisión norteamericana, enviada a Cuba con motivo de la revolución de agosto de 1906, tomó la dirección del Gobierno el 20 de septiembre. Pocos días después fue nombrado gobernador de la Isla un juez llamado Charles Edward Magoon (12 de octubre, 1906).

El gobernador Charles Edward Magoon, designó supervisores norteamericanos para los principales departamentos de la administración, y creó una comisión llamada «Comisión Consultiva», con encargo de redactar las leyes más necesarias para el país, a fin de normalizar la marcha del Gobierno y evitar en lo sucesivo la ingerencia del Poder ejecutivo en los asuntos provinciales, municipales y de justicia. También se aprobó una ley de empleados, llamada Ley del Servicio Civil, destinada a prevenir la injusta cesantía de los funcionarios públicos. Además, se creó un Ejército y se hizo una nueva Ley Electoral.

El Gobierno de míster Magoon fue muy derrochador. No solo invirtió todas las rentas públicas de cada año, sino que gastó, además, 12 millones de pesos que halló en el Tesoro, economizados por Estrada Palma, míster Magoon prodigó los indultos, y aunque atendió al fomento de las obras públicas, éstas no se ejecutaron muchas veces en debida forma. La administración de míster Magoon dejó un mal recuerdo y un mal ejemplo en el país. Durante este periodo se organizaron los partidos políticos. El Partido Moderado se disolvió, constituyéndose en su lugar el Partido Conservador. El Liberal se dividió, fundándose una agrupación nueva, que se llamó Partido Liberal Histórico.

236. *Gobierno del general José Miguel Gómez*. El 12 de septiembre de 1908, se celebraron nuevas elecciones nacionales resultando electo para la Presidencia de la República el general José Miguel Gómez. El general Gómez era natural de Sancti Spíritus. En la Guerra de Independencia se había distinguido por su valor, especialmente en la toma del pueblo de Arroyo Blanco. El general Brooke lo designó gobernador provincial de Las Villas; fue miembro de la Convención Constituyente, y en las elecciones de 1902, el pueblo de su provincia natal lo eligió gobernador. Había figurado mucho en la política. El vicepresidente electo con el general Gómez, fue el licenciado Alfredo Zayas y Alfonso, miembro de una antigua y distinguida familia cubana, deportado por conspirador durante la guerra de 1895, y que también había sido miembro de la Convención Constituyente, senador y político muy activo.

El Gobierno del general Gómez se inauguró el 28 de enero de 1908, logrando restablecer muy pronto la paz y la cordialidad en el país. Este estuvo agitado, sin embargo, por un movimiento llamado «veteranista», encaminado a no admitir en la administración a los que hubieran combatido contra la Independencia; y por otro, de carácter revolucionario, provocado por ciertos elementos de la raza de color, como protesta contra una ley que impedía la organización de partidos exclusivamente de una raza. Este último movimiento culminó en un alzamiento, que tuvo que ser sofocado por la fuerza pública. Con posterioridad a esos hechos, el general Gómez logró apaciguar los ánimos y evitar que quedaran odios y discordias latentes entre la población cubana.

En tiempos del general Gómez, se mejoró el Ejército, se creó la Marina Nacional y se ejecutaron las grandes obras del alcantarillado y la pavimentación de La Habana.

La administración del general Gómez continuó también las obras públicas, el desarrollo de las comunicaciones y los trabajos sanitarios. Los exámenes de los maestros en ejercicio en las Escuelas Primarias y las Escuelas Normales de Verano, fueron suprimidos, así como algunas escuelas públicas que resultaron vacantes. Cierto estancamiento en la enseñanza primaria, observado desde la época de míster Magoon, continuó acentuándose. En cambio, se crearon Granjas-Escuelas para la enseñanza agrícola en las provincias. También se establecieron las Academias de Artes y Letras y de la Historia y el Museo Nacional.

El Gobierno del general Gómez fue muy censurado por algunas concesiones de servicios públicos. Dos leyes muy discutidas de su época, fueron las que autorizaban las peleas de gallos y la creación de la Lotería nacional.

237. *Gobierno del general Mario García Menocal.* En las elecciones nacionales efectuadas en 1.º de noviembre de 1912, resultó electo presidente de la República el general Mario García Menocal, candidato del Partido Conservador. El general Menocal había nacido en Jagüey Grande. Estudió la carrera de ingeniero en la Universidad de Cornell, Estados Unidos, y muy joven aún ingresó en la Revolución. Se distinguió mucho a las órdenes del general Calixto García, especialmente en el asalto de Victoria de Las

Tunas. El general Brooke lo nombró jefe de la Policía de La Habana, en 1899. Más tarde, abandonó los empleos públicos, encargándose de construir en Oriente un ingenio llamado Chaparra, el cual, bajo su administración, llegó a ser uno de los mayores del mundo. El general Menocal ocupó el Gobierno gozando de una gran reputación de buen administrador y de hombre recto y enérgico. El vicepresidente electo fue el doctor Enrique José Varona, natural de Camagüey, uno de los cubanos de mayor prestigio por su gran cultura, patriotismo y capacidad.

Durante la administración del general Menocal, la prosperidad del país continuó desarrollándose sin interrupción, aunque la vida se encareció mucho, a causa de la gran guerra europea, que estalló en 1914. Todos los servicios públicos se mejoraron; se realizaron numerosas obras públicas y se creó la moneda nacional, con arreglo a planes preparados por el secretario de Hacienda, doctor Leopoldo Cancio. La moneda cubana fue recibida con mucho agrado por el país, como una manifestación de la soberanía de la patria.

La enseñanza primaria recibió gran atención por el secretario de Instrucción Pública, doctor Ezequiel García. Se crearon entonces 1.293 aulas nuevas, aumentándose la matrícula y la asistencia; se reorganizaron el plan de estudios y los programas; se dividieron las escuelas en urbanas y rurales, a fin de acomodar la instrucción a las necesidades de la población escolar; introduciéndose en las últimas la enseñanza de la agricultura; se compraron grandes cantidades de pupitres y otros muebles para las escuelas; se inició la fabricación de escuelas rurales de mampostería, construyéndose cerca de cien escuelas modelo en poco tiempo, en terrenos cedidos por los padres de familia; se crearon las Escuelas Normales de La Habana, Santa Clara y Oriente, en virtud de una ley presentada en el Senado por don Manuel Sanguily y aprobada en la Cámara a instancias del representante señor Juan Ramón Xiqués; y, finalmente, se mejoró y activó la inspección escolar y se crearon los maestros rurales ambulantes. Todos estos adelantos se realizaron con una honradez a toda prueba y una estricta economía.

El secretario de Sanidad, coronel Enrique Núñez, también realizó notables adelantos en el departamento a su cargo. Reorganizó la Casa de

Beneficencia, creó el Preventorio Martí para niños pobres, y fundó diversos hospitales, entre ellos el gran Hospital Nacional Calixto García en la capital de la República. El coronel Núñez murió cuando aún el país esperaba grandes obras de su patriotismo, su honradez y su carácter enérgico y emprendedor. La Sanidad cubana estuvo a una altura envidiable durante su gestión al frente de la Secretaría.

238. *Segundo periodo del general Menocal.* El Partido Conservador acordó proponer la reelección del general Menocal, con el general Emilio Núñez, patriota honrado y de gran prestigio revolucionario, como vicepresidente, para las elecciones de 1916. El Partido Liberal propuso al licenciado Alfredo Zayas, y como vice al coronel doctor Carlos Mendieta, prestigioso político y libertador. La lucha electoral fue muy reñida, y los liberales acusaron al Gobierno de haber cometido abusos y atropellos empleando la fuerza pública, y de haber realizado multitud de fraudes. Las elecciones fueron anuladas por los Tribunales de justicia en muchos colegios, y antes de que se celebrasen las nuevas elecciones parciales, estalló un fuerte y extenso movimiento armado, provocado en su mayor parte por elementos del Ejército, el 11 de febrero de 1917. El Gobierno de los Estados Unidos condenó el movimiento, a cuyo frente se había puesto el general José Miguel Gómez quien fue sorprendido y hecho prisionero en un lugar llamado Caicaje, en la provincia de Las Villas.

La paz se restableció y efectuadas las elecciones parciales pendientes, resultó electo el general Menocal.

Los cuatro años de la nueva administración del general Menocal transcurrieron en medio de un gran malestar político y de grandes trastornos ocasionados por la guerra europea. Los Estados Unidos tomaron parte en esa lucha, el 6 de abril de 1917, y al siguiente día Cuba se puso, como aliada, al lado de dicha nación, con la que tenía contraída una deuda de gratitud.

Durante la Guerra Mundial y al siguiente año de terminada ésta, el azúcar alcanzó un precio elevadísimo. Después el precio bajó con rapidez, y se produjo una gran crisis económica en el país, la cual ocasionó enormes pérdidas, quebrando varios bancos.

Antes de terminar el segundo periodo presidencial del general Menocal, se redactó una nueva Ley Electoral, con el consejo del mayor general norteamericano, míster Enoch Crowder, ex presidente de la «Comisión Consultiva» de la época de míster Magoon, a fin de ofrecer garantías a todos los partidos.

Con arreglo a la nueva ley, se efectuaron elecciones nacionales el 1.º de noviembre de 1920, resultando electos presidente y vicepresidente respectivamente, el licenciado Alfredo Zayas y el general Francisco Carrillo, patriota revolucionario de 1868 y 1895.

239. *Gobierno del doctor Alfredo Zayas y Alfonso.* El presidente doctor Zayas, comenzó su Gobierno en medio de una gran crisis económica, producida por la brusca disminución de los precios del azúcar. Muchos bancos y empresas comerciales e industriales habían quebrado, arruinándose millares de personas. Los ingresos del Estado disminuyeron a causa de la crisis, y no alcanzaban para cubrir los gastos del presupuesto, el cual, como hecho para tiempos de gran abundancia, era muy alto. Hubo un momento en que no se disponía del dinero necesario para pagar a los empleados. El disgusto era muy grande y se manifestaba en las quejas y las acusaciones de los periódicos, así como las conversaciones de la gente, en público y en privado.

El presidente se ocupó preferentemente en tratar de reducir los gastos y obtener recursos con nuevos ingresos, para salvar la situación. El Gobierno de los Estados Unidos, por medio de su representante el general Crowder, apremiaba para que se mejorara la administración, muy desordenada a causa de la crisis y de los trastornos de los últimos años del Gobierno del general Menocal, y para que se restableciera el crédito del Tesoro Público, invocando los derechos que decía concederle el Tratado de Relaciones Permanentes.

Las economías que se hicieron fueron muy grandes. Se rebajó el sueldo a todos los empleados y al Ejército, se suprimieron casi todos los créditos para Obras Públicas, y todos los gastos del presupuesto que no eran estrictamente indispensables desaparecieron.

Además, se realizó un Empréstito de 50 millones de pesos para pagar deudas atrasadas, destinándose cierta parte a obras públicas, y estableciéndose un nuevo impuesto, llamado del *1 % sobre la venta*. Estas medidas, el empeño con que el país trabajó un año entero casi por la comida para hacer la zafra de 1921, y un rápido aumento en el precio del azúcar, salvaron la crisis, volviendo a renacer la esperanza, la confianza y el bienestar. Los ingresos del Tesoro aumentaron y Cuba tuvo la satisfacción de ser el primer país del mundo que restauró su Hacienda después de la gran Guerra Mundial y que pagó su deuda de guerra a los Estados Unidos. Los presupuestos pudieron ser aumentados y se reanudaron los trabajos de utilidad pública en toda la Isla, en 1924.

Mientras se realizaba la restauración económica de la Isla y del Tesoro público, ocurrieron algunos acontecimientos importantes. El primer Gabinete del presidente Zayas, que correspondió al año 1921, en que el malestar económico y el disgusto público eran mayores, fue blanco de muchas censuras, lanzándose grandes acusaciones sobre algunos secretarios. El presidente decidió cambiarlo, lo sustituyó por otro, que fue conocido popularmente con el nombre de Gabinete de la Honradez. La designación de este segundo Gabinete, coincidió con la adopción de las más importantes medidas de restauración de la Hacienda y de reorganización de la administración, siendo muy celebradas sus gestiones. Sin embargo, una parte del público dio en decir, al cabo de cierto tiempo, que el nuevo Gabinete había sido designado por influencia del general Crowder, lo cual no era cierto, y a censurarle por eso, aunque, en realidad, tal vez la verdadera causa de la censura se debía a que, abundando otra vez el dinero en el Tesoro, mucha gente no estaba conforme con los métodos de estricta economía y rígida administración de los nuevos secretarios.

Llegó el momento en que el presidente hubo de temer que la idea difundida de que el Gabinete de la Honradez había sido impuesto por los Estados Unidos, aunque falsa, menoscabase la autoridad y el prestigio de la Presidencia de la República y resultase dañosa para la independencia nacional, porque hacía aparecer a Cuba sometida en las cosas de su propia soberanía a los Estados Unidos. En esta situación, se produjo algún desacuerdo entre el doctor Zayas y algunos de sus secretarios, con motivo de un Decreto Presidencial disponiendo la compra del antiguo Convento de Santa Clara, y entonces el presidente decidió cambiar el Gabinete. Muchas personas sintieron que saliesen del Gobierno ciudadanos que eran honrados y de capacidad, pero el país se alegró de ver que el presidente de Cuba podía cambiar su Gobierno con entera y absoluta independencia de los Estados Unidos. Una vez más, quedó probado que Cuba es libre y soberana.

Otro incidente importante fue un movimiento político llamado de Veteranos y Patriotas, exigiendo mejoras en la administración y las leyes. Se fundaron delegaciones en toda la República y se realizó una propaganda intensa.

El movimiento llegó a adquirir un carácter amenazador, temiéndose alguna revolución, y, en efecto, en la provincia de Las Villas y alguna otra, se sublevaron, algunas personas, contándose entre ellas varios soldados.

Las fuerzas del Ejército persiguieron a los alzados, y como el país estaba deseoso de paz y el presidente ofreció no perseguir ni castigar a ninguno de los complicados en el movimiento, éste terminó con rapidez, casi sin derramamiento de sangre. En realidad, la agitación de los Veteranos y Patriotas puede considerarse como el último eco del disgusto producido por la gran crisis económica de 1920 a 1921.

En 1924, se celebraron nuevas elecciones presidenciales, siendo electo por una gran mayoría el general Gerardo Machado, candidato del Partido Liberal, en contra del general Menocal, apoyado por los Conservadores. Terminadas las elecciones, todo el país acató la decisión de la mayoría, reafirmándose y consolidándose la tranquilidad en la República.

240. *Gobierno del general Gerardo Machado.* El general Gerardo Machado y Morales fue electo presidente por una gran mayoría, en 1924, con el señor Carlos de la Rosa como vicepresidente. El general Machado nació en Santa Clara. Sirvió en el Ejército Libertador, en el cual alcanzó el grado que ostenta. Terminada la Guerra de Independencia, fue alcalde de su ciudad natal, brigadier del Ejército Nacional y secretario de Gobernación en uno de los Consejos de secretarios del presidente José Miguel Gómez. El señor La Rosa había sido alcalde de Cárdenas y hombre público muy distinguido.

El general Machado inició su Gobierno con el lema «Agua, Caminos y Escuelas», aprobándose por el Congreso, poco después de haber tomado posesión el presidente, una ley de obras públicas importantísima, de acuerdo con los planes y las ideas del ejecutivo. El secretario de Obras Públicas, doctor Carlos Miguel de Céspedes, reorganizó el departamento y comenzó los grandes trabajos dispuestos por dicha ley. Los principales fueron la construcción de la Carretera Central y del Capitolio, las obras de embellecimiento de La Habana, Parque de la Fraternidad, del Maine, Paseo de Martí y Malecón, Avenida de Palacio; las de la Universidad comprendieron la construcción de los edificios para la Facultad de Derecho y la Escuela de ingenieros y arquitectos, la de la gran escalinata monumental y la de las calles y jardines; y el alcantarillado y pavimentación de las ciudades de Santa Clara y Camagüey; los acueductos de Santiago de Cuba, Pinar del Río y Trinidad, la construcción de hermosos edificios para centros de enseñanza —Instituto de Camagüey, centros escolares de Colón, Trinidad, Isla de Pinos y otros lugares— y la de otros edificios públicos importantísimos, como el Palacio de Justicia de Santa Clara, el Instituto del Cáncer, las Escuelas de Aviación y de Aplicación del Campamento de Columbia, las aduanas de Isla de Pinos y de la Isabela, los hospitales de Maternidad e Infancia de Santa Clara y Matanzas, el Hospital de Jovellanos, varios pabellones en el Asilo de Dementes de Mazorra, varios edificios en la Estación Experimental Agronómica de Santiago de las Vegas, los edificios para los Laboratorios Biológicos de la Secretaría de Agricultura y otras obras importantes en varias ciudades y poblaciones, destinadas a fines benéficos. La Secretaría de Obras Públicas, instalada en el antiguo Convento de Santa Clara, adaptado al efecto, demostró su eficiencia, además, con la organización del servicio de limpieza de La Habana, el de faros de toda la República y la rapidez con que atendió a reparar los daños ocasionados por el ciclón de 1926.

El presidente Machado procuró hacer más eficaz la administración en todos los demás departamentos. La Secretaría de Gobernación, a cargo, al quedar constituido el Gobierno, del comandante señor Rogerio Zayas Bazán, trabajó con gran empeño por mejorar las costumbres y construyó un gran penal modelo en Isla de Pinos. En lo que a la administración de justicia toca, la Secretaría del ramo puso fin a la excesiva concesión de indultos, y contribuyó a la depuración de los Tribunales, llevada adelante con gran firmeza por el presidente del Tribunal Supremo, doctor Juan Gutiérrez Quirós.

En instrucción pública se aumentaron las Escuelas Primarias elementales y se crearon las Escuelas Primarias superiores; se crearon la Escuela Superior y las seis Escuelas Elementales de Comercio, y una gran Escuela Técnica Industrial de varones, para la cual se construyó un espléndido edificio. Además, se dotó de nuevos cursos de estudios a las Escuelas Primarias, se fomentó la creación de miles de Asociaciones de Padres, Vecinos y Maestros, se implantó la inspección de las escuelas privadas, y se introdujo la enseñanza obligatoria de la agricultura, la geografía y la historia de Cuba en la instrucción primaria, secundaria y universitaria. El Gobierno prestó igualmente muy celosa atención al Departamento de Comunicaciones, al de Sanidad, al de Hacienda y al Ejército.

El presidente Machado consagró sus mayores esfuerzos al desarrollo de la agricultura, la industria y el comercio, empeño en el cual prestaron su concurso a la Secretaría de Agricultura, Comercio y Trabajo, las de Estado y Hacienda. Su política, en este sentido, se encaminó a asegurarle la mayor independencia económica posible a la República, procurando la diversificación de la producción nacional y que ésta llegue a satisfacer la mayor parte de las necesidades del país. Con ese fin se reformaron los aranceles, se celebraron tratados de comercio con España y Francia, se fundaron escuelas comerciales e industriales, se establecieron laboratorios biológicos destinados a la fabricación de sueros y vacunas contra las enfermedades del ganado vacuno y de cerda, se repartieron semillas para nuevos cultivos, enseñándose a los agricultores la manera de realizarlos, se crearon mercados libres en las poblaciones y se pusieron en práctica otras medidas importantes. Gracias a esas disposiciones, Cuba es en 1929 un país que produce en sus campos y fábricas casi todo lo que consume. La industria azucarera y la tabacalera, fueron objeto de una atención especial, dictándose muchas medidas para favorecerlas, de acuerdo con los productores aliviándose un tanto la penosa crisis que atraviesan a causas del exceso mundial de producción.

Durante el Gobierno del general Machado se celebró en La Habana la Sexta Conferencia Panamericana, con motivo de la cual visitó a Cuba el presidente de los Estados Unidos, míster Calvin Coolidge, que fue huésped del jefe del Estado cubano en el Palacio Presidencial. Además se celebraron el Quinto Congreso Panamericano del Niño y varios congresos y conferencias internacionales más de importancia.

Antes de terminar el periodo presidencial, el Congreso acordó un proyecto de reforma constitucional. Se eligió una Convención Constituyente y ésta aprobó la reforma en 1928. Poco después el general Machado fue reelecto para un nuevo periodo de seis años, por los partidos Liberal, Conservador y Popular unidos. Este periodo se inauguró el 20 de mayo de 1929, en el Capitolio, ya terminado.

241. *Segundo periodo presidencial del general Machado.* El segundo periodo presidencial del general Machado transcurrió, hasta la terminación violenta del mismo el 12 de agosto de 1933, en medio de una terrible depresión económica y de una violenta oposición política que no tardó en convertirse en una prolongada guerra civil de un carácter particular que no se había conocido antes en Cuba.

A principios de 1929, los Estados Unidos se hallaban todavía en un periodo de gran prosperidad, libres de la gran depresión económica que azotaba a casi todo el resto del mundo, pero después de mediados de año, los norteamericanos comenzaron a temer que la crisis los alcanzara a ellos también. Por esta razón, y porque el partido que se hallaba en el poder era muy inclinado al proteccionismo arancelario, el Congreso aprobó una nueva ley de tarifas que elevó los derechos al azúcar y a casi todos los artículos que se exportaban de Cuba a Norteamérica. Del precio a que se vendía el azúcar de Cuba, que era muy bajo en todos los mercados porque se fabricaba más azúcar del que se consumía, los productores cubanos tenían que tomar la mayor parte para pagar el arancel, de manera que lo que les quedaba no alcanzaba ni para cubrir la mitad de los gastos de producción. Además de esto, como Hawaii, Puerto Rico y Filipinas no tenían que pagar los 2 centavos por cada libra de azúcar que estaba obligada a pagar Cuba, dichos tres países fabricaron y enviaron cada día más azúcar a los Estados Unidos, así que éstos tuvieron menor necesidad de comprar azúcar en Cuba. Vendiendo el azúcar a menor precio que lo que costaba producirlo y vendiéndolo en menor cantidad, Cuba empezó a arruinarse rápidamente.

El cuadro siguiente da idea de las pérdidas sufridas por Cuba por la reducción de las zafras y del precio del azúcar de 1929 a 1933:

	Toneladas	Precio promedio por libra	Valor total de la zafra
Zafra de 1929	5.156.278	1.72 cts	$198.661.078
Zafra de 1930	4.670.973	1.23 cts	128.694.648
Zafra de 1931	3.120.796	1.09 cts	76.197.355
Zafra de 1932	2.602.864	0.71 cts	41.197.355
Zafra de 1933	1.995.079	0.97 cts	43.483.145

El precio promedio de los años de 1932 y 1933 fue de 71 centésimos y 97 centésimos de centavo por libra, pero hubo precios mucho más bajos aún, de 57 centésimos de centavo en 1932 y 65 centésimos de centavo en el año 1933.

El azúcar es la principal fuente de vida del pueblo de Cuba, de la cual dependen tanto los ingresos del Gobierno por concepto de impuesto como los de los particulares. La reducción del valor de la zafra, a causa de no poderse fabricar mucho azúcar y de tener que venderlo a muy bajo precio, trajo inevitablemente la reducción de los ingresos del Estado, de los hacendados y colonos, de los comerciantes y hombres de negocios en general, de los terratenientes y de los trabajadores de todas clases. Los ingresos del Estado disminuyeron en la proporción que indica el siguiente cuadro, en números cerrados:

Año 1928-1929	$79.000.000
Año 1929-1930	$77.000.000
Año 1930-1931	$59.000.000

| Año 1931-1932 | $46.000.000 |
| Año 1932-1933 | $43.000.000 |

En una proporción semejante a la del Estado, disminuyeron los ingresos de todos los particulares, en primer término los de los obreros, que se vieron sin trabajo totalmente o ganando un salario que equivalía a trabajar por la comida nada más. El Gobierno tuvo que rebajar los presupuestos de la nación de 84 millones en 1928-29 a 60 millones en 1931-32; 51 millones en 1932-33, y 44 millones en 1933-34. Estas reducciones significaban que había que suprimir gran número de plazas de empleados públicos y rebajarle el sueldo a la mitad de los que quedaban, pero aun así no podían cubrirse los gastos, y el sueldo mensual de los funcionarios públicos se abonaba con muchos meses de retraso.

A medida que la depresión económica se fue acentuando a partir de 1929, el estancamiento de los negocios y del comercio en general fue cada vez mayor. La paralización casi total del comercio, la ruina de la industria azucarera, la falta de trabajo, la reducción y el atraso de los pagos del Estado, y el no verse en perspectiva esperanzas de poder fabricar mayor cantidad de azúcar y de venderla a mejor precio, sumieron al país en un estado de miseria y de desesperación terribles, que llegó a su grado máximo en el verano de 1933. En el corto periodo de poco más de tres años, la depresión mundial y las tarifas norteamericanas arruinaron totalmente a Cuba.

La crisis económica vino acompañada de una situación política no menos grave. Cuando se efectuó la reforma constitucional, algunas personalidades protestaron de la misma, y posteriormente, de la reelección del general Machado, por entender que al efectuarse la mencionada reforma se había infringido la Constitución de la República. A virtud de esta creencia, dichas personalidades y los ciudadanos que compartían la misma opinión entendían que la Constitución de 1929 no era válida y que la reelección del presidente no era legítima ni legal.

De 1929 a 1930, el malestar económico y político se acentuó, sin que el orden llegara a perturbarse, pero al terminar el mes de septiembre, en una manifestación de protesta estudiantil, Rafael Trejo, alumno de la

Escuela de Derecho de la Universidad de La Habana, fue herido por un policía y falleció pocas horas más tarde. El desgraciado suceso produjo una impresión profunda, y a partir de ese día la oposición contra el Gobierno cobró gran fuerza y comenzó a tornar un carácter violento y amenazador. Las protestas de los estudiantes y de gran número de profesores de los altos centros docentes se sucedían sin cesar, por lo cual las autoridades ordenaron el cierre de la Universidad y otros muchos establecimientos de enseñanza oficial.

En los primeros meses de 1931 se realizaron esfuerzos para llegar a algún acuerdo entre la oposición y el Gobierno en la cuestión política, pero no produjeron resultado alguno, y en la primera decena de agosto estalló un extenso movimiento revolucionario en diversos lugares de la República. Entre los muchos hechos dolorosos y lamentables de la lucha a que dio lugar, se contó la muerte del anciano general Francisco Peraza, valeroso veterano de la Guerra de Independencia. Uno de los episodios más salientes de la contienda intestina de 1931, consistió en la toma de Gibara por una expedición de revolucionarios procedentes de los Estados Unidos.

El triunfo del Gobierno no puso término a la oposición ni estableció en firme la paz. Numerosos grupos de revolucionarios se organizaron en diversas sociedades secretas, y mantuvieron, de hecho, un estado de enconada y sangrienta guerra civil en las principales ciudades y poblaciones de la Isla, de un carácter hasta entonces desconocido en ésta. El Gobierno, a pesar de todos sus esfuerzos y de los medios extralegales y violentos de que hizo uso en muchos casos, no pudo dominar por completo la situación.

En noviembre de 1932 se celebraron elecciones presidenciales en los Estados Unidos, en las cuales el Partido Republicano, que estaba en el poder, fue derrotado. El candidato del Partido Democrático triunfante, Franklin Delano Roosevelt, asumió el poder en 4 de marzo de 1933 e inmediatamente comenzó a introducir cambios radicales en la política del anterior Gobierno. En lo referente a Cuba, después de haber recibido el informe privado de unos comisionados enviados a estudiar extraoficialmente la situación, sustituyó al embajador Gugenheim por míster Summer Welles, e inició una nueva política encaminada a tratar de poner término a la grave perturbación que prevalecía en la Isla. En los planes del ejecutivo norteamericano entraba negociar un nuevo tratado de reciprocidad que contribuyese a rehabilitar la industria azucarera de Cuba y el comercio entre Cuba y los Estados Unidos, y ayudar a obtener un arreglo entre el Gobierno y los revolucionarios, a base de la sustitución pacífica del presidente Machado en el poder, para poner término a la guerra civil existente en Cuba.

El embajador Summer Welles se inclinó al principio a prestar atención al problema económico en primer término. Hizo declaraciones públicas al efecto, e inició gestiones para la concertación de un nuevo convenio comercial. El presidente Machado designó una comisión presidida por el secretario de Estado, doctor Orestes Ferrara, para discutir los términos del convenio con una comisión americana presidida por el mismo Summer Welles. En dos sesiones celebradas por las comisiones se trazó un plan para llevar adelante la negociación, pero ésta quedó en suspenso con motivo de haberse ausentado el doctor Ferrara para asistir a una Conferencia Monetaria que debía celebrarse en Londres. El estudio de ciertas cuestiones técnicas referentes al convenio continuó a cargo de varios funcionarios de una y otra comisión, y el embajador Welles se dedicó a tratar de buscar solución a la difícil cuestión política. Celebró entrevistas con el presidente Machado, los principales jefes de los partidos políticos y de varios grupos de oposicionistas y otras personalidades importantes, y ofreció su mediación para llegar a acuerdos que restableciesen la paz.

La mediación del embajador Summer Welles fue aceptada por algunos grupos revolucionarios y por otros no. Dio lugar a una larga serie de actividades políticas, las cuales debilitaron al Gobierno y alentaron las esperanzas de la oposición. El día 7 de agosto, el rumor de que Machado había renunciado, provocó manifestaciones públicas en las cercanías del Capitolio y del Palacio Presidencial. Las fuerzas armadas hicieron fuego sobre los manifestantes y hubo varios muertos y numerosos heridos. La reacción en los Estados Unidos fue muy hostil al Gobierno cubano, y la suerte del presidente Machado quedó echada porque el presidente Roosevelt entendió que solo la renuncia del jefe del ejecutivo de Cuba podía ponerle término a la grave situación prevaleciente. Una huelga de ómnibus en La Habana, en el cargado ambiente político, se extendió y tomó carácter revolucionario. Finalmente, la sublevación de algunos oficiales y algunas unidades del Ejército, el 11 de agosto, precipitó la caída del Gobierno el día 12. El general Machado, que ya se había visto obligado, dos o tres días antes, a convenir en renunciar su alto cargo, aceptó las renuncias de los secretarios del despacho, con la excepción del general Alberto Herrera; firmó un escrito dirigido al Congreso, en el cual renunciaba la Presidencia, y en la tarde de dicho día 12 de agosto escapó en avión para Nassau.

243. *El movimiento del 4 de septiembre, la Pentarquía.* El movimiento iniciado por las clases y los alistados que culminó en la revolución del 4 de septiembre, alcanzó inmediatamente en lo militar resultados que fueron más allá de lo intentado y lo previsto por sus iniciadores. Fue el primero, que las Fuerzas Armadas quedasen, de hecho, bajo la jefatura provisional de las clases de las mismas, con el sargento Fulgencio Batista reconocido como jefe superior. El segundo, que los oficiales y jefes de las Fuerzas Armadas se negasen a cooperar en el movimiento y quedasen, también de hecho, sin el mando de las mismas. El tercero, que la anómala situación que hubo de crearse, se resolviese en firme con un cambio completo en la organización y en el mando de las Fuerzas Armadas. La jefatura superior de las mismas se confirió por la Pentarquía al sargento Fulgencio Batista, elevado al grado de coronel, único en la nueva organización. Todos los demás mandos y la oficialidad, de teniente coronel abajo, se confiaron a clases y alistados ascendidos a sus nuevos cargos. Esta reorganización y transformación de las Fuerzas Armadas, se llevó a efecto con gran rapidez y un mínimo de dificultades porque los nuevos oficiales y los nuevos jefes contaban con la confianza de la tropa. Gracias a esto, la unidad y la disciplina del Ejército quedaron prontamente restablecidas.

Mientras en las Fuerzas Armadas «la Revolución de Septiembre» se llevaba a efecto inicialmente en la forma ya dicha, la Pentarquía tropezaba con insuperables dificultades para desempeñar sus funciones ejecutivas, en medio de las nuevas agitaciones internas y de las complicaciones internacionales creadas por la sustitución del presidente Céspedes.

Las circunstancias del momento exigían decisiones rápidas y firmes del ejecutivo, imposibles de tomar debiendo ser discutidas por cinco personas, con igualdad de facultades, cada una con sus opiniones propias, en medio de la confusión y de la agitación reinantes. La novedad de la nueva organización del ejecutivo fue mal vista, por entenderse que se inspiraba en radicalismos exóticos, y contribuyó a la desconfianza que inspiró a muchos sectores de la opinión el nuevo Gobierno. La actitud de los Estados Unidos, que enviaron inmediatamente varios buques de guerra a La Habana y a otros puertos de la Isla y que negaron su reconocimiento al nuevo ejecutivo colegiado, contribuyó grandemente a que la Pentarquía no pudiese consolidarse. Dos de los cinco pentarcas, el doctor Guillermo Portela y el señor Porfirio Franca, comenzaron a manifestar vacilaciones, y cinco días después de constituida, el 10 de septiembre, la Pentarquía quedó disuelta. Fue sustituida por la Presidencia unipersonal de la República, al frente de la cual quedó el doctor Ramón Grau San Martín, apoyado principalmente por el Directorio Estudiantil y sostenido por las Fuerzas Armadas.

244. *Gobierno Revolucionario del doctor Ramón Grau San Martín.* El doctor Ramón Grau San Martín, al ocupar la presidencia, mostró desde el primer momento el propósito de proceder de manera muy distinta al doctor Céspedes. Al realizar el acto impuesto por la Constitución de jurar ante el Tribunal Supremo de justicia obligándose a cumplir y hacer cumplir la Constitución y las Leyes, se negó a hacerlo por estimar que juraría también el respeto a la Enmienda Platt. En sustitución al citado juramento, desde el balcón de Palacio, ante la muchedumbre reunida en el exterior y en presencia de los Magistrados del citado Tribunal, se limitó a jurar y cumplir y hacer cumplir lo que llamó el Programa de la Revolución Auténtica.

El acceso al poder del doctor Grau, lejos de aplacar la efervescencia revolucionaria, la estimuló fuertemente. La oposición contra su Gobierno también fue muy intensa desde el primer momento, por la manera anómala en que una considerable parte de la opinión entendía que había llegado al poder. Tachado de inconstitucional su Gobierno no fue reconocido por el de los Estados Unidos ni por el de ninguna otra nación inicialmente, con la sola excepción de México.

Las violencias del periodo del Gobierno de Machado en la forma de atentados terroristas volvieron a reproducirse sin que el Gobierno tuviera manera efectiva de impedirlo. La oposición de la prensa se manifestó en forma no menos aguda y violenta, provocándose al dictar el Gobierno medidas encaminadas a impedirla, una huelga general de periódicos en 24 de septiembre. Al desaparecer los periódicos los rumores y las exageradas noticias circulantes de todo género contribuyeron a agravar el estado de perturbación y de excitación públicos.

Mientras tanto, el problema creado por el movimiento del 4 de septiembre con respecto a los oficiales y jefes de las fuerzas armadas estaba pendiente todavía de una solución definitiva. Los revolucionarios del 4 de septiembre se manifestaron dispuestos a admitir en las filas del nuevo ejército a muchos de los oficiales y jefes antiguos bajo determinadas condiciones, pero éstos se negaron a aceptar en su inmensa mayoría. El 1.º de octubre, reunido un numeroso grupo de antiguos jefes y oficiales en el Hotel Nacional, el Gobierno y la Jefatura del Ejército entendieron que el hecho constituía un peligro y una amenaza para el nuevo orden de cosas. Intimóseles a que abandonaran el Hotel, y ante la negativa de los mismos, se procedió a desalojarlos, medida que fue resistida a mano armada y fue causa de un choque sangriento el día 2. El combate entre los ocupantes y las fuerzas armadas en el cual el hotel fue bombardeado por la artillería, terminó con la rendición de los ex-jefes y oficiales, que fueron hechos prisioneros y encarcelados, en las prisiones militares, no sin que en el momento de la rendición fuesen muertos algunos ex-jefes y oficiales en la excitación del momento. Vencida la resistencia de la oficialidad del antiguo ejército, el problema quedó resuelto al separárseles definitivamente del Ejército Constitucional, nombre con que se distinguió al organismo militar creado por la Revolución de Septiembre.

Pocas semanas más tarde, el Gobierno de Grau San Martín tuvo que hacer frente a una nueva crisis. Estuvo representada ésta por un movimiento armado de rebelión, promovido por el ABC y otros grupos revolucionarios oposicionistas. Durante algunas horas el derrocamiento del Gobierno pareció inminente, porque los opositores dominaron casi totalmente la capital de la República el 8 de noviembre. No obstante, fueron finalmente vencidos, con no poco derramamiento de sangre, principalmente en el Castillo de Atarés, donde buscaron refugio numerosos adversarios del Gobierno.

Mientras luchaba por consolidar su posición en el interior, el Gobierno trató también de resolver su difícil problema con los Estados Unidos y las naciones extranjeras. En Montevideo había sido convocada la VII Conferencia Panamericana, a la cual el Gobierno de los Estados Unidos envió una delegación presidida por el secretario de Estado Cordell Hull. El Gobierno de Cuba, por el hecho de no estar reconocido no fue invitado a la Conferencia. No obstante, el presidente Grau envió una delegación a la cual logró que se le diese participación en la Conferencia. La delegación cubana abogó a favor de que se aprobase una resolución presentada por la misma recomendando que las repúblicas de las Américas no reconociesen validez a tratados que no hubiesen sido aceptados libre y espontáneamente por una de las partes. Dicha resolución tenía por objeto negarle validez a la Enmienda Platt. La aprobación de la misma constituyó un triunfo para el Gobierno del doctor Grau San Martín.

Con el propósito de dar cumplimiento al programa de la llamada Revolución Auténtica, el presidente Grau dictó una larga serie de Decretos, de acuerdo con las inspiraciones del secretario de Gobernación doctor Antonio Guiteras y del Directorio Estudiantil, sobre una variedad de asuntos de carácter económico, social, cultural y político. Algunas de estas disposiciones redactadas con gran premura fueron de difícil o poco efectiva aplicación. Otras, introdujeron importantes cambios que han sido duraderos en la legislación nacional y marcaron el principio de innovaciones encaminadas a la protección de las clases trabajadoras. Respecto de la industria azucarera, el presidente Grau San Martín dictó disposiciones favorables a los ingenios pequeños y al colonato, creándose para la defensa permanente de los intereses de éstos la Asociación de Colonos de Cuba.

A pesar de sus grandes esfuerzos en tal sentido, el presidente Grau San Martín no logró que su Gobierno fuese reconocido por los Estados

Unidos ni por la gran mayoría de las naciones extranjeras, combatido por los sectores o grupos revolucionarios que no habían entrado en la mediación. El partido que reconocía por jefe al general Menocal, contrario a la revolución del 4 de septiembre, a causa, entre otros motivos, de la expulsión del Ejército de los jefes y oficiales, se mantuvo en constante oposición. El Partido Comunista, opuesto al nacionalismo de la Revolución Auténtica, combatió fuertemente al Gobierno y provocó disturbios con motivo del intento de sepultar los restos de José Antonio Mella en el Parque de la Fraternidad. La mayor parte de la prensa periódica combatió acérrimamente al Gobierno, que también contó con la oposición de las clases conservadoras, alarmadas por la política que juzgaban peligrosamente radical del Gobierno. En el ambiente desfavorable a éste, creado por la oposición de tan distintos elementos, se desarrolló una intensa campaña terrorista en La Habana y otras partes, creándose un estado general de inseguridad y de alarma extendido a todo el país. Finalmente, el Directorio Estudiantil, que había sido el principal sostén del doctor Grau San Martín, le retiró su apoyo a éste. El Ejército, que bajo la dirección del coronel Batista y de los nuevos jefes y oficiales del mismo había asumido la responsabilidad de mantener el orden en la República, también acabó por retirarle su apoyo al presidente.

La difícil labor de mantener la paz y la seguridad públicas en el estado de perturbación que prevalecía bajo la dirección de un Gobierno que no había sido reconocido en el extranjero y que era violentamente hostilizado por numerosos sectores políticos y sociales de la nación, parece haber influido mucho en el ánimo del coronel Batista al negarle su sostén al doctor Grau.

Falto de medios para mantenerse en el poder y en situación más precaria aun que la del doctor Céspedes, a virtud de la forma de violencia terrorística en que era hostilizado, el doctor Grau San Martín se vio forzado a abandonar la presidencia de la República. Su Gobierno logró permanecer en el poder cuatro meses y cinco días únicamente.

245. *Gobierno del coronel doctor Carlos Mendieta.* Al producirse la caída del Gobierno de Grau San Martín, algunos sectores revolucionarios trataron de sustituirlo en la jefatura del ejecutivo por el ingeniero Carlos Hevia, que llegó a ocuparla durante breves horas. No encontró suficiente apoyo

y fue sustituido por un nuevo Gobierno constituido bajo la dirección del coronel Carlos Mendieta y Montefur, el 16 de enero de 1934.

El coronel Mendieta unía, a su condición de jefe distinguido del Ejército Libertador, su larga experiencia en la vida pública como congresista y figura prominente del Partido Liberal. Se había opuesto a la reforma Constitucional del 1928 y a la prórroga de poderes, había organizado el Partido Nacionalista, y había tomado una activa y destacada participación en la oposición revolucionaria contra el Gobierno de Machado. Gozaba, además, de una reputación bien establecida de hombre de carácter firme y enérgico, y de ciudadano honesto y de rectos principios. En las caóticas circunstancias que prevalecían al producirse la caída de Grau San Martín, el coronel Mendieta parecía ser la personalidad política capaz de inspirar mayor confianza y de agrupar en torno suyo la gran mayoría de los elementos de orden de la nación. Antes de decidirse a aceptar la Presidencia de la República, que le fue ofrecida en circunstancias que eran grandemente difíciles, el coronel Mendieta tuvo la seguridad de que su Gobierno sería reconocido por los Estados Unidos, de que recibiría ayuda económica del Gobierno del presidente Roosevelt y de que el Ejército Constitucional, bajo el mando del coronel Batista, le prestaría el apoyo de las Fuerzas Armadas. En estas condiciones, y respaldado por un fuerte movimiento de la opinión pública, el coronel Mendieta asumió la Presidencia en un ambiente de esperanza y optimismo.

El inmediato reconocimiento del Gobierno de Mendieta por el de los Estados Unidos, seguido en corto tiempo por el de todos los poderes extranjeros, sin excepción, consolidó la posición del coronel Mendieta en el interior y despejó la situación internacional. El comienzo normal de la zafra de 1934 proporcionó trabajo a las clases obreras, aseguró ingresos considerables al país y permitió al Gobierno cumplir sus obligaciones y atender los servicios públicos. La zafra se efectuó en medio de circunstancias favorables, creadas por las negociaciones que venían celebrándose para la concertación de un nuevo convenio comercial con los Estados Unidos. Dicho convenio que se firmó en agosto 24 de 1934, entró en vigor al mes siguiente, otorgó una importante rebaja arancelaria al azúcar, favorecido, además, por la reducción de la tarifa en los Estados Unidos, de 2 centavos por libra a 1 1/2 centavos —mayo 9 de 1934— y a la asignación de una cuota a Cuba en el plan de cuotas azucareras establecido en los Estados Unidos por la administración de Roosevelt (Ley Jones-Costigan) en la misma fecha de 9 de mayo de 1934.

Otro hecho de gran importancia correspondiente al periodo de Gobierno de Mendieta fue la modificación del Tratado de Relaciones Permanentes de Cuba con los Estados Unidos, mediante la cual quedó suprimida la llamada Enmienda Platt.

Durante los primeros meses del Gobierno del coronel Mendieta, la oposición al mismo fue fuerte y tuvo en varias ocasiones carácter revolucionario, culminando en una huelga general que estalló en el mes de marzo de 1935. El Gobierno, con el apoyo de la fuerza pública y de la parte de la opinión deseosa de que el orden se estableciera con firmeza en el país, logró dar término con rapidez al conflicto huelguístico.

El principal problema político que se planteó durante el Gobierno de Mendieta fue el de si procedía primero a la convocatoria de una Convención Constituyente para restablecer el régimen constitucional del país y efectuar después elecciones generales para dotar a la nación de un Gobierno elegido por el voto popular, o si, a la inversa, se procedía primero a la elección del Gobierno y después de constituido éste a la convocatoria de la Convención Constituyente. El criterio que prevaleció fue el de proceder primero a la elección del Gobierno. A ese efecto, el Consejo de Estado, organismo legislativo compuesto de treinta miembros, que había sido creado por el Gobierno de Mendieta, aprobó una Ley Electoral. La agrupación política que reconocía por jefe al general Mario García Menocal se manifestó inconforme con los términos de dicha ley y finalmente expresó su propósito de no concurrir a elecciones que se efectuasen bajo el Gobierno de Mendieta.

Las dificultades creadas por la oposición de los menocalistas y de otros diversos grupos políticos indujeron al coronel Mendieta a renunciar a la Presidencia de la República, en 11 de diciembre de 1935, la cual quedó a cargo del secretario de Estado, doctor José Agripino Barnet, funcionario que había sido durante varios años del Cuerpo Consular y Diplomático.

246. *Gobierno del doctor José Agripino Barnet.* El Gobierno de Barnet comprendió el periodo de 11 de diciembre de 1935 a 20 de mayo de 1936. Puede considerarse como un Gobierno provisional que tuvo como principal misión la de preparar y dirigir las elecciones presidenciales que se habían acordado efectuar durante el periodo del Gobierno de Mendieta. En las citadas elecciones fue electo presidente de la República el doctor Miguel Mariano Gómez y vicepresidente el coronel doctor Federico Laredo Brú.

Al Gobierno de Barnet correspondió dictar una medida importantísima referente a la industria azucarera. La Ley para la Defensa del Azúcar y el llamado Plan Charbourne, vencieron en el 31 de diciembre de 1935, con lo cual quedaron sin efecto las medidas de control de la industria y de restricción de la zafra. Considerándose que dichas medidas, con las modificaciones que aconsejaban la experiencia adquirida y las nuevas circunstancias eran convenientes para la defensa de los intereses nacionales, pocos días más tarde, el 18 de enero de 1936, dichas medidas fueron restablecidas para un periodo de seis años por el Decreto-Ley número 522. Este Decreto suprimió la Corporación Exportadora Nacional de Azúcar y transfirió las funciones de la misma al Instituto Cubano de Estabilización del Azúcar, el cual quedó constituido en representación oficial de los hacendados y de los colonos, con intervención y fiscalización del Gobierno. También en este periodo fue redactado y aprobado el Código de Defensa Social, Código penal que ha sustituido al que había estado vigente desde 1870. El presidente Barnet, durante el Gobierno del cual se apaciguaron considerablemente las agitaciones políticas, entregó el poder al presidente electo, doctor Miguel Mariano Gómez, en la citada fecha de 20 de mayo de 1936.

247. Gobierno del doctor Miguel Mariano Gómez. El doctor Miguel Mariano Gómez, primer presidente de la República electo por el voto popular después de la caída del Gobierno de Machado el 12 de agosto de 1933, asumió la primera magistratura del Estado con el prestigio de haber sido un alcalde de La Habana durante cuyo periodo de administración municipal se realizaron importantes obras, como fueron el Hospital de Maternidad, el Hospital Infantil, la Escuela José Miguel Gómez y algunas otras más y se realizaron mejoras en los servicios públicos municipales.

El doctor Gómez inició su Gobierno con la publicación de un vasto programa de Gobierno, el cual abarcaba una multitud de medidas de carácter económico, social, cultural y político. No obstante el extenso programa de mejoras de su Gobierno, el doctor Gómez no logró contar con un fuerte apoyo de la opinión pública y tuvo casi desde el primer momento una fuerte oposición de carácter político, sin que pudiese contar con una mayoría en el Congreso que le permitiese tratar de realizar su programa de Gobierno. Esta situación se agravó al perder el presidente el apoyo de una parte de los elementos políticos que habían contribuido a su elección, y más tarde al mantener criterios contradictorios con respecto a los de los mismos sobre ciertas cuestiones importantes.

Formada en ambas ramas del Congreso una fuerte mayoría contra el presidente Gómez, formuláronse contra éste acusaciones de carácter político de interferir con las facultades del Poder Legislativo, a virtud de las cuales el Congreso acordó la destitución del presidente en 24 de diciembre de 1936.

248. *Gobierno del coronel Federico Laredo Brú.* El coronel doctor Federico Laredo Brú, con una larga lista de servicios a Cuba en las filas del Ejército Libertador, en diversos cargos importantes del Gobierno, en las actividades políticas durante largos años y en su labor de ciudadano activo y laborioso, ocupó la Presidencia en su carácter de vicepresidente en funciones, al ser destituido el doctor Gómez. Su periodo de Gobierno fue el más extenso de todos los posteriores al Gobierno de Machado, pues se extendió desde el 24 de diciembre de 1936 hasta el 10 de octubre de 1940.

El Gobierno del doctor Laredo Brú fue un Gobierno de reconstrucción y de liquidación del periodo revolucionario, con gobiernos de facto posteriores al Gobierno de Machado. Uno de los primeros éxitos del Gobierno de Laredo Brú consistió en que, disminuidas considerablemente las agitaciones políticas, fuese normalizándose gradualmente la situación general del país, con lo cual la Universidad Nacional, que había permanecido clausurada desde la huelga de marzo de 1935, durante el Gobierno de Mendieta, pudo reanudar de nuevo sus funciones en abril de 1937. Otro importante paso hacia la normalidad y el apaciguamiento de los ánimos fue la aprobación de una ley de amnistía en diciembre del mismo año, que comprendió el perdón de todos los delitos políticos y sociales cometidos desde el 12 de agosto de 1933 hasta la fecha de dicha ley, 19 de diciembre de 1937. En la ley de amnistía quedaron incluidos los delitos y faltas del mismo carácter cometidos durante el Gobierno de Machado, hubiesen o no sido juzgados por los tribunales ordinarios o por el Tribunal Especial de Sanciones creado por el Gobierno de Grau San Martín.

En el mismo año de 1937 el Gobierno logró llevar adelante dos medidas de gran importancia para la industria azucarera. Una de ellas fue la aprobación del Convenio de Londres, en 6 de mayo de 1937, para la reglamentación de la producción y venta del azúcar, objetivo perseguido por los productores y el Gobierno de Cuba, y la otra, la aprobación de la Ley de Coordinación Azucarera de 1937 para la regulación interior de la industria (2 de septiembre de 1937).

Consolidada la paz pública y resumidas las actividades políticas en el país, el Gobierno del doctor Laredo Brú dedicó su atención a la celebración de las elecciones para una Asamblea Constituyente y Elecciones generales que restablecieran la vida constitucional normal al país, interrumpida desde la caída del presidente Machado.

A este efecto se hizo una nueva Ley Electoral y se tomó un nuevo Censo de Electores en 1938, teniendo lugar las elecciones para Delegados a la Asamblea Constituyente el 15 de noviembre de 1939.

La Convención Constituyente, integrada por Delegados electos por ocho diferentes partidos políticos, se reunió en La Habana el 9 de febrero de 1940, laborando interrumpidamente hasta fines de junio del mismo año, en que, terminada su labor se trasladó al pueblo de Guáimaro, en donde había sido proclamada la primera Constitución de la República en Armas, firmándose allí la nueva Constitución de la República en julio 1.º de 1940, siendo luego proclamada desde la escalinata del Capitolio Nacional el día 5 del mismo mes.

La Constitución de 1940, producto naturalmente del proceso revolucionario atravesado por la República en los últimos años, refleja en grado considerable las nuevas orientaciones surgidas en la nación respecto de las más importantes cuestiones de carácter económico-social que han agitado la opinión y servido de base programática a las nuevas agrupaciones políticas surgidas al calor del movimiento revolucionario.

Aunque la organización política del Estado ha sido mantenida en lo fundamental, la nueva Constitución ha establecido un ensayo de régimen semi-parlamentario poniendo al frente del Gobierno a un primer ministro, haciendo a los ministros parcialmente responsables ante el Congreso e independizando así hasta cierto punto al Consejo de ministros del presidente de la República. La otra modificación política introducida por la nueva Constitución consiste en la ampliación y reforzamiento de la autonomía Municipal, pendiente aún de ser regulada por una nueva Ley Orgánica de los Municipios.

Las innovaciones más amplias y trascendentes de la nueva Constitución se refieren a la regulación de las cuestiones sociales (jornada de trabajo, salarios mínimos, descanso retribuido, derecho de sindicalización, pensión de maternidad obrera, prohibición de la importación de braceros antillanos y otras); a la protección de la familia; a las responsabilidades educativas y culturales del Estado; y al régimen de la propiedad (supresión del latifundio, declaración de que el subsuelo es propiedad de la nación, etc.). Resuelto el problema constitucional, se procedió a la celebración de elecciones generales para todos los cargos electivos, desenvolviéndose la campaña política alrededor de la elección para presidente, cuyos candidatos principales eran el coronel Fulgencio Batista y Zaldívar —que había previamente renunciado a la jefatura del Ejército Constitucional— apoyado por varios partidos agrupados en la Coalición Socialista Democrática, y el doctor Ramón Grau San Martín, candidato del Partido Revolucionario Cubano (Auténtico) y otras organizaciones políticas menores.

Celebradas las elecciones en 14 de julio (1940), resultó triunfante el coronel Fulgencio Batista y los partidos políticos que lo apoyaban. El nuevo presidente, los senadores y representantes, los gobernadores provinciales y los alcaldes tomaron posesión el 10 de octubre. La vida política y constitucional de Cuba se reanudó y quedó cerrado el periodo revolucionario que había durado siete años.

249. *Gobierno del general Fulgencio Batista y Zaldívar.* El nuevo presidente de la República, en su condición de jefe del movimiento del 4 de septiembre, había ejercido una influencia predominante en todos los gobiernos que había tenido Cuba desde agosto de 1933 hasta el 10 de octubre de 1940, fecha esta última en la cual asumió la responsabilidad de dirigir constitucionalmente la nación.

Entre las obras realizadas por dichos gobiernos por iniciativa de Batista, se cuentan la creación de las escuelas cívico-rurales; la del Instituto Tecnológico de Ceiba del Agua; la del Consejo Corporativo de Educación, Sanidad y Beneficencia (28 de agosto de 1936) con la función de inspeccionar, administrar y gobernar el Servicio Técnico de Salubridad; el Consejo Nacional de Tuberculosis; el Instituto Cívico Militar; la Corporación Nacional de Asistencia Pública, y las escuelas rurales cívico militares. También influyó el coronel Batista en la aprobación de la muy importante Ley de Coordinación Azucarera (3 de septiembre de 1937).

La Ley de Coordinación Azucarera aseguró la protección al pequeño colono al reconocer a los de menos de 30.000 arrobas que molieran su caña en totalidad. También los benefició al establecer una moratoria o sea un plazo a favor de los colonos para el pago de sus deudas: al fijar la renta de las fincas rústicas dedicadas al cultivo de la caña, sin que pudiesen ser aumentadas: al disponer la prórroga de los contratos de colonato vigentes al promulgarse la ley, garantizándole a los colonos el llamado derecho de permanencia, o sea que no pudiesen ser privados de sus colonias mientras produjesen la cuota de caña correspondiente a las mismas y pagasen puntualmente la renta. La ley de Coordinación Azucarera otorgó también beneficios a los obreros fijando la parte del valor del azúcar que correspondía a los trabajadores encargados del corte, alza y tiro de la caña, y también los jornales mínimos de los trabajadores agrícolas e industriales de la caña de acuerdo con el precio del azúcar.

Al asumir la presidencia el coronel Batista, entró en vigor el precepto constitucional que establece en Cuba un Gobierno semi-parlamentario con el cargo de primer ministro, alto puesto para el cual el presidente designó al doctor Carlos Saladrigas.

Muy pronto, el Gobierno dio publicidad a un programa muy amplio referente a todos los ramos de la administración. Comprendía la unificación de los servicios públicos creados por iniciativa del coronel Batista durante los gobiernos anteriores, en los ministerios correspondientes, la ejecución de obras públicas y de fomento rural y urbano, inclusive la reparación de la carretera central y la construcción de carreteras auxiliares y caminos, acueductos y alcantarillados en ciertas ciudades, y proyectos de obras de regadío y de construcción de almacenes frigoríficos en ciertas zonas agrícolas, para conservar los productos de fácil descomposición.

Mientras el Gobierno atendía a la ejecución del programa mencionado en el párrafo anterior, no tardó en tener que hacer frente a una grave crisis a los cuatro meses de haber ocupado el poder. Dicha crisis estuvo constituida por la conspiración e insubordinación contra el presidente Batista de numerosos jefes de las Fuerzas Armadas, en los primeros días de febrero de 1941. La acción rápida y resuelta del presidente Batista hizo abortar el cuartelazo. Su autoridad como jefe constitucional de las Fuerzas Armadas se consolidó, y con ésta la del poder civil, representado por el primer magistrado de la nación.

El ataque japonés en 7 de diciembre de 1941 a las islas Hawaii, provocó la entrada de los Estados Unidos en la Guerra Mundial y planteó a Cuba problemas militares, económicos y de otra variedad de aspectos.

De acuerdo con la política de la República de Cuba desde que fue fundada, de amistad y solidaridad con los Estados Unidos, el presidente Batista envió un mensaje al Congreso en solicitud de que declarase la guerra al Japón. Así fue acordado el 9 de diciembre, a las cuarenta y ocho horas del ataque japonés a los Estados Unidos. Dos días más tarde, el Congreso, también a solicitud del presidente Batista, declaró la guerra a Italia y a Alemania. Unida a los Estados Unidos y a las demás Naciones en lucha contra las potencias agresoras, Cuba concertó y firmó en La Habana, en 7 de septiembre de 1942, un Convenio Secreto de Cooperación Militar y Naval con los Estados Unidos. Este Convenio fue complementado con otro, también secreto, en 1.º de febrero de 1943. De acuerdo con esos convenios, las fuerzas aéreas, navales y terrestres cubanas cooperaron con las americanas durante toda la guerra. Además, Cuba dio toda clase de facilidades a los Estados Unidos para establecer bases aéreas en San Antonio de los Baños, San Julián (provincia de Pinar del Río) y el aeródromo de Camagüey.

Cuba tomó parte activa en la persecución de los submarinos alemanes en aguas cubanas y en los mares próximos. Prestó también su concurso en la formación y custodia de convoyes marítimos para el transporte de mercaderías y de material de guerra entre los dos países. En estas operaciones fueron hundidos por los submarinos enemigos los buques cubanos Manzanillo y Santiago de Cuba, 12 agosto, 1942 y con pérdida de treinta y una vidas; Mambí, 13 de mayo, 1943, con veintitrés víctimas, y Libertad, 4 de diciembre de 1943, con veinticinco muertos y desaparecidos. En febrero de 1942 el pesquero Lolita fue cañoneado en las costas de Yucatán con dos heridos graves, y en 24 de febrero de 1943, el Minina chocó en las costas de Florida, muriendo un tripulante.

Tan pronto como entraron en la guerra, los Estados Unidos tuvieron necesidad de grandes cantidades de azúcar y de mieles para el abasto de la población civil y de las fuerzas armadas de los propios Estados Unidos y de las demás Naciones Unidas. También necesitaban ambos productos para fabricar alcohol destinado a la producción de explosivos, caucho sintético, y otros artículos indispensables para la guerra. Por tal razón, los Estados Unidos solicitaron de Cuba que les vendiese el total de las zafras cubanas, excepto la parte que Cuba pudiera necesitar para su propio consumo. El Gobierno y los productores de Cuba accedieron a la solicitud, y en consecuencia Cuba vendió a los Estados Unidos como cooperación de guerra las cuatro zafras de 1942, 1943, 1944 y 1945.

Las negociaciones para la venta se efectuaron entre los dos gobiernos, utilizándose para parte de las mismas una comisión americana y una cubana que discutían las condiciones de la venta de cada año. La de los años 1942, 1943 y 1944 estuvieron presididas por el ingeniero Amadeo López Castro. Cuba vendió a los Estados Unidos en estos tres años 7.997.589 toneladas de azúcar de a 2.240 libras, cerca de 400 millones de galones de mieles ricas e invertidas y cerca de 700 millones de galones de mieles finales, llamadas mieles de purga, incluyendo en esta cantidad las pertenecientes a la zafra de 1945. Las cuatro zafras de 1942, 43, 44 y 45 sumaron en total 13.804.648 toneladas de azúcar, el valor de las cuales unido al de las mieles, alcanzó un estimado de 967.874.282 $.

El precio de venta de las tres primeras zafras mencionadas fue de 2.65 centavos la libra de azúcar crudo; de 22.70 centavos el galón de miel rica y de 10.35 centavos el de miel final. La zafra de 1945 se vendió al precio de 3.10 centavos la libra. Estos precios fueron bajos, porque Cuba los aceptó como cooperación cubana en la guerra.

Durante el Gobierno de Batista y como consecuencia de la guerra se celebraron varias importantes conferencias interamericanas y de las Naciones Unidas en las cuales tomó Cuba una activa participación. La primera fue la Conferencia Marítima Interamericana celebrada en Washington del 25 de noviembre al 2 de diciembre de 1940 para resolver problemas relativos al transporte marítimo; la Conferencia de Control Económico Financiero celebrada también en Washington del 30 de junio al 10 de julio de 1942 para impedir auxilio económico o financiero a las naciones agresoras: la de Alimentación y Agricultura, ésta de las Naciones Unidas, de 18 de mayo al 3 de junio de 1943 en Hot Spring; la de Socorro y Rehabilitación en Atlantic City, también de las Unidas, en junio y julio de 1943; la Conferencia Interamericana de Comisiones de Fomento en mayo de 1944; en Nueva York; y la Conferencia Internacional Monetaria de Bretton Woods en julio de 1944.

Además de estas conferencias se celebró también en La Habana la segunda Reunión de Consulta de los ministros de Relaciones Exteriores en 1940 y otras conferencias importantes aunque no tanto como las mencionadas.

En todas estas conferencias las delegaciones cubanas realizaron una labor importante.

El Congreso de la República por la Ley número 31 (noviembre, 1941), autorizó al presidente Batista para concertar un empréstito hasta la suma de 25 millones de pesos para la reconstrucción de la Carretera Central y diversas obras de fomento nacional muy necesarias a causa de la guerra. La citada ley dispuso la creación de una Comisión de Fomento Nacional para proyectar, ejecutar y administrar dichas obras. El empréstito fue negociado con el Banco de Exportación e Importación de los Estados

Unidos, por una comisión cubana presidida por el ingeniero Amadeo López Castro, a quien el presidente Batista designó presidente de la Comisión de Fomento. La Comisión, con los fondos del empréstito, comenzó la reparación de la Carretera Central, y proyectó y en algunos casos construyó varias importantes carreteras. Realizó también estudios para la construcción de acueductos y de obras de regadío; construyó almacenes de depósito para los frutos agrícolas, y almacenes de refrigeración para los de descomposición rápida en diversas provincias, y planeó, comenzó o ejecutó totalmente otras obras de beneficio general.

El Gobierno del presidente Batista realizó otras numerosas obras públicas, además de las que estuvieron a cargo de la Comisión de Fomento. Consistieron dichas obras en cuarteles y otras construcciones para uso militar, hospitales, escuelas, carreteras y obras de mejora y de embellecimiento urbano en la capital de la República y en diversas ciudades y pueblos de las seis provincias de la nación.

Entre otras medidas dictadas por el Gobierno de Batista merecen mencionarse las de reparto de tierras del Estado a familias campesinas y el aumento de los salarios de las clases trabajadoras. Este aumento pudo efectuarse con los mayores ingresos obtenidos por Cuba con la venta de las zafras y compensaron el aumento del costo de la vida a causa de la guerra.

La Constitución de la República, puesta en vigor en abril de 1940, prohíbe la reelección del presidente hasta pasados dos términos del fin de su periodo presidencial, de manera que el presidente Batista no podía ser reelecto. Próxima la fecha en que habrían de celebrarse las elecciones para designar al nuevo presidente, a los miembros del Congreso, los gobernadores, alcaldes, etc., el Partido Revolucionario Cubano (Auténtico) y el Partido Republicano formaron la «Alianza», agrupación política que designó candidato a la presidencia de la República al doctor Ramón Grau San Martín, y vicepresidente al doctor Raúl de Cárdenas y Echarte. Las demás agrupaciones políticas, Partido Liberal, Demócrata, ABC y Socialista popular, formaron una Coalición política que designó candidatos a la presidencia y vicepresidencia de la República al doctor Carlos Saladrigas Zayas y al doctor Ramón Zaydín y Márquez Sterling, respectivamente. La propaganda electoral se llevó a cabo por las dos coaliciones políticas con entera libertad y garantías que fueron ofrecidas y hechas efectivas por el Gobierno. Las elecciones se celebraron con perfecto orden y absoluta tranquilidad en toda la nación, sin protestas de ninguna de las dos partes. La votación arrojó una considerable mayoría a favor de la candidatura presidencial (y vicepresidencia) de la Alianza, aunque los candidatos de la Coalición obtuvieron también una fuerte votación a su favor. Tan pronto como los partes de las elecciones acusaron una mayoría a favor del doctor Grau San Martín, el doctor Carlos Saladrigas y el presidente Batista hicieron declaraciones públicas reconociendo el triunfo de la candidatura de la Alianza y deseándole los mayores éxitos al presidente y al vicepresidente electos, a los cuales se apresuraron a visitar y a felicitar, ofreciendo una prueba del progreso de Cuba en el respeto y el cumplimiento de las buenas prácticas democráticas y cívicas.

El 10 de octubre de 1944 el presidente Batista cesó en el cargo que pasó a ser ocupado por el presidente electo doctor Ramón Grau San Martín.

250. *Comienzo del periodo presidencial del Gobierno del doctor Ramón Grau San Martín.* En las elecciones presidenciales del 19 de junio de 1944 votó un total de 1.644.396 electores de los 2.330.021 inscriptos como tales. El doctor Ramón Grau San Martín obtuvo un total de 924.126 votos, y el doctor Carlos Saladrigas 720.270. El presidente designó el primer ministro, los doce ministros encargados de los diversos departamentos de la Administración y empezó su labor dedicada durante varias semanas a remover y a nombrar empleados, principalmente.

Pocos días después de la toma de posesión, el 18 de octubre, un ciclón azotó con gran fuerza la provincia de La Habana y causó grandes daños a las de Pinar del Río y Matanzas, viéndose el Gobierno en la necesidad de adoptar urgentes medidas e invertir varios millones de pesos en socorrer a los damnificados por el ciclón y reparar los mayores daños de éste. En todo el resto del año de 1944 y los primeros meses de 1945 en toda la República se hicieron sentir los efectos de una sequía extraordinaria que impidió efectuar muchas siembras, mermó o arruinó totalmente, todas las cosechas y unida a los estragos del ciclón del 18 de octubre creó una gran escasez de artículos de subsistencia de producción nacional. Con tal motivo el Gobierno se vio obligado a fijar precios topes para los principales productos alimenticios. Como éstos no resultaban suficientes para cubrir todas las necesidades, principalmente en la capital de la República, en los establecimientos de víveres, las carnicerías y otras tiendas se formaban largas colas de compradores para adquirir las cantidades limitadas que se fijaban para cada comprador. Hasta fines del año de 1945, la escasez de productos de subsistencia del país fue muy considerable.

El presidente Grau San Martín fue electo para la primera magistratura de la nación, entre otras razones, porque disfrutaba de una bien establecida reputación de pulcritud y de honradez y de interesarse sinceramente en el bienestar general de la nación. Al final del año de 1945, el presidente Grau continuaba mereciendo la misma confianza de la opinión pública en general, y a su Gobierno no se le imputaba ninguna falta de pulcritud en el manejo de los fondos públicos. El ministro de Hacienda, doctor Manuel Fernández Supervielle, merecía también la confianza de los contribuyentes y del público, por estimarse que daba pruebas de capacidad y honradez. El Ministerio de Obras Públicas estuvo a cargo en los primeros meses del ingeniero Gustavo A. Moreno Lastres, que no pudo imprimirle una gran actividad por diversas causas, entre otras la falta de equipo técnico, a los trabajos del departamento.

Sustituido en el Ministerio por el ingeniero José A. San Martín, pronto comenzó a desarrollarse un vasto plan de obras tanto en los centros urbanos como en la parte rural de todo el país. El hecho de que la gran mayoría de tales obras eran de grande y de inmediata necesidad y utilidad le conquistó al ministro la aprobación general de su gestión, tanto más cuanto que una gran mayoría de las obras se efectuaban directamente por ingenieros, arquitectos del Ministerio y empleados y obreros de todas categorías al servicio del Departamento. Entre las obras de mayor importancia merecen citarse dos grandes carreteras en construcción a fines de 1945, una de Holguín a Baracoa y la llamada Vía Blanca, que unirá a la capital de la República con la playa de Varadero, por el Norte de la provincia de La Habana y bordeando la costa oriental de la Bahía de Matanzas. En La Habana, a fines de 1945, estaba ya construida la gran avenida de

Agua Dulce, y se había adelantado mucho y se continuaba trabajando en la reparación y en no pocos casos en la reconstrucción total del pavimento de las calles y de las aceras en toda la ciudad, especialmente en los populosos barrios de la misma poblados por familias de moderados o muy modestos recursos.

En los restantes ministerios se llevó también adelante desde el comienzo de la presidencia del doctor Grau una labor administrativa inspirada en el propósito de servir los intereses nacionales. La del Ministerio de Comercio, doctor Alberto Inocente Álvarez, dio lugar en ciertos casos a censuras y a fuertes controversias por la forma en que el ministro hizo uso de la política llamada de trueques. La labor del Ministerio de Defensa de 10 de octubre de 1944 hasta bien adelantado el año de 1945, fue muy intensa, produciéndose frecuentes cambios entre los altos jefes y los oficiales tanto del Ejército como de la Marina y de la Policía. El Ministerio tuvo que prestar también gran cuidado al mantenimiento del orden público, por conatos de agitaciones revolucionarias, rumores de conspiraciones y algunos atentados y crímenes que no pudieron llegar a ser aclarados por los funcionarios policíacos ni castigados por los Tribunales de Justicia. Pasados algunos meses, el orden público fue quedando restablecido con firmeza, y la autoridad civil del presidente de la República y de los ministros y las demás autoridades y funcionarios del Gobierno y la administración pudieron ejercer sus funciones normalmente como en los primeros tiempos de la República.

Entre las medidas dictadas por el presidente Grau San Martín en los primeros meses de su Gobierno, debe mencionarse la de prohibir en todos los cuarteles y puestos militares, lo mismo que en los edificios públicos sin excepción, el uso de otra bandera que no fuese la bandera nacional, con lo cual quedó suprimido el uso de la llamada del «4 de septiembre», que el Ejército y la Marina habían venido usando conjuntamente con la bandera nacional desde 1933.

El encarecimiento del costo de la vida a causa de la escasez de artículos de primera necesidad de todas clases, determinada por la guerra, y los mayores ingresos obtenidos por la industria azucarera con la venta de las zafras, los cuales aumentaron el dinero circulante, inclusive porque estimularon la actividad de todas las demás industrias, acrecentaron la capacidad adquisitiva o sea el poder de compra del país en general, y provocaron el alza de los precios, de los artículos de subsistencia y de los alquileres. Por tal razón el Gobierno del ex presidente Batista, además de crear la Oficina de Regulación de Precios y Abastecimientos (ORPA), que fijó precios topes a muchos artículos, dictó disposiciones por medio de Decretos aumentando los salarios de los obreros, prohibiendo el aumento de los alquileres e impidiendo los desahucios.

El Gobierno del doctor Grau San Martín continuó la misma política de aumentar sueldos y salarios por Decreto, y de establecer restricciones sobre el desalojo de los inquilinos, prohibiéndolos en absoluto mientras éstos pagasen la renta o alquiler. Las disposiciones mencionadas dieron lugar a muchas controversias. Las acusaciones de que el Gobierno infringía preceptos constitucionales al dictarlas fueron frecuentes, y el Tribunal Supremo de justicia en gran número de casos dio la razón a los quejosos, anulando muchas disposiciones del ejecutivo. Los problemas del trabajo continuaban siendo complicados y dando lugar a dificultades y protestas todavía a fines de 1945. Sin embargo, debe reconocerse que la política del Gobierno, además de favorecer a las clases trabajadoras, evitó que se produjesen huelgas que perjudicaran seriamente las actividades de la agricultura, la industria y el comercio y que provocaran desórdenes públicos.

También debe mencionarse que en 1943 se llevó a cabo un censo nacional. La población de Cuba según el Censo de 1943, con la cifra correspondiente a cada una de las seis provincias y de las diez más grandes ciudades es la siguiente:

Población general de la Isla: 4.778.583

Provincias	
Pinar del Río	398.794
Habana	1.235.939
Matanzas	361.079
Las Villas	938.581
Camagüey	487.701
Oriente	1.356.489

Las 10 ciudades de mayor población de la Isla son:

La Habana	676.376
Holguín	171.997
Camagüey	155.827
Santa Clara	122.241
Santiago de Cuba	120.577
Sancti Spíritus	104.578
Cienfuegos	94.810
Guantánamo	91.737
Victoria de Las Tunas	91.292
Bayamo	90.124

250. **Resumen.** De 1902 a 1929 Cuba ha estado regida por los presidentes Tomás Estrada Palma, José Miguel Gómez, Mario García Menocal, Alfredo Zayas y Gerardo Machado. De fines de 1906 a principios de 1909, los Estados Unidos asumieron provisionalmente el Gobierno de la Isla, al renunciar Estrada Palma. Dicho Gobierno provisional cesó al ser elegido y tomar posesión José Miguel Gómez. Al cesar en la Presidencia Gerardo Machado en 1933, el Gobierno de la República ha estado a cargo de los presidentes provisionales Carlos Manuel de Céspedes y Quesada, menos de un mes; Ramón Grau San Martín, Carlos Mendieta y José Agripino Barnet.

Posteriormente fue electo Miguel Mariano Gómez y al cesar éste, le sucedió el vicepresidente Federico Laredo Brú hasta que en el 14 de julio fue electo presidente el mayor general Fulgencio Batista, quien tomó posesión el 10 de octubre del mismo año. En 1.º de junio de 1944 fue electo el doctor Ramón Grau San Martín, que ocupó la Presidencia el 10 de octubre del mismo año.

Los encabezamientos de las secciones numeradas.

Resumen general del periodo

El Gobierno militar de los Estados Unidos, después de reorganizar todos los servicios públicos, mejorándolos extraordinariamente, traspasó el poder que había recibido de España al presidente elegido por los cubanos, don Tomás Estrada Palma, quedando inaugurada la República de Cuba como nación independiente y soberana. En elecciones sucesivas, ocuparon el poder después los presidentes, generales José Miguel Gómez y Mario García Menocal, el doctor Alfredo Zayas, el general Gerardo Machado, doctor Carlos Manuel de Céspedes; doctor Ramón Grau San Martín; coronel Carlos Mendieta; doctor José Agripino Barnet; doctor Miguel Mariano Gómez; doctor Federico Laredo Brú, el mayor general Fulgencio Batista y el doctor Ramón Grau San Martín.

Cuba, alentando sentimientos de confraternidad hacia todas las demás naciones, se consagra al trabajo, tratando de acrecentar el bienestar de sus hijos, brindando hospitalaria acogida y eficaces garantías a los hombres de los otros países que acuden a vivir en su territorio, y procurando contribuir, lo mejor que puede, a la paz y al adelanto del mundo.

Hechos fundamentales

La independencia ha producido la reconciliación entre cubanos y españoles y la paz en la República.

Cuba ha aumentado en los últimos veinticinco años su población, su producción, sus riquezas materiales y su cultura con mayor rapidez que nunca.

La bandera, el escudo y el himno nacionales la bandera nacional

La bandera cubana actual, flameó por primera vez en Cuba el 19 de mayo de 1850, al desembarcar en Cárdenas el general Narciso López. Según refiere en una carta el ilustre patricio Cirilo Villaverde, secretario del general López, la concepción de nuestra gloriosa enseña fue obra exclusiva del citado general, habiendo hecho el dibujo, conforme a las indicaciones de éste, el poeta Miguel Teurbe Tolón, en su casa de la calle de Warren, en Nueva York, en los primeros días del mes de junio de 1849.

En la casa del poeta se reunían los emigrados cuando preparaban la expedición de Cárdenas. Sentado el general López con Manuel Hernández, Cirilo Villaverde, Tolón y algunos otros emigrados en torno de una mesa, indicó que la bandera debía constar de tres fajas azules, representando los tres Departamentos, Oriental, Central y Occidental en que entonces estaba dividida la Isla, separadas por dos fajas blancas, escogiéndose este color como símbolo de la pureza de intenciones de los patriotas. El color rojo, que también debía entrar en la bandera, se representó mediante un triángulo, figura geométrica más fuerte y significativa que el cuadro o el cuadrilongo, y en el centro se colocó una estrella de cinco puntas, símbolo de la independencia conquistada con la sangre de los libertadores.

Cuando Carlos Manuel de Céspedes proclamó la independencia de Cuba en La Demajagua, el 10 de octubre de 1868, usó otra bandera, confeccionada por la joven Candelaria Acosta, con arreglo a las indicaciones del propio Céspedes. Esta bandera se conserva todavía, y se encuentra en la actualidad en el salón de sesiones de la Cámara de Representantes. La Asamblea Constituyente de Guáimaro, en sesión de 11 de abril de 1869, acordó adoptar como bandera nacional la de Narciso López, y que la de Céspedes figurara siempre en el salón de sesiones de la Cámara.

Después de establecida la República, una ley aprobada por el Congreso y sancionada por el presidente Estrada Palma, ratificó el acuerdo de la Asamblea de Guáimaro. Un Decreto presidencial, de 24 de abril de 1906, reguló el uso de nuestra insignia patria.

El escudo nacional

El escudo nacional se usa para sellar y legitimar los documentos nacionales, y para ornamentar insignias, edificios públicos, etc. También fue acordado por una ley, reglamentándose su uso por el mismo Decreto de 24 de abril de 1906.

El doctor Gustavo Aragón, en su obra *Enseñanza Cívica*, explica en la siguiente forma el simbolismo de nuestro escudo: «Las franjas azules en campo blanco tienen el mismo simbolismo que en la bandera: el valle y las montañas representan nuestra tierra, en compañía de la palma, reina de nuestro paisaje. El cuartel superior es una representación de nuestra situación geográfica; los cabos o puntas terrestres remedan las penínsulas de Yucatán y la Florida, en medio de las cuales, la llave del Golfo de México, Cuba, cierra la entrada; remata la composición el Sol de los trópicos que ilumina libremente el horizonte. Las ramas de encina y de laurel que orlan el escudo, representan la fortaleza y la victoria; y la combinación del haz de varas que lo sostiene, coronado por un gorro frigio, simboliza la libertad descansando en la justicia».

El himno nacional

El Himno Nacional fue compuesto, tanto en su letra como en su música, por el ilustre patriota bayamés Pedro Figueredo. Se cantó por primera vez en las calles de Bayamo, el 21 de octubre de 1868, al ser tomada la legendaria ciudad por los patriotas al mando de Céspedes.

El autor de nuestro Himno fue hecho prisionero por los españoles y fusilado en Santiago de Cuba, el 17 de agosto de 1870. Su nombre ha quedado grabado para siempre en nuestra historia, confirmándose que «morir por la patria es vivir».

Guía metodológica para el empleo del texto

1. Criterio general acerca del texto

El texto de Historia de Cuba, según los principios del Curso de Estudios vigente, y la Circular n.º 19, de 8 de octubre de 1924, de la Junta de Superintendentes, no debe utilizarse «como un nuevo instrumento de memorización» sino «para trabajos personales del alumno»; así lo consigna textualmente la respetable corporación citada. El texto debe considerarse como un repertorio de datos cuidadosamente escogidos, depurados y clasificados, dispuestos ordenadamente en secciones, capítulos y libros como una fuente de información para el alumno, a la cual puede éste acudir en busca de los antecedentes necesarios para preparar sus lecciones. En la enseñanza superior, el estudiante debe acudir a las fuentes-obras magistrales, colecciones de documentos, repertorios bibliográficos, etc., para preparar sus temas personales de historia; en la enseñanza primaria, el texto bien concebido y escrito, debe ser la fuente, la cantera de datos, de donde el alumno puede tomar los materiales que necesita. El texto no debe ser, por consiguiente, una colección de biografías, de historias de poblaciones o de temas históricos ya compuestos, para que el alumno los repita de memoria, sino un conjunto de informaciones de la mejor clase y la más alta importancia, utilizables para la preparación de trabajos personales de los alumnos, relativos a las más interesantes cuestiones históricas. Esta obrita está compuesta con ese criterio pedagógico y científico. En ella encontrará el alumno, dispuestos ordenadamente y agrupados según su carácter y su naturaleza, todos los hechos históricos de Cuba al alcance de un discípulo de la escuela primaria. Leyendo seguidamente sus páginas, se tendrá una idea cabal, clara y concisa, del desarrollo integral del pueblo cubano, sin que falte ningún detalle esencial. Al mismo tiempo, mediante los índices alfabéticos, el alumno podrá buscar con gran rapidez los datos que necesite para preparar una biografía, un tema sobre la historia de una población importante, de una institución, de una producción cualquiera, de un ideal político, de un acontecimiento, etc. Esos temas no se dan hechos ya en el libro para que se aprendan de memoria, lo cual sería antipedagógico, pero sí se brindan los datos y se facilita la rápida y ordenada busca de los mismos, para el trabajo personal del alumno —el único valioso— que la Junta de Superintendentes recomienda con excelente buen criterio.

2. Diversos aspectos de la enseñanza histórica

El Curso de Estudios vigente, al tratar del estudio sistemático de la Historia de Cuba en los grados 4.º, 5.º, 6.º a los cuales se refiere este texto por prescripción de la Circular de 8 de octubre de 1924, señala expresamente tres aspectos fundamentales, a saber: 1.º Estudio de biografías; 2.º Temas narrativos sobre el desarrollo de las instituciones, el trabajo, las costumbres, el género de vida, la industria, el comercio, etc.; 3.º Estudio de los hechos históricos en sus conexiones de relación y dependencia, dando vida a lo que constituye «la historia natural de la sociedad», facilitando la interpretación de los acontecimientos y permitiendo llegar a conclusiones que sinteticen la enseñanza.

Véase a continuación como puede emplearse provechosa y pedagógicamente el texto para las lecciones sobre esos diversos asuntos.

a) *Biografía*. Una biografía nunca debe dársele ya hecha al alumno para que la copie, la aprenda de memoria, la parafrasee o la extracte. En cualquiera de esos casos, la actividad del alumno es casi mecánica, poco interesante y de escaso valor educativo. Las biografías debe componerlas el propio alumno, estimulado y orientado por el maestro, con el auxilio del texto y de otros medios de información, si fuere posible.

El Profesor o la Profesora, en una conversación preliminar sobre la época de que se trate, llegará a mencionar el sujeto de la biografía, como uno de los personajes representativos del momento histórico después tratará de despertar el interés de los alumnos hacia la figura en cuestión, hasta que se plantee, como un asunto de importancia, preparar la biografía de la persona mencionada. Entonces se discutirá en clase el siguiente extremo: ¿Dónde encontrar los antecedentes biográficos del caso? Se acudirá al índice alfabético del texto y se verá si el nombre del personaje figura en él; en caso afirmativo, ya los alumnos tienen a mano los datos esenciales y pueden comenzar a trabajar por su propia cuenta. Este trabajo personal del alumno consistirá en revisar y leer, guiado por los números del índice, las páginas del texto donde se menciona el nombre del biografiado, tomando apuntes en una hoja de papel o en el cuaderno de clases, de los hechos que tengan relación con el sujeto de la biografía. Cuando este trabajo de investigación se termine, el asunto dispondrá de lo esencial para su tema.

Antes de comenzar la relación del mismo, deben realizarse otros dos ejercicios más. El primero consistirá en leer mentalmente las páginas del texto relativas a los acontecimientos en que intervino el biografiado, para apreciar la importancia, el carácter y la influencia de su participación personal en los mismos. Si esta labor no se efectúa, faltará la perspectiva histórica y la figura no quedará colocada en el cuadro de su época. El segundo ejercicio consistirá en explicaciones del maestro, encaminadas a proporcionar a los alumnos los datos supletorios que deseen para completar sus notas, pues el texto, a menos de ser voluminosísimo, no podría suministrarlos todos, o dirigidas a aclarar dudas o indicar otras fuentes de estudio en el hogar. Terminados estos dos ejercicios, los alumnos pueden y deben abordar la redacción del tema escrito, después de una discusión oral colectiva del asunto, si el maestro lo estima conveniente. Compuestos los temas, se leerán y comentarán en clase, calificándolos más tarde el maestro. Los retratos del biografiado se utilizarán para apreciar la nobleza de su fisonomía, la bondad o la fuerza de voluntad que revela, etc. Tomemos, por ejemplo, la biografía del lugarteniente general del Ejército Libertador, Antonio Maceo. Interesados los alumnos en su biografía, el índice del texto les indica que su nombre se menciona por primera vez entre los jefes que empezaron a distinguirse desde el comienzo de la Guerra de los Diez Años, cuando ya era coronel páginas más adelante se le cita peleando en Camagüey, en las acciones del Naranjo, las Guásimas, etc., a las órdenes de Máximo Gómez; más tarde se le cita, herido, y ya brigadier; aparece en otras páginas protestando contra el Pacto del Zanjón, y emigrando al extranjero; en 1883, planeando con el general Gómez y las emigraciones un movimiento revolucionario; en 1892, residiendo en Costa Rica y al habla con Martí; en 1895, desembarcando en Duaba; luchando en el Jobito, Peralejo y Sao del Indio; lugarteniente general, al frente de la Invasión con el general Gómez; llegando a Mantua; luchando heroica y gloriosamente en Pinar del Río; cruzando la Trocha por la bahía del Mariel y muriendo en San Pedro, el 7 de diciembre. Su retrato da idea del carácter enérgico y viril del héroe, y el dibujo del monumento erigido en su honor en la capital de la República, proclama el triunfo de los ideales por los cuales luchó, la gratitud de sus compatriotas y la inspiración que su gloriosa vida suscita en los artistas. En el texto no hay ni debe haber una biografía de Maceo, pero se consignan todos los datos, con indicación de las páginas donde están, para que los alumnos preparen esa biografía, agregándole cuanto sepan, además, por sus lecturas extraescolares, lo que hayan oído contar, o lo que el maestro les explique.

De la misma manera, con iguales o menos datos, según la importancia de la persona, pueden componer los alumnos todas las biografías de las figuras históricas cuyos nombres aparecen en el índice. Ninguna biografía se da hecha; pero el texto suministra los datos esenciales para hacerlas. He ahí el trabajo de investigación personal que la Junta de Superintendentes recomienda, tal como en la escuela primaria puede practicarse en la enseñanza de la Historia.

b) *Temas sobre el desarrollo de las instituciones, las costumbres, el género de vida, la historia económica (producción, comercio, industria), etc.* Todos los asuntos comprendidos en este epígrafe, pueden ser tratados con arreglo a un plan semejante al bosquejado al hablar de las biografías. Supongamos, por ejemplo, que se trata de una lección sobre la industria azucarera. El texto trae en cada período histórico, una sección numerada, dedicada a la producción. Si el tema se refiere a un período determinado nada más, en la «Tabla de Materias» puede buscarse la sección correspondiente a ese período, y estudiarse en ella, los párrafos que se dediquen especialmente a la producción azucarera; si el tema abarca toda la historia de la producción azucarera desde su origen en Cuba, se leerán ordenadamente todas las secciones numeradas referentes a la producción, de los siete períodos históricos. Esta lectura, que puede hacerse mentalmente por los alumnos, o en alta voz, comentándose por los discípulos y el maestro, da una primera idea y un conocimiento general del asunto.

Para un estudio completo de la historia de la producción azucarera esto no basta, porque en otras secciones numeradas del texto puede decirse algo del asunto al tratarse del comercio, de las guerras, etc. Por consiguiente hay que acudir al índice alfabético y buscar las palabras *caña*, *ingenios, azúcar*. En este índice, pueden verse todas las páginas en las cuales las citadas palabras se han mencionado; las que corresponden a las secciones numeradas relativas a la producción, ya han sido leídas, pero las otras no. Se toman notas de lo que dicen esas páginas y se agregan a lo aprendido en las mencionadas secciones, quedando el conocimiento completo. El estudio de las ilustraciones da una impresión, de *visu*, del trabajo en los ingenios, los diversos tipos de éstos a través del tiempo, etc. La observación, comparación y redacción de las gráficas, enseña a objetivar los aspectos mensurables del asunto y facilitar las conclusiones. El resultado de todo el trabajo de investigación, puede condensarse en una serie de *conclusiones*, las cuales se elaborarán y discutirán colectivamente, copiándose en el cuaderno o la libreta de temas históricos. También puede el maestro como ejercicio inicial, ordenar la redacción de un tema sobre el asunto, con la guía y la consulta del texto.

Además de este aspecto serio, y hasta pudiera decirse científico de la historia, hay otro viviente y pintoresco, que los alumnos, si el maestro hace las sugestiones adecuadas, desearían conocer. El aspecto de los antiguos ingenios, la vida en éstos, etc. Las explicaciones orales del profesor pueden suplir muchos materiales, pero sobre todo, la *lectura suplementaria histórica*, completa esta parte de la enseñanza, colocando dentro de un cuadro real, animado y pintoresco, todos los datos escuetos aprendidos, los cuales, en rigor, no son sino la sustancia y el nervio de la historia. En los «Libros de Lectura» de texto, se encuentran capítulos sobre la «Vida en los ingenios», y otros asuntos, que presentan el lado pintoresco y viviente, imposible de ofrecer con amplitud en el texto, a menos de hacerlo voluminosísimo. También puede recomendarse la lectura de trozos de novelas, artículos de costumbres, etc.

De la misma manera que la producción azucarera, pueden estudiarse asuntos como el desarrollo de la instrucción, la historia de una ciudad, etc. El texto, manejado inteligentemente, con la «Tabla de Materias» y el «Índice

Alfabético», proporciona con su lectura, sus mapas, sus láminas, gráficas, etc., todo el material necesario, facilitando la busca y la selección del que sea menester para cualquier lección en un momento dado.

c) *Estudio de los hechos históricos en sus conexiones de relación y dependencia, facilitando la interpretación de los acontecimientos y permitiendo llegar a conclusiones que sinteticen la enseñanza.* Este ciclo, el tercero, fijado por la Junta de Superintendentes, es muy importante. El texto está dispuesto especialmente para el estudio en esa forma, porque no se sigue el orden cronológico tradicional, narrando, como en una crónica, todos los sucesos según van ocurriendo. La historia de la Isla aparece dividida en ciclos o períodos naturales, cada uno con su unidad y su carácter, y dentro de cada ciclo los asuntos importantes están tratados en capítulos separados. Las guerras y la historia política externa en un capítulo; el Gobierno o administración interior en otro y así sucesivamente. Dentro de cada capítulo, las secciones numeradas se refieren a los hechos más importantes, considerados en su unidad, pero relacionados con los que le preceden y le siguen. Supongamos, por ejemplo, que se trata del estudio del *ideal de Independencia y de las primeras tentativas a que dio origen.* Indicado el tema a la clase, se discutirá el carácter del mismo, hasta fijarse su condición de hecho político. Cada alumno consultará la «Tabla de Materias» de su texto de Historia, y encontrará el primer capítulo sobre «historia política», en el quinto período, Libro Quinto, capítulo XV. Revisándose el sumario del capítulo, se encontrarán las secciones numeradas 134 y 135 que textualmente dicen: 134) «Primeras conspiraciones en favor de la independencia»; 135) «Trabajos por la Independencia en el extranjero». La lectura de estas dos secciones dará a los alumnos los primeros conocimientos sobre el asunto. La sección número 134, hace referencia a la Constitución y a las luchas políticas a que dio lugar, cuestiones que se tratan en las secciones 131, 132 y 133, cuyo estudio proporciona antecedentes de gran valor. Las secciones 136, 137 y 138, describen la situación en que quedó Cuba después del fracaso de los primeros trabajos a favor de la Independencia, y puntualiza algunas de las consecuencias de esas primeras tentativas. Con un cuestionario y un resumen adecuado, puede quedar completo el estudio del tema. La conexión entre esas primeras tentativas por la Independencia, con los emigrados y la revolución de las colonias españolas del Continente y con el avance de las ideas democráticas en Cuba, puesto de manifiesto especialmente en la sección número 134, se hace evidente, satisfaciéndose así la exigencia del Curso de Estudios. Ello facilita la interpretación de los hechos pedida por la Junta de Superintendentes, llegándose a la conclusión de que en esta primera etapa el movimiento a favor de la Independencia fue puramente idealista, en el sentido de que más que a necesidades internas ni a cuestiones de mal Gobierno, obedeció a la propaganda de ciertos ideales venidos del exterior y al progreso de los principios democráticos y cívicos en el país. La participación del poeta Heredia en el movimiento es característica. Un maestro hábil puede sacarle gran partido a la recitación de algunas estrofas del «Himno del Desterrado» o de la oda a «Emilia». El Himno pone de manifiesto el arrebato lírico de los patriotas, sus esperanzas, sus ansias de libertad y su fe en un triunfo final, porque, como dice Heredia, «no en vano entre Cuba y España tiende inmenso sus olas el mar». La oda da a conocer el fracaso, las persecuciones y la amargura de los patriotas idealistas, así como las causas a que atribuyen su desastre. Esta lectura suplementaria completa el conocimiento, como en otros casos se ha indicado anteriormente. Así se tiene la parte viviente y emotiva de la Historia. Cada uno de los acontecimientos políticos y militares o cualquiera de los hechos económicos mencionados en el texto, puede estudiarse de la misma manera en sus antecedentes, sus conexiones y sus efectos o consecuencias, porque el texto está concebido y escrito poniendo bien en claro la trabazón y la relación causal de los hechos históricos.

3. Ejemplo del método de proyectos

El término «proyecto» tiene diversas acepciones. En general se entiende por «proyecto», en Pedagogía, una unidad de actividad intelectualizada de interés personal para el alumno. El «proyecto», en Metodología, es un problema de cuya solución resulta la producción de algún objeto o de algún conocimiento de positivo valor para el alumno o los alumnos que lo resuelven, de tal manera, que el trabajo empleado en llevar a vías de hecho el asunto, se considera como provechoso y de mucho interés. El carácter distintivo del «proyecto» no consiste precisamente en que la actividad empleada en realizarlo sea agradable en todos los casos, sino en que los resultados que se obtengan satisfagan de tal manera al alumno, que siempre éste se sienta complacido del trabajo empleado en el proyecto de que se trate, aunque dicho trabajo haya sido duro y penoso.

Un buen «proyecto» pedagógico debe reunir los siguientes requisitos: a) el trabajo debe tener cierta unidad; b) el educando debe percibir claramente, por sí, el fin práctico que debe alcanzar, fin que debe estar lleno de interés y de atracción para él, como algo que él debe tratar de conseguir; c) las cosas que han de realizarse deben ser claramente comprendidas por los alumnos, de manera que en el curso del trabajo para la ejecución del «proyecto», éstos puedan emitir juicios atinados sobre lo que se va haciendo, bien como conocedores del asunto, bien en relación con el valor del resultado; d) el «proyecto» debe ser de tal naturaleza, que los alumnos, etc. para alcanzar lo que se proponen, se vean obligados a hacer aplicación de muchos de sus conocimientos y sus experiencias previas, antecedentes que quizás hasta ese momento ellos no consideraban útiles en relación con asuntos como el del «proyecto» en cuestión. De esta manera, el alumno, como ocurre en la vida, pone a contribución todo su saber para resolver las cuestiones que se le presenten, desapareciendo el carácter meramente «escolar», como síntesis del «natural» o «real», del trabajo de la escuela.

La aplicación del método de «proyectos» a la enseñanza de la Historia es de incalculable por educativo, entre otras causas que sería prolijo enumerar aquí, por el extraordinario interés que despierta en el alumno, convirtiendo cada asunto o tema en una cuestión que a él le importa dilucidar.

Los «proyectos» de especial valor en la enseñanza primaria, en lo que a la historia toca, pueden reducirse a tres tipos : a) Estudios de hechos históricos para entretenimiento, esparcimiento y solaz; b) estudio de hechos históricos para adquirir la información indispensable en relación con ciertas necesidades del alumno; c) estudio de hechos históricos para encontrar la «interpretación» y la explicación» de ciertos hechos.

El primer tipo de «proyecto» responde a inclinaciones y necesidades «instintivas» de los alumnos; el segundo, a necesidades prácticas de la vida escolar en relación con exámenes, conferencias, discusiones, debates en la escuela, temas de composición, etc.; el tercero, a necesidades intelectuales de comprensión, satisfacción de la curiosidad, réplica en una controversia, etc. En el primer caso, el maestro sustituye o adiciona la lectura de hechos históricos interesantes y educativos, a la de novelas de Sherlock Holmes, Buffalo Bill, etc.; en el segundo, prepara al alumno para las pruebas de fin de curso, para llenar con lucimiento un número en una fiesta patriótica o cívica, etc.; en el tercero, le ejercita en interpretar y explicarse a sí mismo los hechos históricos y sociales que despiertan su atención y promueven su interés, satisfaciendo la necesidad intelectual de comprender el porqué de ciertas cuestiones, experimentada por los alumnos más despiertos.

El texto está concebido y dispuesto para el empleo de estos tres tipos de «proyectos». En general, su estilo sencillo, narrativo, pintoresco siempre que el asunto se preste a ello, sus ilustraciones de escenas animadas y sugestivas, permiten que se le utilicen como «Libros de Lectura Suplementaria». Secciones numeradas como la número 62, «Lo que ocurría a veces en La Habana con los soldados de la Fuerza y la gente de las Flotas»; la 93, «Costumbres y diversiones públicas»; las ilustraciones del capítulo XVI; las secciones numeradas 156 y 157 pueden servir de base a «Proyectos» del primer tipo, estimulando a los alumnos a leer los capítulos históricos del «Libro Quinto» (lectura suplementaria) de los doctores Guerra y Montori, o capítulos de obras como *Lo que fuimos y lo que somos*, de don José María de la Torre; *Cecilia Valdés*, de Cirilo Villaverde; *Mis buenos tiempos*, de Raimundo Cabrera; *Episodios de la Revolución*, de Manuel de la Cruz; *Crónicas de la Guerra*, del general Miró, etc. El texto inicia y sugiere; las indicaciones y las referencias del maestro guían y estimulan. Y si la escuela dispone, como la iniciativa del maestro debe prever, de una pequeña biblioteca de libros bien escogidos al efecto, los alumnos se enfrascarán con deleite y gran aprovechamiento de la enseñanza en la lectura histórica, a las horas de ocio, en sus hogares respectivos, cumpliéndose uno de los fines del método de proyectos.

Los «proyectos» del segundo tipo mencionado más arriba con fines de «información» para el uso del alumno, deben ser la base de toda la enseñanza. Los tres grupos de asuntos tratados en la sección número 2 de esta «Guía Metodológica» en sus apartados a, b y c, constituyen tres variedades de proyectos de «información», dependiendo de la manera de plantear el asunto el maestro y de relacionarlo con las necesidades de los escolares, el que pasen o no ser verdaderos «proyectos» de los alumnos. Si el maestro ordena, sencillamente, el estudio de la biografía de Céspedes, la preparación de esa biografía no constituye un proyecto de los alumnos. Pero si acercándose el 10 de octubre, se discute y se acuerda en clase conmemorarlo con un acto público en la escuela, en el cual debe leer un alumno, elegido a la suerte en el acto de la conmemoración, la biografía de Céspedes, y se decide que todos preparen esa biografía, para que quienquiera que resulte designado tenga escrito un tema digno de la solemnidad del momento y de la importancia del asunto, todo trabajo ocasionado por la busca de los datos, la discusión del plan de la biografía, la redacción escrita de ésta, la corrección de las faltas, etc., se referirá directamente a un «proyecto» de extraordinario interés para los alumnos.

De la misma manera, puede prepararse un buen tema sobre la «historia de la población» donde se vive, destinado a ser leído el día en que se conmemore su fundación, la constitución de su ayuntamiento o cualquiera otra fiesta cívica local; así como temas sobre un producto, una industria, una costumbre, un edificio o un hecho histórico cualquiera, con destino a ser publicado, expuesto, leído o discutido en oportunidades apropiadas. El texto, empleado de la manera indicada en la sección número 2, de esta Guía, brinda facilidades extraordinarias para el desarrollo de esta clase de proyectos.

El tercer tipo de proyectos, o sea el estudio de antecedentes históricos para encontrar la «interpretación» y la «explicación» de ciertos hechos, está destinada a satisfacer la necesidad intelectual de comprender el porqué de ciertas cuestiones, experimentada, frecuentemente a poco que se le estimule, por los alumnos más despiertos. Pero estos «proyectos» son de un orden superior, y en la enseñanza primaria deben usarse parcamente. Requieren un trabajo muy cuidadoso, concienzudo e inteligente, si se ha de lograr que a la par que estimulen el amor al estudio, el deseo de apreciar en su carácter más geneial las cosas de la historia y el poder de los alumnos de formar juicios sobre las mismas, eviten a éstos los peligros del pedantismo, de la superficialidad y ligereza en el juicio, y de la inclinación a generalizar precipitada y erróneamente, a los cuales están expuestos todos los que sin mucha reflexión, mucho acopio de datos y mucha cautela, pretenden filosofar sobre los hechos históricos.

La rápida extinción de la población india de Cuba, por ejemplo, es un hecho histórico que sorprende y despierta el interés de muchas personas sin que lleguen a explicárselo satisfactoriamente. Supongamos que el maestro logra interesar a sus alumnos en el conocimiento de ese hecho, que en una discusión preliminar se expresan opiniones diversas, sobre el mismo, y que en algunos o en todos los alumnos se despierte el deseo de conocer más a fondo las causas que lo determinaron. En la mente de esos alumnos surge «el proyecto», como una cosa que les interesa personalmente, de realizar el estudio necesario para satisfacer el mencionado deseo. El maestro, que se debe haber mantenido en directa reserva, ya no tiene sino que ayudar y dirigir a los alumnos en la realización del «proyecto» de éstos.

El fin que se persigue, claramente establecido, guía y encauza el trabajo de estudio e investigación. La parte del texto que trate de la ocupación de Cuba y de los primeros cuarenta o cincuenta años de la colonización, debe ser leída de nuevo cuidadosamente, pero con el exclusivo objeto de encontrar antecedentes que aporten alguna luz para formar juicio sobre el asunto. Al realizar esa lectura, eminentemente analítica, el alumno anotará en una hoja de papel o en su cuaderno o libreta, los hechos que estime de mayor importancia en relación al asunto, hasta agotar la investigación en el texto. Realizado este trabajo de acopio de datos, deberá formar juicio sobre el valor de cada antecedente anotado, comparándolo con los demás, y hecho esto procederá a ordenarlos, según su criterio, con arreglo, a la importancia que les reconozca con respecto a la explicación que busca. Terminado este trabajo de ordenación, apreciará en su totalidad, el estudio realizado y llegará a las conclusiones que estime pertinentes. Los temas así preparados, pueden ser discutidos por la clase en conjunto, pudiéndose llegar o no, a conclusiones más generales todavía. Un «proyecto» de esta clase puede dejar satisfecha la curiosidad de los alumnos tocante a un punto o avivar más aún el deseo de profundizar en el estudio del tema. En uno o en otro caso, el proyecto cumple su cometido pedagógico.

4. Ilustraciones

Todas las ilustraciones del texto responden a un plan científico y pedagógico. No han sido distribuidas al azar, como elemento decorativo, de mero adorno del libro, sino escogidas con mucho cuidado, después de un meditado trabajo de selección. Presentan hechos de un gran valor, para hacer resaltar el carácter de la época mediante impresiones visuales muy significativas y elocuentes, o para sugerir fuertemente una conclusión, hacerla más clara y patente, y fijarla con mayor fuerza en el pensamiento. Las ilustraciones de las secciones del capítulo primero, que trata de los indios taínos, si se comparan, aun sin leer el texto, con las de las secciones donde se habla de los siboneyes, bastan para dar idea de lo diferente de los dos pueblos, y del mayor adelanto del primero sobre el segundo.

Si se dibujan en dos grupos, paralelamente, son suficientes para derivar importantes conclusiones. Las ilustraciones del Libro III, capítulos X y XI, dan a conocer inmediatamente, el estado de guerra y de alarma en que entonces se vivía, así como las grandes medidas defensivas que hubieron de adoptarse, levantando castillos y murallas, construyendo barcos, etc. Las gráficas, tan numerosas en el texto, objetivan los datos numéricos, haciéndolos más significativos para el alumno, pero sobre todo, sugieren una y otra vez, con una insistencia intencionada la noción fundamental de nuestro crecimiento constante, hecho dominante y consolador de toda nuestra historia. Los mapas, numerosos también, facilitan la localización de los hechos, elemento de comprensión de suma importancia. Sabiendo el maestro el propósito a que responden las ilustraciones, no debe pasarlas nunca por alto, sino hacerlas observar y estudiar desde el punto de vista conveniente, en relación con el tema o «proyecto» que tenga entre manos en cada caso.

Las ilustraciones del texto, claro está, se hallan limitadas por el carácter elemental del libro. El maestro, dentro del mismo plan a que obedece, puede y debe ampliarlas por cuantos medios estén a su alcance. Uno de esos medios debe ser la práctica de visitas y excursiones históricas a museos, monumentos, lugares históricos, etc., en relación con los temas que se están preparando en clase a los «proyectos» en vías de desarrollo.

5. Conclusión

El libro es un medio de enseñanza; no puede suplir la acción personal del maestro, sino auxiliarla y facilitarla. Es una fuente preciosa de información para el alumno, a quien hay que enseñar a utilizarla y a sacarle partido, inculcándole el hábito de hacerlo. Empleado como instrumento de memorización al uso antiguo, hace infecundos los más nobles empeños del educador. Manejado de la manera que hemos indicado suscintamente, da a la enseñanza de la Historia la unidad, ordenación, intensidad e interés indispensables para asimilar con fruto las grandes lecciones del pasado, suscitando la estimación, fundada y racional, y el amor vivo y ardiente a la patria, sin la cual no se puede ser buen ciudadano, en la más noble, amplia y profunda acepción de la palabra.

Índice alfabético

,